示范校重点专业建设成果教材
职业教育技能型实用人才培养系列规划教材

XINNENGYUAN KECHE DIPAN

新能源客车底盘构造与维修

GOUZAO YU WEIXIU

主　编　李小燕
副主编　张　睿　罗宏亮
编　者　尹红安　黄永波　张　余

西南交通大学出版社
·成都·

图书在版编目（CIP）数据

新能源客车底盘构造与维修 / 李小燕主编. —成都：西南交通大学出版社，2018.9

示范校重点专业建设成果教材　职业教育技能型实用人才培养系列规划教材

ISBN 978-7-5643-6410-6

Ⅰ.①新… Ⅱ.①李… Ⅲ.①新能源–客车–底盘–构造–职业教育–教材②新能源–客车–底盘–车辆修理–职业教育–教材 Ⅳ.①U469.1

中国版本图书馆 CIP 数据核字（2018）第 207387 号

示范校重点专业建设成果教材
职业教育技能型实用人才培养系列规划教材

新能源客车底盘构造与维修

主编　李小燕

责任编辑	李　伟
特邀编辑	傅莉萍
封面设计	何东琳设计工作室
出版发行	西南交通大学出版社 （四川省成都市二环路北一段 111 号 西南交通大学创新大厦 21 楼）
邮政编码	610031
发行部电话	028-87600564　028-87600533
网址	http://www.xnjdcbs.com
印刷	四川煤田地质制图印刷厂
成品尺寸	185 mm×260 mm
印张	11.75
字数	247 千
版次	2018 年 9 月第 1 版
印次	2018 年 9 月第 1 次
定价	44.00 元
书号	ISBN 978-7-5643-6410-6

课件咨询电话：028-87600533
图书如有印装质量问题　本社负责退换
版权所有　盗版必究　举报电话：028-87600562

市级中职示范校重点专业建设教材编写委员会

主　任　李　灿　彭　超

副主任　钟晓芬　田跃红

委　员（以姓氏拼音排序）

蔡　继	陈茂贤	蔡咏梅	邓文杰	戴　鑫	邓　宇
何　川	何加龙	何　鹏	黄永波	姜　雪	蒋　勇
匡　鹏	康元博	林　波	李　广	罗宏亮	刘　君
李进才	李施其	罗　潇	李小燕	李　怡	刘永平
彭月秋	庞远智	邱川鄂	任金花	冉原野	孙　静
苏　峻	孙纪胜	帅　林	涂　波	谭　忱	唐艳红
唐　炽	温承钦	吴　刚	王　焦	汪　亮	吴　鹏
王　谦	蔚衍娟	谢文静	夏晓波	肖应刚	杨昌玉
尹红安	袁　佳	杨　杰	杨炎锋	郑才敏	郑国秀
周海涛	赵甲进	张　余	张云川	张芸聆	周益权
张　睿					

总 序

近 5 年来,国家先后颁布了《国务院关于加快发展现代职业教育的决定》(国发〔2014〕19 号)、《国家教育事业发展"十三五"规划》(国发〔2017〕4 号)、《国务院办公厅关于深化产教融合的若干意见》(国办发〔2017〕95 号),重庆市为贯彻落实国家颁布的相关政策文件,特制定了《重庆市人民政府关于加快发展现代职业教育的实施意见》(渝府发〔2015〕17 号)等政策文件,大力推进职业教育改革发展。

为积极响应国家政策,更好地适应重庆经济转型和产业结构调整的需要,2014 年,重庆市教委、市人力社保局、市财政局决定实施市级中等职业教育改革发展示范学校建设计划,2014—2016 年,在全市范围内重点支持建设不超过 30 所市级中等职业教育改革发展示范学校。项目学校通过人才培养模式改革、专业课程体系建设、校企合作、师资队伍建设等,促进学校改革创新、内涵发展,成为全市中等职业学校改革创新的示范、提高质量的示范、办出特色的示范,在中等职业教育改革发展中发挥引领骨干和辐射作用,为经济社会发展培养高素质劳动者和高技能技术人才。

2016 年 8 月,重庆市公共交通技工学校成功申报为市级中职示范校项目建设学校。经过两年的建设,在课程改革和教材建设上取得了可喜成绩,为进一步总结经验,固化成果,特组织骨干教师编写了 20 余门系列优质课程配套教材,并交由西南交通大学出版社审核出版。

本系列教材是在相关企业专家的悉心指导以及参与下完成的。教材以强化学生职业能力和培养综合素质为主线,以工作过程为导向,以典型工作任务和生产项目为载体,立足行业岗位要求,参照相关职业资格标准和行业技术标准,遵循中职学生成长规律、中职教育规律和行业生产规律进行开发建设。教材按照项目导向、任务驱动、模拟情境等教学模式要求，构建学习任务单元，注重学生可持续发展能力、创新能力、综合技术能力的培养，具有典型的工学结合特征。

本系列教材是重庆市公共交通技工学校不断深化教学改革的结果，更是市级中职示范校建设的一项重要成果，其中凝聚了各位编审人员的大量心血与智慧，也凝聚了众多行业专家的智慧。同时，在编写过程中得到了有关兄弟院校的大力支持，在此一并表示诚挚感谢！希望该系列教材的出版能有助于促进中职相关专业人才培养质量的提高，能为交通运输类职业院校的教材建设起到积极的引领和示范作用。本系列教材涉及专业面广，加之编者对现代职业教育理念的学习和认知仍需不断地改进和提高，书中难免存在不妥之处，恳请专家、同行不吝赐教，以促使我们不断提高教材编写的质量和水平。

李 灿

2018 年 5 月

前言 PREFACE

近年来，新能源汽车作为国家战略性新兴产业，伴随着国家政策及资金的鼓励扶持，得到了快速发展。而新能源客车作为新能源汽车的重要组成部分，其产量占比已占新能源汽车总量的33%左右，该领域对新能源客车维修技术人员产生了大量需求。为满足新能源客车市场对新能源汽车维修人才的需求，突出职业教育特点，物化示范校建设成果，特组织相关人员编写了本书。

本书以CNG新能源客车为基础，同时兼顾纯电动新能源客车的发展趋势，注重以学生就业为导向，以培养能力为本位，适应道路运输企业对汽车维修技能性人才的要求。本书内容紧贴实际工作岗位的具体需要，以任务为驱动、以教师为主导、以学生为主体，使学生主动建构探究、实践、思考、运用、解决问题的学习体系，让学生在不断积累理论知识和实践能力的同时，逐步完成从知识入门到技能掌握的过程，实现学生职业心理角色的转换。

本书主要包括新能源客车传动系的构造与维修、新能源客车行驶系的构造与维修、新能源客车转向系的构造与维修、新能源客车制动系的构造与维修四大项目，总计12个典型工作任务。本书文字简洁、图文并茂、形式生动，容易激发学生的学习兴趣，提高学习效果。

本书可作为CNG汽车维修从业人员、大客车汽车维修从业人员的教学用书及自学教材，也可作为职业院校汽车运用与维修方向的教学参考书。

本书由重庆市公共交通技工学校李小燕担任主编，张睿、罗宏亮担任副主编，尹红安、黄永波、张余参与编写。本书的编写得到了重庆公共交通控股（集团）有限公司的大力支持，在此表示衷心感谢。

限于编者水平，书中难免有疏漏和不妥之处，敬请广大学校师生提出宝贵意见和建议。

编 者
2018年5月

目录 CONTENTS

项目一 新能源客车传动系的构造与维修 ·················· 1

    任务一　CNG新能源客车离合器的拆检 ·················· 7
    任务二　CNG新能源客车变速器的拆检 ·················· 25
    任务三　CNG新能源客车万向传动装置的拆检 ·················· 32
    任务四　CNG新能源客车驱动桥的拆检 ·················· 42

项目二 新能源客车行驶系的构造与维修 ·················· 56

    任务一　CNG新能源客车车架的拆检 ·················· 57
    任务二　CNG新能源客车转向轮定位的调整 ·················· 63
    任务三　CNG新能源客车悬架的拆检 ·················· 81

项目三 新能源客车转向系的构造与维修 ·················· 106

    任务一　CNG新能源客车转向器的拆检 ·················· 109
    任务二　纯电动汽车电动助力转向系的检修 ·················· 123

项目四 新能源客车制动系的构造与维修 ·················· 133

    任务一　CNG新能源客车制动器的拆检 ·················· 136
    任务二　CNG新能源客车制动传动系的拆检 ·················· 149
    任务三　纯电动汽车电动真空助力系统检修 ·················· 165

参考文献 ·················· 177

项目一

新能源客车传动系的构造与维修

知识准备

大客车底盘一般是由传动系、行驶系、转向系和制动系四部分组成，其作用主要是支撑、安装汽车发动机及其部件，形成汽车的整体造型，并接受车辆动力系统的动力，使汽车产生运动，保证车辆的正常行驶。

传动系作为大客车底盘的四大系统之一，承担着将发动机的动力按汽车正常行驶需要传送至驱动轮的工作，是汽车正常行驶的动力保障。CNG 新能源客车传动系与传统车辆基本一致，纯电动车辆的传动系略有不同。

一、传动系的组成与作用

1. 传动系的分类与组成

按汽车传动系中传动元件的结构和传动介质，传动系可分为机械式、液力机械式、静液式（容积液压式）、电力式等。

机械式传动系的组成如图 1-1 所示。发动机纵向安置在汽车前部，并且以后轮为驱动轮。发动机发出的动力依次经离合器 1、变速器 2，由万向节 3 和传动轴 8 组成的万向传动装置，以及安装在驱动桥 4 中的主减速器 7、差速器 5 和半轴 6 传到驱动轮。

2. 传动系的作用

汽车传动系的基本作用是：将发动机发出的动力传给驱动轮，以保证汽车能在不同使用条件下正常行驶，并具有良好的动力性和燃料经济性。为此，任何形式的传动系都必须具有如下作用：

（1）接通或中断动力的传递；
（2）改变车速；
（3）改变牵引力；
（4）实现倒退行驶；
（5）差速作用；
（6）改变传动路线的角度。

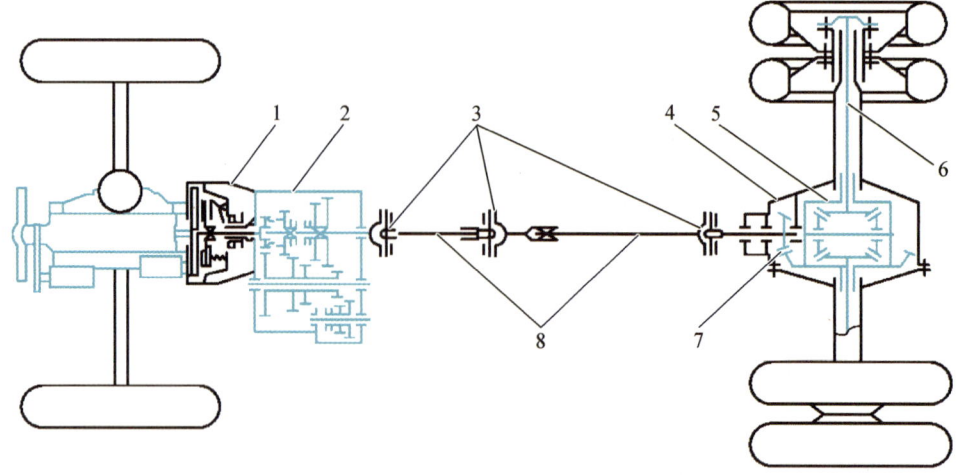

图 1-1 机械式传动系的组成及布置形式

1—离合器；2—变速器；3—万向节；4—驱动桥；5—差速器；
6—半轴；7—主减速器；8—传动轴

二、传动系的布置形式

传动系在汽车上的布置形式，取决于发动机的形式和性能、汽车总体结构形式、汽车行驶系及传动系本身的结构形式等许多因素；是随发动机的类型、安装位置、汽车用途、驱动形式等不同而变化的。汽车传动系本身结构形式的不断发展，也影响了传动系的组成及布置形式。

目前，广泛应用的传动系有如下几种布置形式：

1. *发动机前置、后轮驱动的 FR 传动系*

图 1-1 所示为发动机前置、后轮驱动的布置形式。它一般是将发动机、离合器、变速器连成一个整体安装在汽车前部，而主减速器、差速器和半轴则安装在汽车后部的后桥壳内，两者之间通过万向传动装置相连。这种后轮驱动的布置形式，附着力大，容易获得足够的驱动力，并且发动机的散热条件好，驾驶员可直接操纵离合器、变速器，是货车上广泛采用的一种布置形式。

2. *发动机后置、后轮驱动的 RR 传动系*

图 1-2 所示为发动机后置、后轮驱动的传动系布置形式。其发动机、离合器和变速器制成一体布置在驱动桥之后，大大缩短了传动轴的长度。该传动系结构紧凑，重心有所降低，前轴不易过载，后轮附着力大，并能充分利用车厢面积，但由于发动机后置，散热条件较差，发动机、离合器、变速器的操纵机构变得复杂，且行车中某些故障不易被驾驶员察觉。这种布置形式是大型客车常采用的一种传动系布置形式，如图 1-2（a）所示，少数轿车也有采用这种形式，如图 1-2（b）、（c）所示。

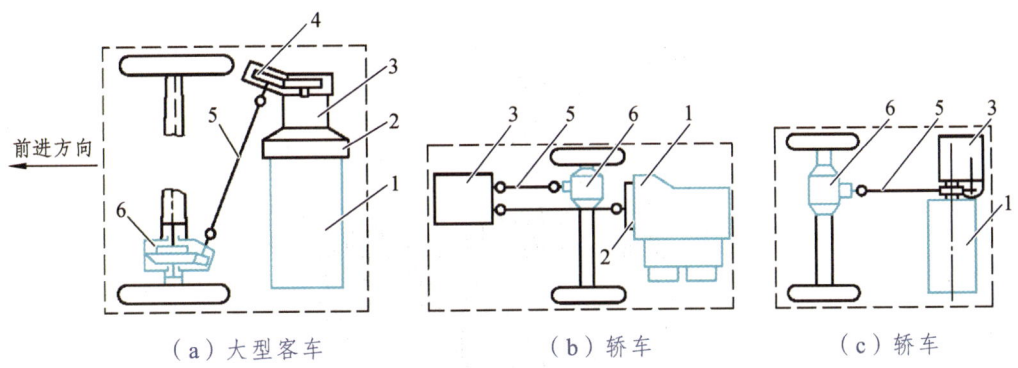

(a) 大型客车　　　　　　(b) 轿车　　　　　　(c) 轿车

图 1-2　发动机后置、后轮驱动的传动系示意图

1—发动机；2—离合器；3—变速器；4—角传动装置；5—万向传动装置；6—后驱动桥

3. 发动机前置、前桥驱动的 FF 传动系

图 1-3 所示为发动机前置、前轮驱动的传动系布置形式。这种布置形式的变速器、主减速器和差速器装配成一个整体，并同发动机、离合器一起集中安装在汽车前部，除具有发动机散热条件好、操纵机构简单、维修方便等优点外，还省去了很长的传动轴。该传动系结构紧凑，整车重心降低，高速行驶稳定性好，但其缺点是上坡时前轮附着力减小，易打滑，下坡制动时，前轮负荷过重，高速行驶时易产生翻车现象。这是轿车上普遍采用的一种传动系布置形式，如图 1-4 所示，其发动机有纵向布置和横向布置之分。

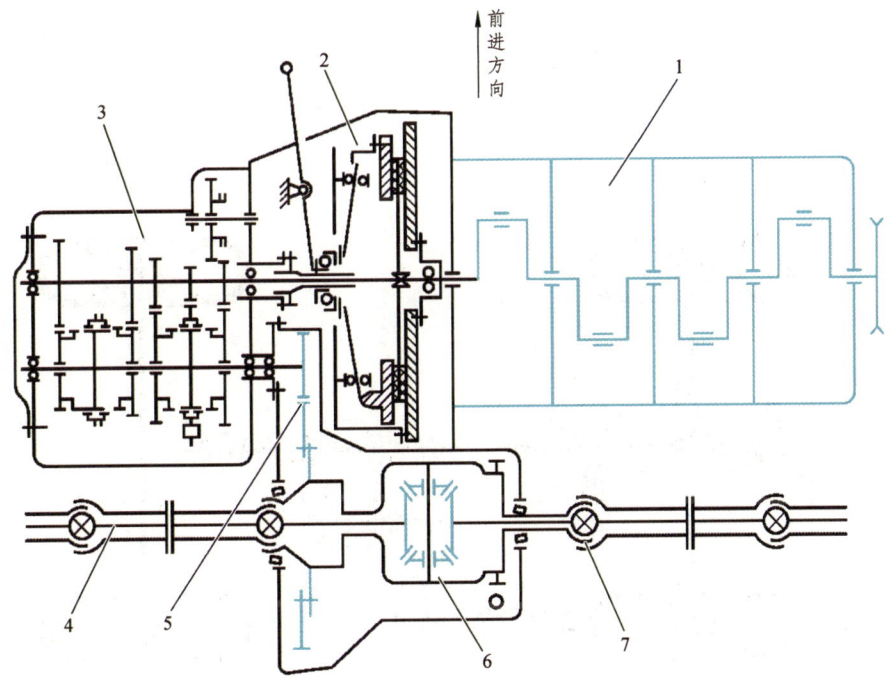

图 1-3　发动机前置、前桥驱动的传动系示意图

1—发动机；2—离合器；3—变速器；4—半轴；5—主减速器；6—差速器；7—万向节

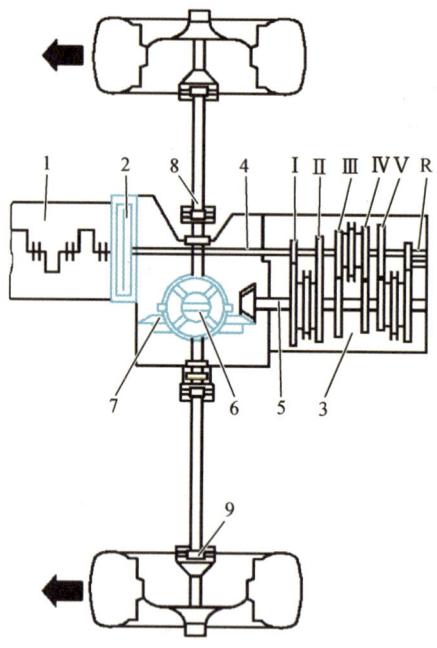

图 1-4 轿车传动系布置示意图

1—发动机；2—离合器；3—变速器；4—输入轴；5—输出轴；6—差速器；
7—主减速器；8—半轴；9—等角速万向节

4. 全轮驱动的 nWD 传动系

图 1-5 和图 1-6 所示为越野汽车传动系布置示意图。与发动机前置、后轮驱动的汽车相比，其前桥既是转向桥，也是驱动桥。为了将发动机传给变速器的动力分配给前后两驱动桥，在变速器后增设了分动器，并相应地增设了从变速器到分动器、从分动器通向前后两驱动桥之间的万向传动装置，由于前驱动桥又是转向桥，所以左右两根半轴均分为两段，并用万向节连接。

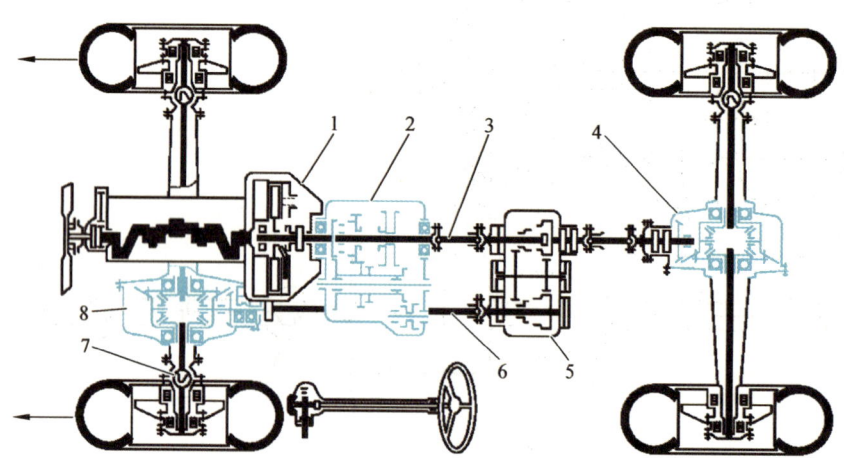

图 1-5 4×4 越野汽车的传动系示意图

1—离合器；2—变速器；3、6—万向传动装置；4、8—主减速器和差速器；5—分动器；7—等角速万向节

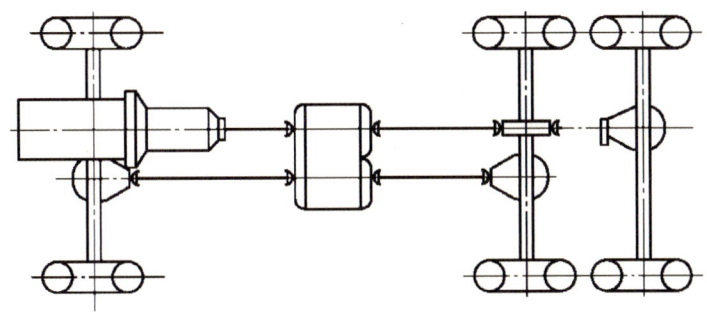

（a）6×6越野汽车

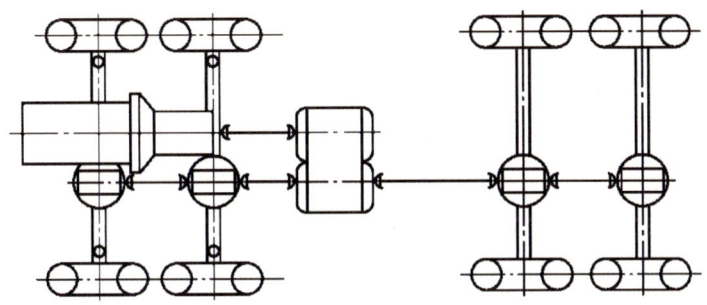

（b）8×8贯通式中驱动桥越野汽车

图 1-6 多轴驱动汽车传动系示意图

以上布置形式的特征、优缺点及使用范围见表 1-1。

表 1-1 常见传动系驱动方式比较

形式	FR方式（前置发动机后轮驱动方式）	FF方式/FF中置方式（前置发动机前轮驱动方式）	RR方式/RR中置方式（后置发动机后轮驱动方式）	4WD型（四轮驱动方式）
结构特点	发动机、离合器、变速器连成一个整体，安装在车身前部，主减速器、差速器放在车身后部，两者通过传动轴连接	发动机及传动装置集中安装在车身前部，发动机动力直接驱动前轴。发动机可为横置	将发动机、离合器、变速器、差速器连成一个整体，安放在车身后部，不需要传动轴	发动机、离合器、变速器置于车身前部，通过传动轴及分动器使前、后4个车轮均成为驱动轮
优点	① 发动机靠近司机座椅，因此发动机、离合器、变速器可以由驾驶员直接操纵，控制机构简单，操作维修方便。 ② 整车质量分配合理，前、后轮各接近50%	① 车身地板平整，有利于增大室内空间。 ② 传动距离短，有利于减轻整车质量。 ③ FF中置方案使整车质量靠近车辆质心，行驶稳定性好	① 车室底板平整，还可降低车身底板高度，有利于增大室内空间。 ② 有利于减轻整车质量	爬坡能力强，越野性能好

续表

形 式	FR方式（前置发动机后轮驱动方式）	FF方式/FF中置方式（前置发动机前轮驱动方式）	RR方式/RR中置方式（后置发动机后轮驱动方式）	4WD型（四轮驱动方式）
缺 点	① 由于变速器伸入驾驶室内，并有传动轴穿过车身底部呈隧道状突出，缩小了室内空间。② 增加了整车质量	① 前轴结构很复杂，并且操纵机构的布置也较困难。② 前轮负荷过大，前轮磨损加剧	① 发动机及动力装置远距离操作，容易产生故障。② 行李箱空间减小。③ 发动机冷却困难。④ 后轮负荷过大，操纵稳定性差	① 整车过重，机构变得复杂。② 平道行驶，4轮驱动会造成能量浪费。此时应用换挡杆将4轮驱动变为仅后轮驱动（与FR方式相同）
应用范围	中型以上轿车多数仍采用，是轿车采用的主流方案	2.0 L以下中、小型轿车上的应用急剧增加	车速不高的微型车应用较多，大型客车上也有应用	要求越野性能强的轿车、运动赛车

5. 纯电动汽车传动系的布置形式

电动汽车由于没有发动机，车辆是由动力电池提供电能，由电机进行驱动的，所以电动汽车传动系的布置取决于电机驱动系统的方式，形式多种多样。其常见的布置形式如图1-7所示。

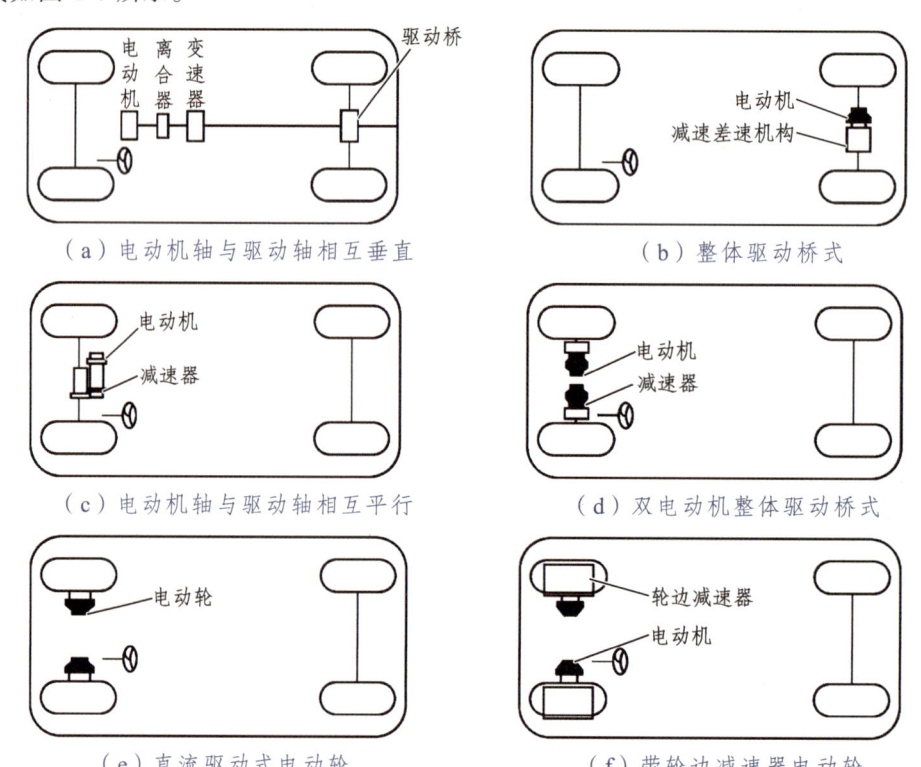

（a）电动机轴与驱动轴相互垂直　　（b）整体驱动桥式

（c）电动机轴与驱动轴相互平行　　（d）双电动机整体驱动桥式

（e）直流驱动式电动轮　　（f）带轮边减速器电动轮

图1-7　纯电动汽车传动系的布置形式

任务一 CNG 新能源客车离合器的拆检

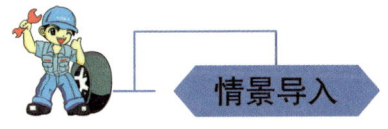

一辆 CNG 公交车在起步时车身发抖、无力，伴随发动机转速很高，能闻到焦臭味，勉强开到修理厂进行维修。经班组长诊断为离合器打滑故障，需要对离合器进行拆检。

一、离合器的作用、分类与要求

1. 离合器的作用

（1）在汽车起步时，通过离合器主、从动部分之间的滑磨、转速的逐渐接近，确保汽车起步平稳；

（2）当变速器换挡时，通过离合器主、从动部分的迅速分离来切断动力的传递，以减轻齿轮轮齿的冲击，保证换挡时工作平顺；

（3）当传给离合器的转矩超过其所能传递的最大转矩时，其主、从动部分之间将产生滑磨，防止传动系过载。

2. 摩擦片式离合器的分类

离合器类型较多。就汽车用摩擦片式离合器而言，按从动盘的数目不同，离合器可分为单盘式、双盘式和多盘式；按压紧弹簧的形式不同，离合器又可分为中央弹簧式、周布弹簧式、膜片弹簧式和斜置弹簧式。

3. 对离合器的要求

（1）具有合适的储备能力，既能保证传递发动机的最大扭矩，又能防止传动系过载。

（2）接合平顺柔和，以保证汽车平稳起步。

(3)分离迅速彻底,便于换挡和发动机起动。

(4)具有良好的散热能力。由于离合器接合过程中,主、从动部分有相对滑转,在使用频繁时会产生大量的热量,如不及时散出,会严重影响其使用寿命和工作的可靠性。

(5)操纵轻便,以减轻驾驶员的疲劳。

(6)从动部分的转动惯量要小,以减少换挡时的冲击。

二、摩擦片式离合器的工作原理

1. 接合状态

离合器的工作原理如图1-8所示。发动机飞轮1是离合器的主动件。带有摩擦片的从动盘2和从动盘毂6借助滑动花键与从动轴5(变速器的主动轴)相连。压紧弹簧4将从动盘压紧在飞轮端面上。发动机转矩即靠飞轮与从动盘接触面之间的摩擦作用而传到从动盘上,再由此经过从动轴和传动系中一系列部件传给驱动轮。压紧弹簧4的压紧力越大,则离合器所能传递的扭矩也越大。

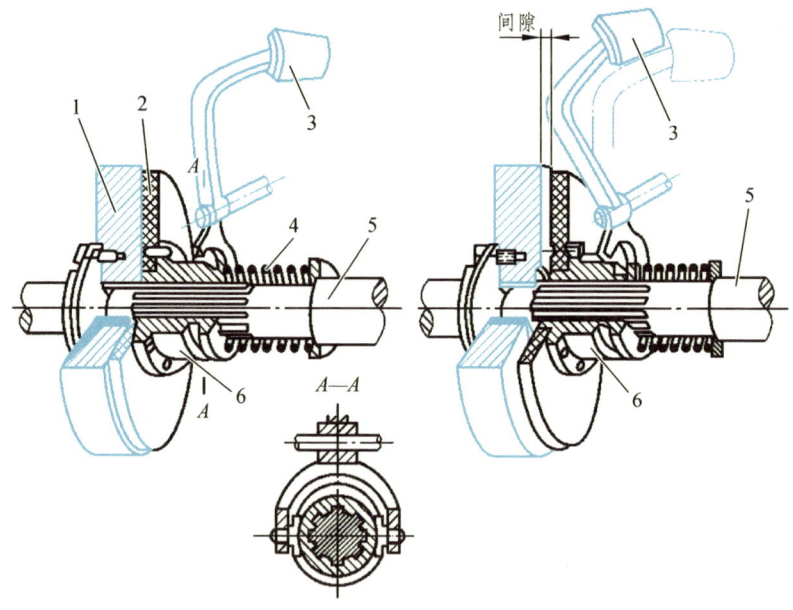

图1-8 离合器的工作原理

1—飞轮;2—从动盘;3—踏板;4—压紧弹簧;5—从动轴;6—从动盘毂

2. 分离过程

当需离合器分离时,只要踩下离合器操纵机构中的踏板3,套在从动盘毂6上的环槽中的拨叉便推动从动盘克服压紧弹簧的压力向右移动,而与飞轮分离,摩擦力消失,从而中断了动力传递。

3. 接合过程

当需要重新恢复动力传递时，为使汽车速度和发动机转速变化比较平稳，应该适当控制离合器踏板回升的速度，使从动盘在压紧弹簧 4 压力的作用下，向左移动与飞轮恢复接触。二者接触面间的压力逐渐增加，相应的摩擦力矩也逐渐增加。当飞轮和从动盘接合还不紧密，二者之间摩擦力矩比较小时，二者可以不同步旋转，即离合器处于打滑状态。随着飞轮和从动盘接合紧密程度的逐步增大，二者转速也渐趋相等，直到离合器完全接合而停止打滑时，汽车速度方能与发动机转速成正比。

摩擦离合器所能传递的最大扭矩取决于摩擦面间的最大静摩擦力矩，而后者又与摩擦面间最大压紧力和摩擦面尺寸及性质有关。

三、摩擦片式离合器的构造

（一）单盘离合器

对于轿车及轻、中型客车和货车而言，发动机的最大转矩一般不是很大，在汽车总体布置尺寸容许的条件下，离合器中通常只设有一片从动盘，其前后两面都装有摩擦片，因而具有两个摩擦表面。这种离合器称为单盘离合器，如图 1-9 所示。其结构简单，调整方便，轴向尺寸小，分离彻底，从动部分转动惯量小，散热性能好，如采用具有轴向弹性的从动盘时，接合也比较平顺。目前，单盘离合器在一些发动机最大转矩不大于 1 000 N·m 的大型客车和重型货车上也有应用。

1. 周布弹簧离合器

采用若干个螺旋弹簧作压紧弹簧并沿从动盘圆周分布的离合器，称为周布弹簧离合器，如图 1-9 所示。离合器的主动部分、从动部分和压紧机构都装在发动机后方的离合器壳（飞轮壳）18 内，而操纵机构的各个部分则分别位于离合器壳（飞轮壳）的内部、外部和驾驶室中。

发动机的飞轮 2 和压盘 16 是离合器的主动部分。离合器盖 19 和压盘之间通过四组沿圆周方向均匀分布的具有弹性的传动片 33 来传递转矩。传动片用弹簧钢片制成，每组两片，其一端用传动片铆钉 32 铆接在离合器盖上，另一端则用传动片固定螺钉与压盘连接，离合器盖用螺钉固定在发动机的飞轮上。因此，压盘能随飞轮一起旋转。离合器分离时，四组传动片两端沿离合器轴向做相对位移，产生弯曲变形。为使离合器分离时不至于破坏压盘的对中和离合器的平衡，四组传动片是相隔 90°沿圆周切向均匀分布的。

在飞轮和压盘之间装有一片带有扭转减振器的从动盘。铆接在从动盘毂 10 上的从动片 4 由薄钢片制成，故其转动惯量较小。从动片的两面各铆接一片摩擦片 5。从动盘毂的内花键套在变速器第一轴 11 前端的外花键上，并可沿轴向移动。

16个沿圆周布置的螺旋压紧弹簧31将压盘压向飞轮，并将从动盘夹紧在中间，使离合器处于接合状态。这样，在发动机工作时，其转矩部分将由飞轮经与之接触的摩擦片，直接传给从动片；另一部分则由飞轮通过8个固定螺钉传到离合器盖上，并由此经四组传动片将转矩传到压盘，最后也通过摩擦片传给从动片。从动片再将转矩通过从动盘毂的花键传给变速器第一轴，由此输入变速器。

离合器须与曲轴飞轮组组装在一起进行动平衡校正。为了在拆卸离合器后重新组装时仍保持动平衡，离合器盖与飞轮之间的相对角位置通过离合器盖定位销17来定位。

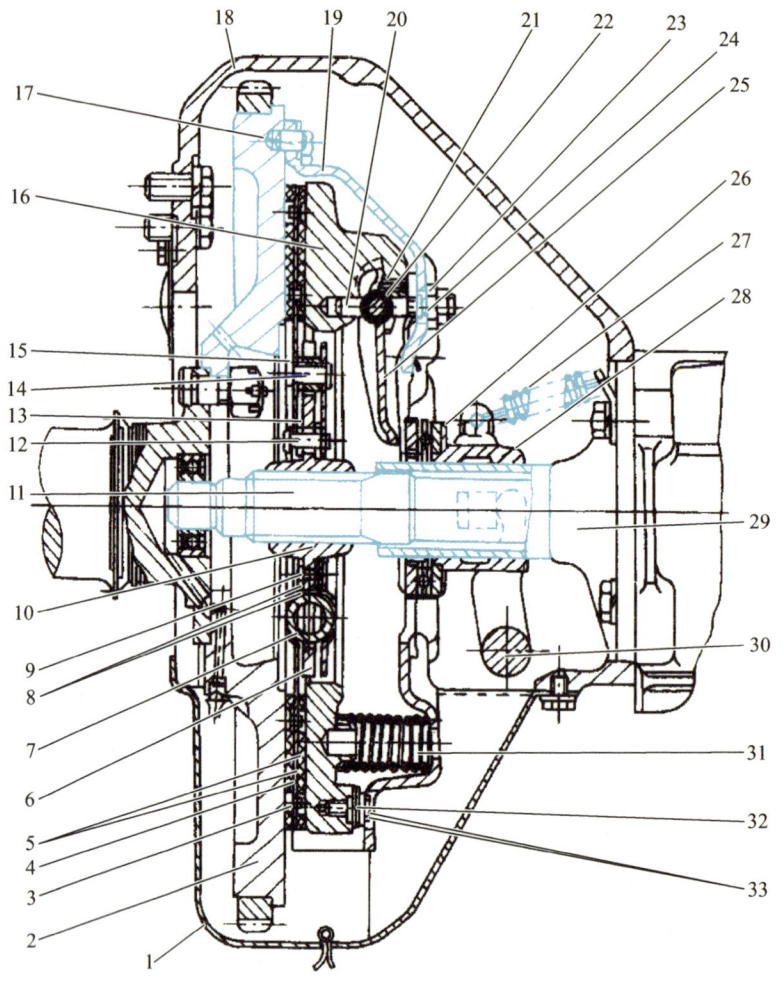

图1-9 汽车单盘离合器构造

1—离合器壳底盖；2—飞轮；3—摩擦片铆钉；4—从动片；5—摩擦片；6—减振器盘；7—减振器弹簧；8—减振器阻尼片；9—阻尼片铆钉；10—从动盘毂；11—变速器第一轴（离合器从动轴）；12—阻尼弹簧铆钉；13—减振器阻尼弹簧；14—从动盘铆钉；15—从动盘铆钉隔套；16—压盘；17—离合器盖定位销；18—离合器壳（飞轮壳）；19—离合器盖；20—分离杠杆支承柱；21—摆动支片；22—浮动销；23—分离杠杆调整螺母；24—分离杠杆弹簧；25—分离杠杆；26—分离轴承；27—分离套筒回位弹簧；28—分离套筒；29—变速器第一轴轴承盖；30—分离叉；31—压紧弹簧；32—传动片铆钉；33—传动片

汽车离合器采用了浮动销作为扳动支点，而与压盘之间采用了刀口支承形式，其结构如图 1-10 所示。

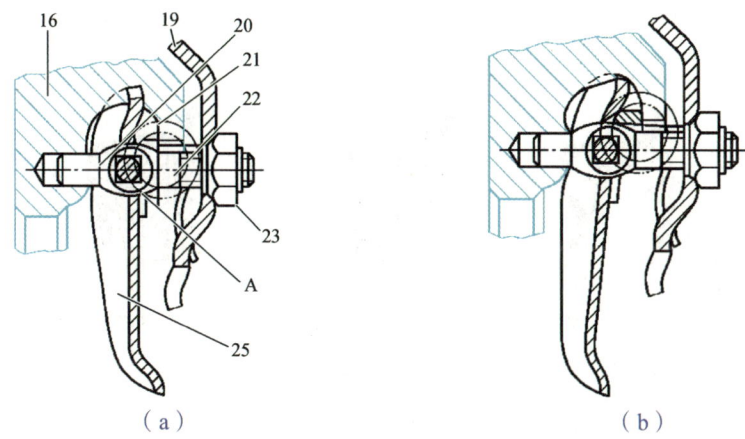

图 1-10 分离杠杆工作原理

A—支承平面；16—压盘；19—离合器盖；20—分离杠杆支承柱；21—摆动支承片；
22—浮动销；23—分离杠杆调整螺母；25—分离杠杆

2. 膜片弹簧离合器

单片干摩擦式膜片弹簧离合器如图 1-11 所示。

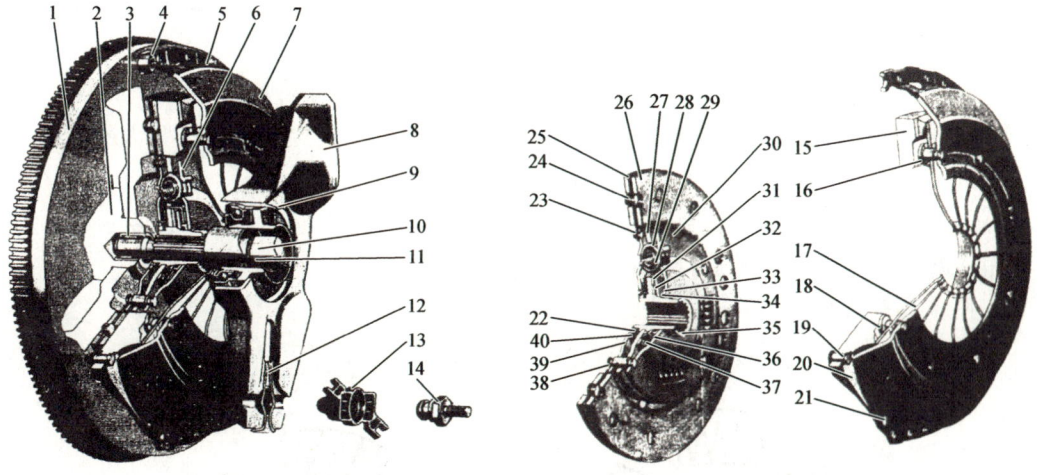

（a）离合器总成　　　　　（b）从动盘总成　　（c）压盘和盖总成

图 1-11 膜片弹簧离合器构造

1—飞轮；2—曲轴；3—滚针轴承；4—螺栓；5—定位销；6—离合器从动盘；7—盖；8—分离叉；9—分离轴承；
10—变速器输入轴；11—轴承导套；12—弹簧卡；13—分离叉座；14—球头螺栓；15—压盘；
16—间隔铆钉；17—膜片弹簧；18—支承圈；19、21、23—铆钉；20—传动片；
22—碟形弹簧；24—衬片铆钉；25—波形弹簧片；26—摩擦衬片；
27—毂隔盘；28、29、37—扭转减振器弹簧；30—减振盘；
31—预减振器挡板；32—预减振器挡板；33—中间隔板；
34—间隔盘；35—花键盘毂；36、40—摩擦环；
38—限位销轴；39—挡盘（从动盘本体）

11

（1）离合器压盘和盖总成如图 1-11（c）所示，其中压紧弹簧是一个用薄弹簧钢板制成的碟形弹簧17，靠中心部分开有18个径向切口，形成弹性杠杆。

图 1-12 为膜片弹簧离合器接合与分离状态示意图。

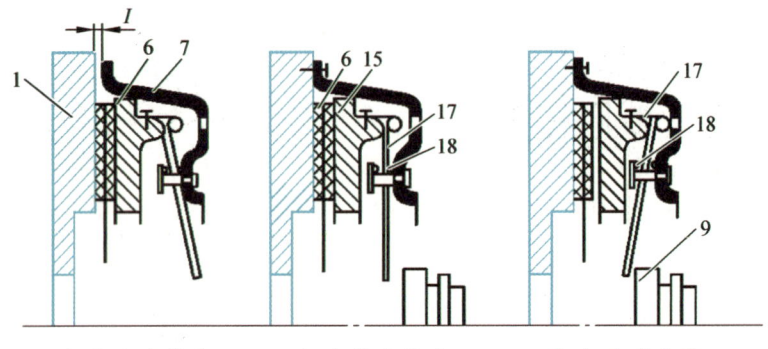

（a）自由状态　　（b）接合状态　　（c）分离状态

图 1-12　膜片弹簧离合器接合与分离状态示意图

1—飞轮；6—离合器从动盘；7—盖；9—分离轴承；15—压盘；17—膜片弹簧；18—支承圈

离合器采用膜片弹簧的优点如下：

① 膜片弹簧兼起压紧弹簧和分离杠杆的双重作用，使离合器结构大为简化，质量轻，轴向尺寸小；

② 膜片弹簧与压盘以整个圆周接触，压紧力分布均匀，摩擦片接触良好，磨损均匀；

③ 膜片弹簧具有非线性的弹性特性，其工作性能远优于螺旋弹簧；

④ 膜片弹簧的回转中心与离合器的轴线重合，因此，在旋转时其压紧力不受离心力影响，故膜片弹簧更适用于高速发动机。

（2）从动盘主要由两块摩擦衬片26、从动盘本体39及与之铆接的波形弹簧片25和扭转减振器组成，如图 1-11（b）所示。

扭转减振器的工作原理如图 1-13 所示。

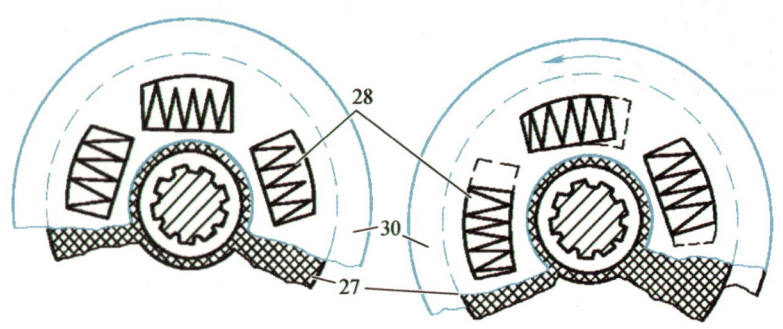

（a）不受扭转载荷　　　　　（b）承受转矩作用

图 1-13　扭转减振器的工作示意图

27—毂隔盘；28—扭转减振器弹簧；30—盖板

在传动系中载荷很小的情况下，前两组扭转减振器因刚度较大而不起作用，而预减振器是由一组刚度很小的弹簧37[见图1-11（b）]、毂隔盘27、预减振器挡板32、中间隔板33及预减振器挡盘31、间隔盘34构成，是毂隔盘27与花键盘毂35之间的弹性连接。它与前述两组扭转减振器结构相似，工作原理相同，只在小载荷下工作。当振动载荷增加到一定数值时就不起作用，同时扭转刚度较大的一组减振器进入工作状态。随着工作载荷的增加，扭转刚度更大的一组减振器开始工作。如果转矩值再大（超过某一极限值），则所有减振器均不再起减振作用。这种扭转减振器称为三级变刚度扭转减振器，其中最小刚度的第一级常称为预减振器。

（二）双盘离合器

双盘离合器的构造如图1-14所示。

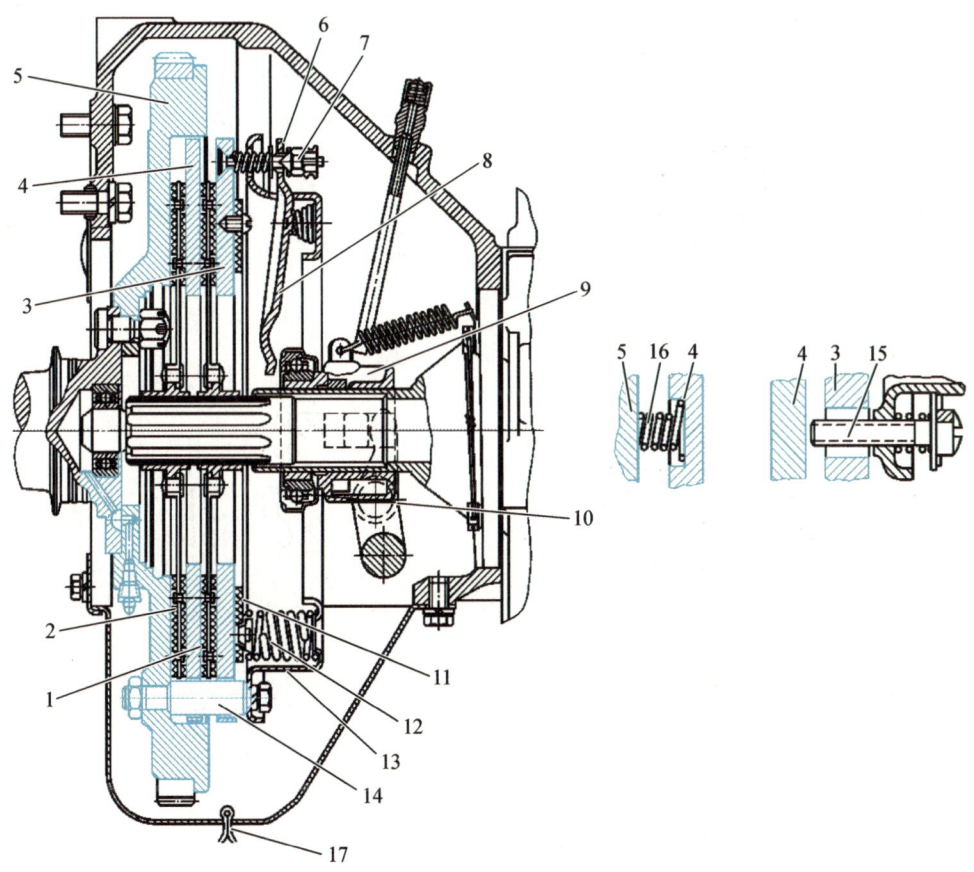

图1-14 双盘离合器构造

1，2—从动盘；3—压盘；4—中间压盘；5—飞轮；6—分离杠杆连接螺柱；7—调整螺母；
8—分离杠杆；9—分离套筒；10—分离轴承；11—隔热垫；12—压紧弹簧；
13—离合器盖；14—传动销；15—限位螺钉；
16—分离弹簧；17—磁性开口

其结构和工作特点如下。

1. 中间压盘的驱动

双片离合器的中间压盘不是通过离合器盖而是由飞轮直接驱动，其驱动方式通常有传动销式、传动块式和凸耳-切槽式三种。

（1）传动销式，图 1-14 所示即为这种方式。

（2）传动块式，中央弹簧式双片离合器中间压盘的驱动即为这种方式。

（3）凸耳-切槽式，同前一种相反，它是中间压盘（或连同后压盘）外缘有 3~4 个凸耳伸入飞轮相应的切槽内，由飞轮的切槽向压盘传力并起导向、定心作用。

2. 中间压盘的分离装置

中间压盘因不能像后压盘那样由分离杠杆来拉动使其分离，因而都有单独的分离装置，如图 1-15 所示。

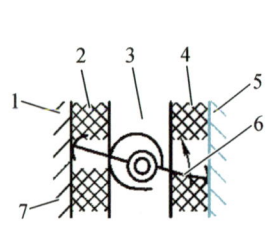

（a）扭簧摆杆式

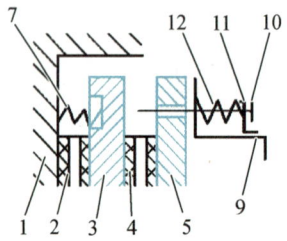

（c）分离弹簧、限位螺钉（栓）式

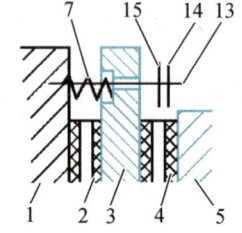

（d）分离弹簧、限位螺钉（栓）式

图 1-15　中间压盘分离装置的形式

1—飞轮；2，4—从动盘；3—中间压盘；5—后压盘；6—摆杆；7，8—分离弹簧；9—离合器盖；10—限位螺钉；11—锁止垫圈；12—锁止弹簧；13—限位螺钉；14—锁止螺母；15—调整螺母

四、离合器的操纵机构

（一）机械式操纵机构

机械式操纵机构有杆式传动和绳索式传动两种。下面主要介绍杆式传动操纵机构。

如图1-16所示，杆式传动操纵机构由分离杠杆、连接杆、踏板、复位弹簧等组成。调节螺母用螺纹与连接杆连接，从而可通过调节螺母来调节杆的长度，以实现踏板自由行程的调整。

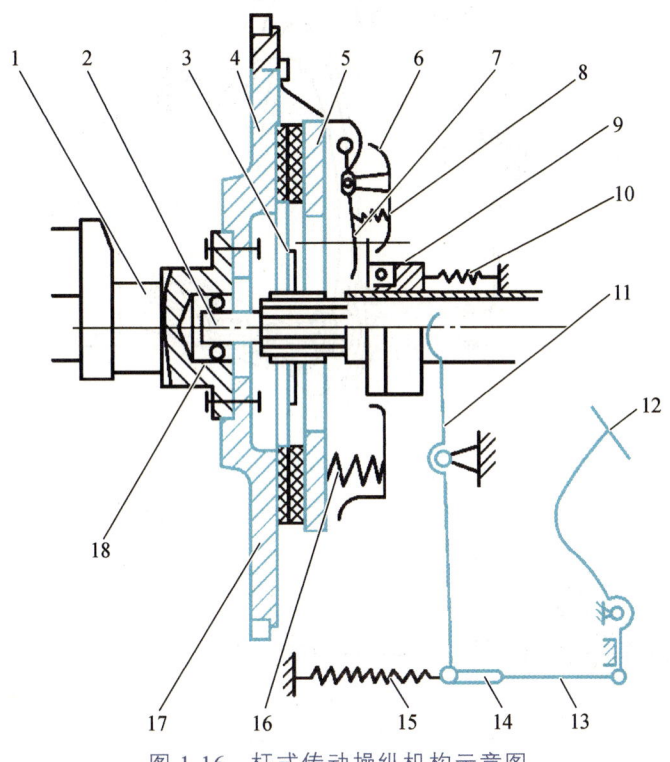

图1-16　杆式传动操纵机构示意图

1—曲轴；2—从动轴；3—从动盘；4—飞轮；5—压盘；6—离合器盖；7—分离杠杆；
8—弹簧；9—分离轴承；10、15—回位弹簧；11—分离叉；12—踏板；
13—拉杆；14—拉杆调节叉；16—压紧弹簧；
17—从动盘摩擦片；18—轴承

（二）液压式操纵机构

1. 组成与工作原理

液压式操纵机构一般由主缸、工作缸和管路系统组成，如图1-17所示。其基本工作原理是：踏下踏板时，主缸推杆5推动主缸活塞3，使主缸1中的油液压力升高，并通过管路12进入工作缸10推动工作缸活塞9，活塞再通过推杆6推动分离叉使离合器分离。

2. 主缸的构造

主缸将机械能转化为液压能。制动系的制动总泵的储液罐有两个出油孔，分别把制动液供给制动主缸和离合器主缸。离合器主缸的构造如图1-18所示。

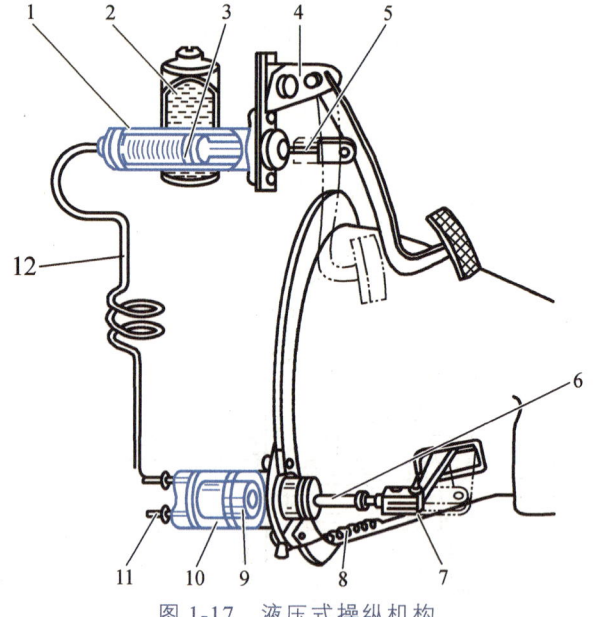

图 1-17 液压式操纵机构

1—主缸；2—储油室；3—主缸活塞；4—踏板支座；5—主缸推杆；6—工作缸推杆；7—分离叉；
8—分离叉回位弹簧；9—工作缸活塞；10—工作缸；11—放气塞；12—管路

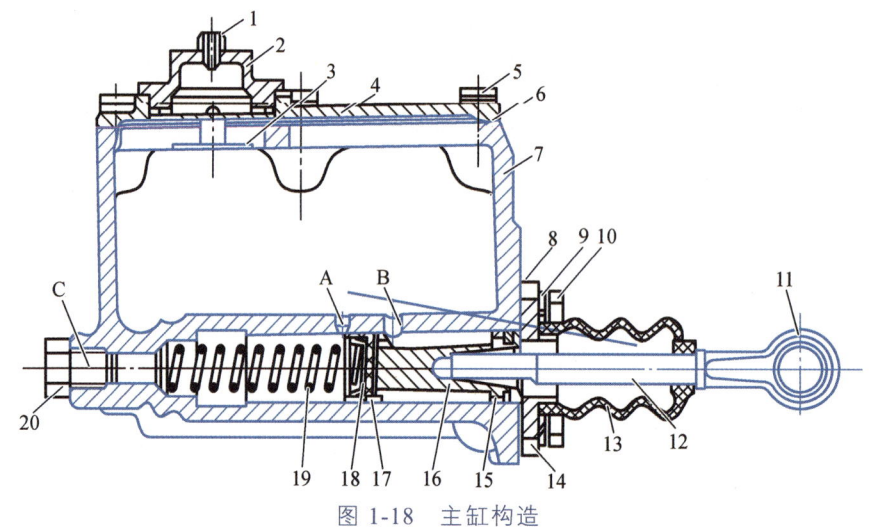

图 1-18 主缸构造

1—通气孔；2—螺塞；3—挡板；4—盖；5、10—螺钉；6—衬垫；7—储油室；8—垫片；9—垫圈；
10—螺钉；11—主缸推杆接头；12—主缸推杆；13—防尘罩；14—端盖；15—主缸密封圈；
16—主缸活塞；17—活塞垫片；18—主缸皮碗；19—回位弹簧；20—管接头；
A—主缸补偿孔；B—主缸进油孔；C—出油孔

主缸补偿孔、进油孔通过进油软管与储液罐相通。主缸内装有活塞，活塞中部较细，且为十字形断面，使活塞右方的主缸内腔形成油室。活塞两端装有皮碗。活塞左端中部装有单向阀，经小孔与活塞右方主缸内腔的油室相通。当离合器踏板处于初始位置时，活塞左端皮碗位于补偿孔与进油孔之间，两孔均开放。

3. 工作缸的构造

工作缸用以把液压能转化为机械能。工作缸的构造如图 1-19 所示。工作缸内装有活塞、皮碗、推杆等，缸体上还设有放气螺塞。当管路内有空气存在而影响操纵时，可拧出放气螺塞进行放气。

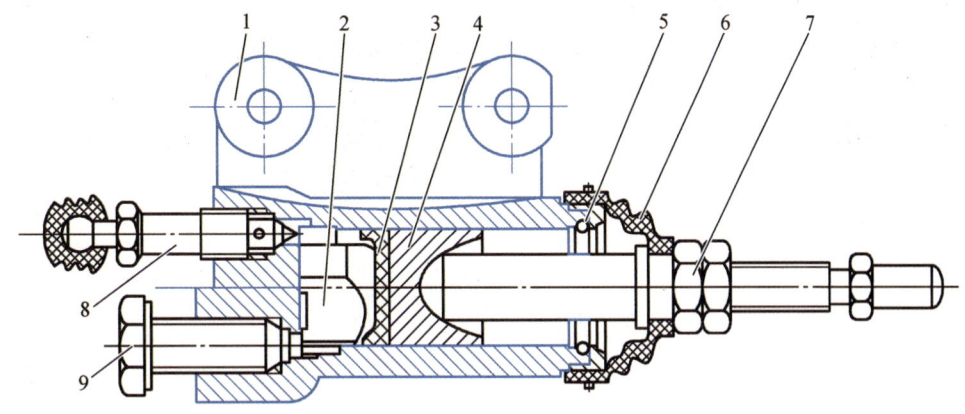

图 1-19 工作缸构造

1—工作缸；2—活塞限位块；3—皮碗；4—活塞；5—挡环；6—护罩；
7—分离叉推杆总成；8—放气螺钉；9—进油管接头

（三）气压助力式操纵机构

气压助力机械传动式操纵机构如图 1-20 所示。

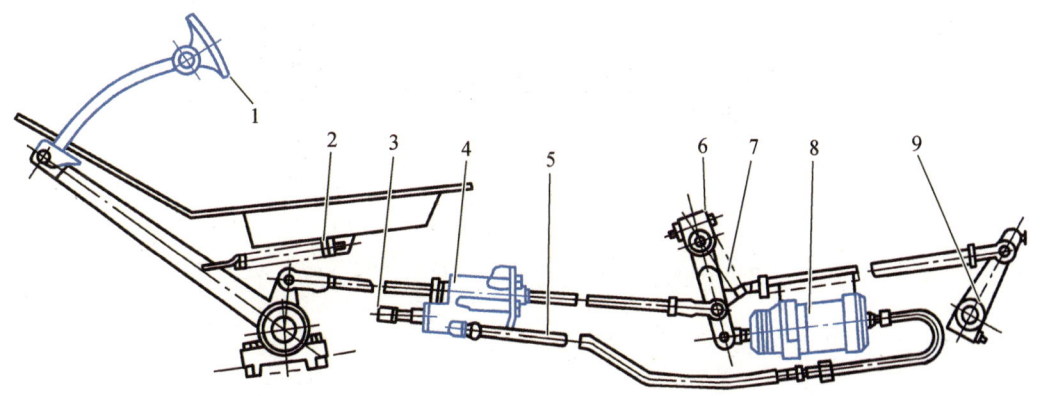

图 1-20 气压助力机械传动式操纵机构

1—踏板；2—回位弹簧；3—进气管；4—伺服控制阀；5—气管；6—中间轴外摇臂；
7—中间轴内摇臂；8—助力缸；9—离合器分离叉轴摇臂

伺服控制阀 4 连接于前后拉杆之间，可随拉杆一起移动。其作用是：使助力缸的进、排气时刻以及助力缸内所保持的气压与驾驶员的操作要求相适应，以产生相应的助力作用，其构造如图 1-21 所示。助力缸固定于车架，其作用是产生动力进行助力，其构造如图 1-22 所示。

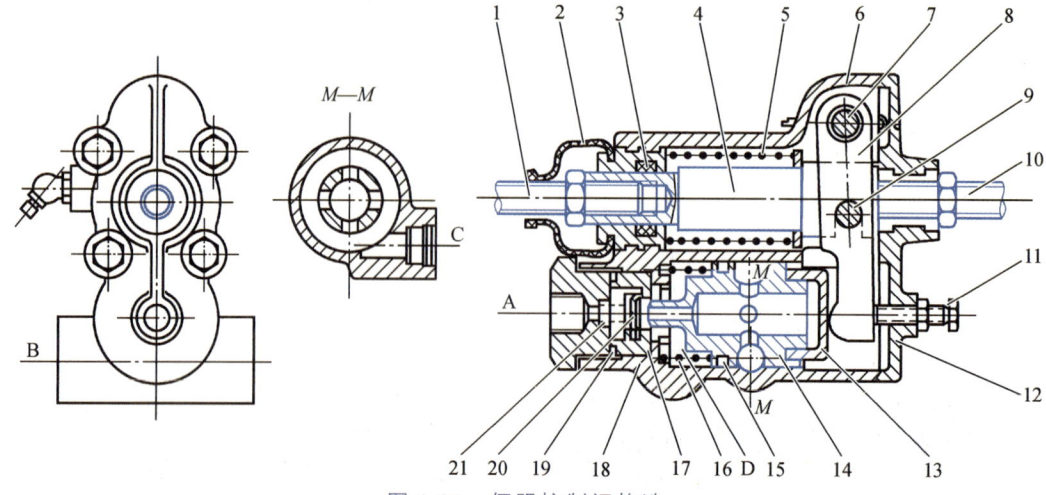

图 1-21 伺服控制阀构造

1—前拉杆；2—防尘罩；3—油封；4—联动杆；5—联动杆回位弹簧；6—控制阀体；7—杠杆轴销；
8—杠杆；9—销；10—后拉杆；11—调整螺钉；12—端盖；13—活塞盖；14—活塞；
15，17，19—皮圈；16—活塞回位弹簧；18—进气阀座；
20—阀门；21—阀门弹簧

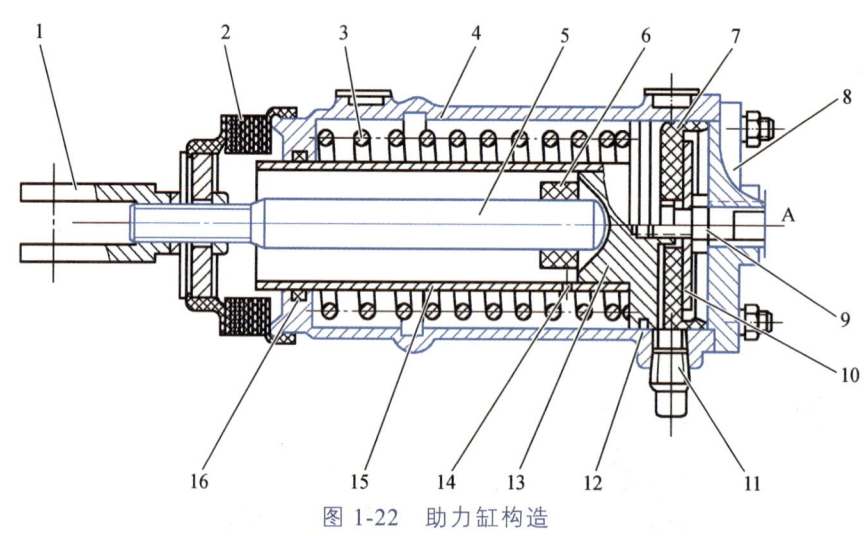

图 1-22 助力缸构造

1—连接叉；2—防尘罩；3—活塞回位弹簧；4—气缸体；5—推杆；6—橡胶导向块；7—皮碗；
8—端盖；9—螺钉；10—垫圈；11—螺塞；12—密封毡圈；13—活塞；
14—通气孔；15—活塞导向管；16—密封毡圈

1. 离合器接合状态

由于踏板全部放松，杠杆 8（见图 1-21）在联动杆回位弹簧 5 的作用下，通过联动杆 4 压向右端。活塞 14 在回位弹簧 16 的作用下通过活塞盖 13 紧靠在杠杆上。此时，进气阀关闭，排气阀（图中未画出）开启，即阀门 20 关闭在进气阀座 18 上，而活塞 14 左端的排气阀座与阀门 20 间有 1.0～2.0 mm 的间隙，此间隙可通过螺钉 11 来调整。与出气口 B 相通的助力缸气室经开启的排气阀 C 与大气相通，助力缸处于不工作位置。

2. 离合器分离过程

踏下离合器踏板时，伺服控制阀作为一个整体随同前拉杆 1 一起前移，直至克服分离轴承的自由间隙，即踏板克服自由行程为止。踏板继续下移，后拉杆 10 连同阀体 6 因离合器压紧弹簧的张力较大而暂时停止前移。但联动杆 4 却随同拉杆 1 继续前移，使杠杆 8 以上端轴销 7 为支点顺时针方向摆转，并推动活塞左移，先关闭排气阀，再打开进气阀，压缩空气即从进气口 A 经进气阀、中间气道和出气口 B 进入助力缸气室，推动其活塞完成助力作用，使离合器分离。

3. 离合器接合过程

放松踏板时，如图 1-21 所示，后拉杆 10 及阀体因助力缸内的气压作用而暂时不动。联动杆 4 同拉杆 1 右移，使杠杆 8 以销轴 7 为支点沿逆时针方向摆转。活塞 14 的左方气体即排入大气，助力缸活塞回位，使离合器接合。

4. 随动作用

如前所述，踏板放松时进气阀关闭而排气阀开启，助力缸进行排气，其气室内压力逐渐下降，离合器逐渐接合。若踏板松到某个位置停住，开始时由于继续排气，助力缸活塞还在回位，拉杆 10（见图 1-21）连同阀体还在后移，杠杆便以轴销 7 为支点顺时针方向摆转，推动活塞逐渐关闭排气阀，一旦排气阀关闭，排气过程即告结束。这时由于双阀关闭，压缩空气不进不排，助力缸活塞处于平衡状态，离合器便维持在某一接合压力。这个过程叫"排气-平衡"过程。若踏板继续放松至某一位置，排气阀又将开启，重复"排气-平衡"过程。此时，助力器内的平衡压力值比先前小一些，施加于踏板的踏力也由于控制阀活塞左方气压下降而减少了一些，离合器接合程度也增加了一些。若踏板松得慢，排气阀开度小，排气也慢，离合器接合得就更加柔顺。这就是气压助力器的随动作用。

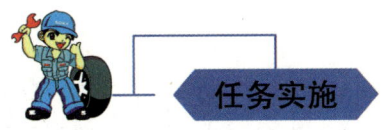

一、实训设备与器材

（1）常用工具、量具各一套。
（2）膜片弹簧式离合器总成一套，装备膜片弹簧式离合器整车一台。
（3）周布弹簧式离合器总成一套，装备周布弹簧式离合器整车一台。

二、注意事项

（1）拆装离合器必须在拆装台上进行。

（2）注意零件的清洗方法，不得损坏摩擦片及其他零部件。

（3）离合器盖与飞轮之间应做标记后再拆卸。

三、操作步骤

（一）膜片弹簧式离合器的拆装检测与调整

1. 膜片弹簧式离合器组成

膜片弹簧式离合器组成如图 1-23 所示。

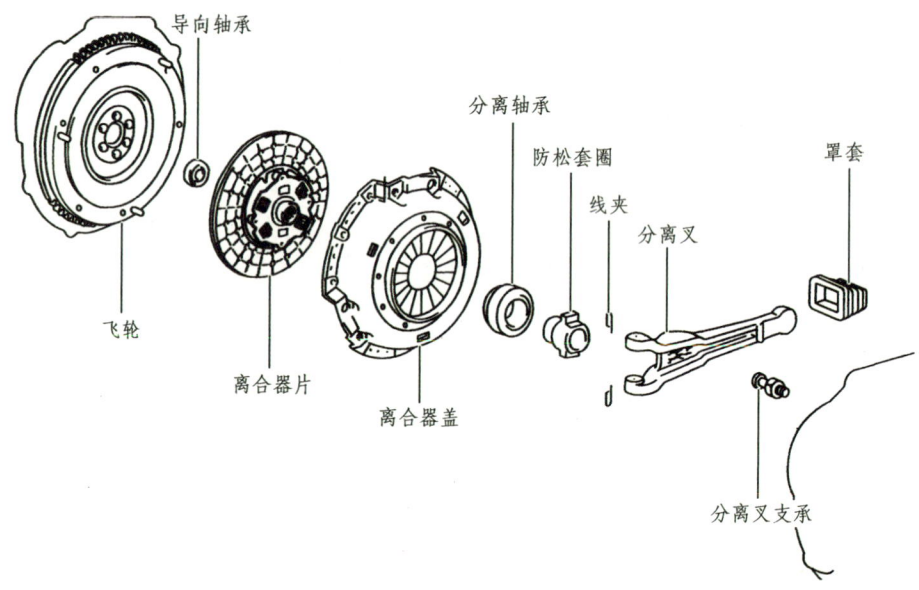

图 1-23 膜片式离合器的组成

2. 离合器的拆卸

（1）首先拆下变速器（详见下一任务——变速器拆卸与安装部分）。

（2）用专用工具将飞轮固定，如图 1-24 所示，然后逐渐将离合器压盘的固定螺栓对角拧松（注意观察压盘和飞轮的装配标记），取下离合器盖及压盘总成，并取下离合器从动盘。

（3）用 $A = 23.5 \sim 78.5$ mm 的内拉头拉出分离轴承。

（4）拆下分离轴承导向套和橡胶防尘套、回位弹簧。

（5）用尖嘴钳取出卡簧及衬套座，取出分离叉轴。

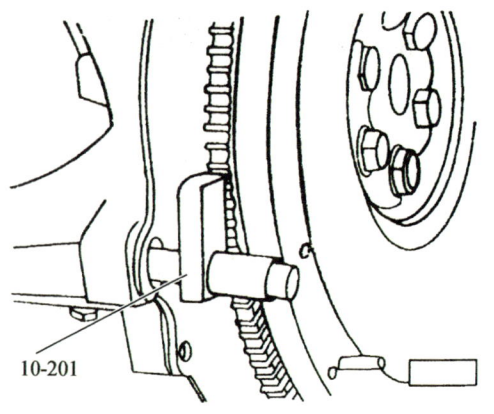

图 1-24 用专用工具固定飞轮

3. 离合器的安装

（1）用专用工具将飞轮固定。

（2）如图 1-25 所示，用专用工具将离合器从动盘定位于飞轮和压盘中心。

（3）装上紧固螺栓，并用 25 N·m 的力矩对角逐渐旋紧。

4. 离合器踏板自由行程的调整

（1）离合器的调整主要就是离合器踏板自由行程的调整。离合器踏板自由行程应为 15～20 mm。绳索式操纵装置的离合器踏板自由行程的调整是靠离合器拉索的调整来进行的，具体可通过图 1-26 箭头所示的调整螺母来进行。

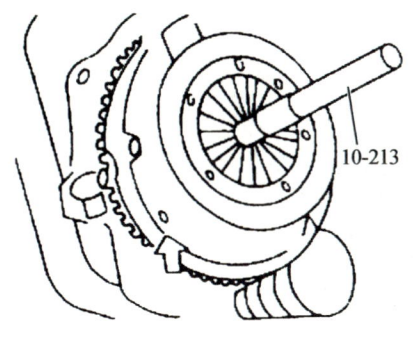
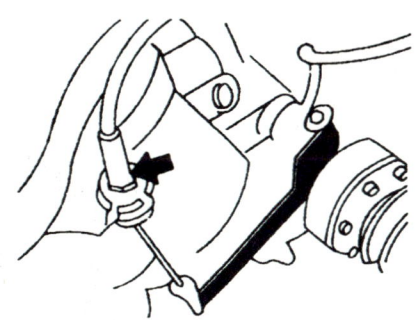

图 1-25　离合器的安装　　图 1-26　离合器踏板自由行程的调整

（2）离合器踏板总行程的调整。总行程的标准为（150±5）mm，方法为驱动臂的调整。

5. 离合器的检测

（1）检修注意事项。

① 衬垫：应更换纸质密封垫圈，更换 O 形环。

② 调整垫片：用千分尺多点检测调整垫片，可以精确地测出所需垫片的厚度。检查调整垫片边缘是否有损坏，只能装入完好的调整垫片。

③ 挡圈、锁圈：调整挡圈及锁圈不能拉开过度，必须将其完全放在槽内。

④ 螺栓、螺母：固定盖和罩壳的螺栓和螺母应交叉拧紧和拧松（特别是易损件），并且应按规定的拧紧力矩拧紧螺栓和螺母。

⑤ 轴承：将有标志面的滚针轴承（壁厚较大）朝向安装工具，在轴与轴承之间涂一层润滑油。所有的轴承和接触表面均使用白色 ET-Nr.AOS12600005 润滑脂润滑。

⑥ 在进行离合器踏板修理工作时，应将蓄电池搭铁线拆下。

（2）从动盘（离合器片）的检验与修理。

① 检查从动盘摩擦衬片的磨损，如图 1-27 所示。当铆钉头沉入摩擦表面的深度小于 0.3 mm 时，应更换从动盘。

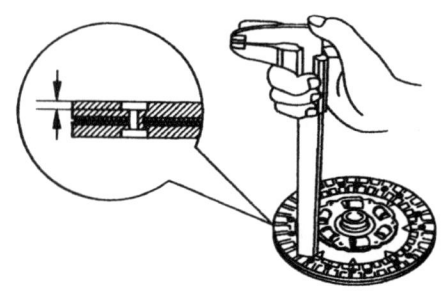

图 1-27　用游标卡尺测铆钉孔深度

② 将从动盘置于配套的符合标准的压盘上，用塞尺测量从动盘与压盘间的间隙，应不大于 0.08 mm。

③ 检查飞轮摆振。将磁力表座吸附在发动机机体上，百分表表针抵在飞轮的最外圈，如图 1-28 所示，最大摆振小于 0.1 mm，如摆振超差，应修理或更换飞轮。

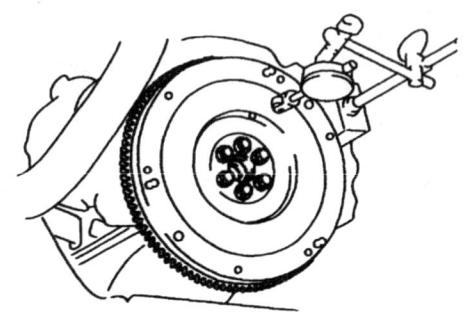

图 1-28　用百分表测量飞轮摆振

（3）压盘的检验与修理。

① 压盘翘曲变形的检验。将压盘摩擦面扣合在平板上，用塞尺在其缝隙处测量，压盘表面不平度不得超过 0.12 mm。

② 压盘表面光洁度检验。压盘表面不能有明显的沟槽，沟槽深度应小于 0.30 mm。

③ 压盘的翘曲或沟槽可用平面磨床磨平，加工后的厚度应不小于标准厚度 2 mm。

（4）膜片弹簧式离合器膜片弹簧的检查。

① 膜片弹簧磨损的检查。使用游标卡尺测量膜片弹簧与分离轴承接触部位磨损的深度与宽度，如图 1-29 所示。深度小于 0.6 mm，宽度小于 5.0 mm，否则应予以更换。

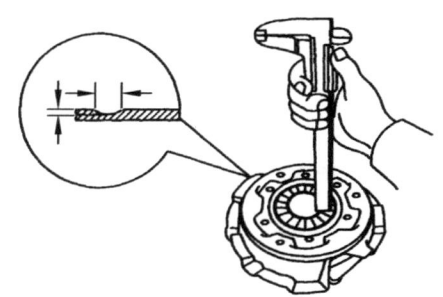

图 1-29　用游标卡尺测量膜片弹簧的磨损

② 膜片弹簧变形的检查。如图 1-30 所示，用维修工具盖住弹簧片小端，用塞尺测量每个弹簧片小端与维修工具平面的间隙，弹簧片小端应在同一平面上，弯曲变形不得超过 0.5 mm。否则，应用图 1-30 所示的维修工具将弯曲变形过大的弹簧片小端撬起进行调整。

（5）分离轴承的检查。如图 1-31 所示，用手固定分离轴承内缘，转动外缘，同时在轴向施加压力，如有阻滞或有明显间隙感，应更换分离轴承。

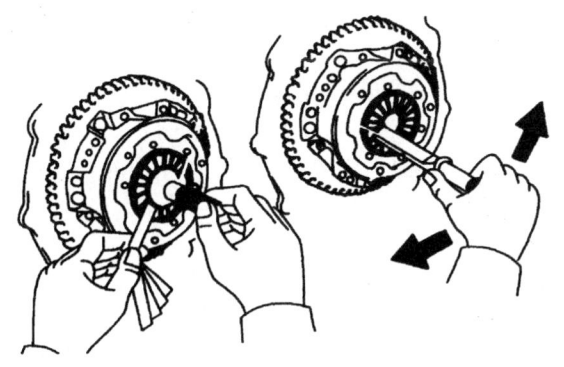
图 1-30　膜片弹簧变形的检查

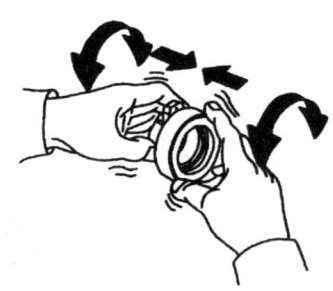
图 1-31　分离轴承的检查

（6）飞轮上导向轴承的检查。如图 1-32 所示，用手转动轴承，在轴向加力，如果轴承有阻滞或有明显间隙感，则应更换导向轴承。

（7）在装配离合器前，应在如图 1-33 所示的位置涂润滑脂。

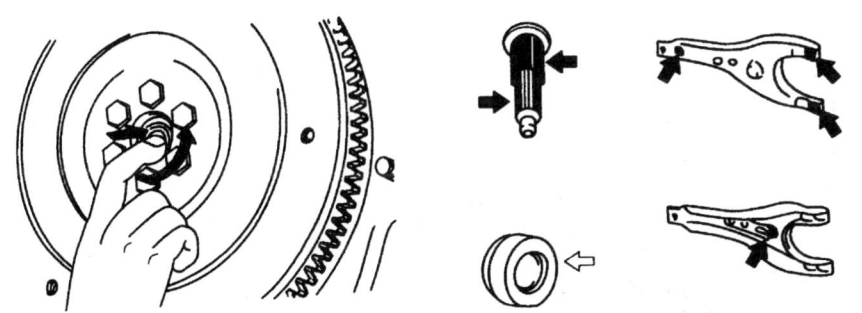
图 1-32　飞轮上导向轴承的检查　　　　图 1-33　涂润滑脂的位置

6. 离合器液压操纵系统的拆装与检测

（1）离合器主缸的拆卸与分解

在解体离合器主缸前，应排净主缸中的制动液。主缸分解过程是：取下防尘罩，用螺丝刀或卡环钳拆下卡环，拉出主缸推杆、压盖和活塞。

（2）离合器工作缸的拆卸与分解

拧下工作缸进油管接头，再拆下工作缸固定螺栓，即可拉出工作缸。

工作缸的分解过程是：拉出工作缸推杆，拆下防尘罩，然后用压缩空气将工作缸活塞从缸筒内压出来。

（3）主缸、工作缸的检修

主缸和工作缸是离合器液压操纵系统的主要部件，其工作性能的好坏直接影响离合器的工作性能。当出现缸筒内壁磨损超过 0.125 mm、活塞与缸筒的间隙超过 0.20 mm、皮圈老化及回位弹簧失效等情况时，应更换相应零件。

（4）离合器主缸、工作缸的装配

主缸和工作缸的装配，按拆卸与分解的相反顺序进行，但装配时应注意以下事项：

① 零件在装配前要用非腐蚀性液体清洗干净，并在活塞、皮碗、皮圈、缸套等零件上涂一层制动液。装合后推杆在缸筒内运动应灵活。在放松（不工作）位置时，主缸皮碗和活塞头部应位于进油孔和补偿孔之间，两孔都开放。工作缸上带有塑料支承环，安装时外表面要涂上一层薄薄的润滑油，工作缸推杆末端也要涂上润滑脂润滑。

② 安装离合器工作缸时，需要用一个适当的杠杆克服弹簧的弹力，将其压向变速器壳相应的孔中后，方能将固定螺栓旋入。

（5）离合器液压系统中空气的排出

离合器液压操纵系统在经过检修之后，管路内可能进入空气，在添加制动液时也可能使液压系统中进入空气。空气进入后，由于缩短了主缸推杆行程（即踏板工作行程），从而使离合器分离不彻底。因此，液压系统检修后或怀疑液压系统进入空气时，就要排除液压系统中的空气。排除方法如下：

① 用千斤顶顶起汽车，然后用支架将汽车支住。将主缸储液罐中的制动液加至规定高度。

② 在工作缸的放气阀上安装一软管，接到一个盛有制动液的容器内。

③ 空气排放需要两个人配合工作，一人慢慢地踏离合器踏板数次，感到有阻力时踏住不动，另一人拧松放气阀直至制动液开始流出，然后再拧紧放气阀。

④ 连续按上述方法操作几次，直到流出的制动液中不见气泡为止。

⑤ 空气排除干净之后，需要再次检查及调整踏板自由行程。

（二）单盘周布弹簧式离合器的拆装检测与调整

1. 离合器的拆卸

（1）从发动机上拆下变速器总成（传动轴已先从车上拆下），并从变速器的第一轴上取下离合器的分离轴承座总成。

（2）从飞轮上拆下离合器盖与飞轮连接螺栓，从飞轮上取下从动盘总成和离合器盖及压盘总成（注意：若螺栓上装有平衡块，应在离合器盖平衡块上打上标记，以便原位装复，以免破坏曲轴总成的动平衡）。

（3）在离合器盖和压盘上做好记号。把离合器盖及压盘总成放在压力机上，压缩离合器弹簧，拆卸分离杠杆调整螺钉的锁紧螺母和调整螺母，拆卸传动片螺栓座上的螺栓。

（4）慢慢卸去离合器盖上作用的压紧力（由压力机产生的压紧力），待压紧力全部卸去后，离合器压盘及盖总成全部解体。

2. 离合器的装配与调整

（1）按分解相反的顺序装复，检查压盘传动片是否完好，若有损坏，应先成组更换，并将它和离合器盖铆接在一起，在离合器盖上装上分离杠杆弹簧。在压床上或专用装配台上组装压盘。用压床或气动夹具将离合器盖底面夹紧在平台上，在分离杠杆调整螺钉的端头拧入调整螺母。

（2）分离杠杆的调整。

① 用分离杠杆调整螺母，将4个分离杠杆端面调到距飞轮表面为（56±0.2）mm的范围内，拧紧锁紧螺母。

② 螺母锁紧后，4个分离杠杆端面应在同一平面内，其高度误差不得超过0.4 mm。

（3）将离合器与从动盘总成装在飞轮上，并按要求逐次均匀拧紧紧固螺钉。注意：装入从动盘时，应使短毂朝前，不能装反。

（4）检查分离杠杆端面至飞轮表面的距离是否在上述规定内；4个分离杠杆端部至从动盘表面距离是否位于同一平面内，否则调整分离杠杆调整螺母。

（5）按拆卸的逆顺序把变速器装于汽车上后连接操纵机构。

（6）离合器踏板自由行程的调整与检查。

① 调整分离拉杆上的调整螺母，使离合器踏板的自由行程为 30～40 mm，然后用螺母锁紧。

② 当脚踏板完全放松时，分离轴承与分离杠杆内端间隙为 3～4 mm，相应于"踏板自由行程" 30～40 mm，可用直尺检测。具体方法是，先测出踏板完全放松的高度，再测出当用手按下踏板感觉有阻力时的高度，前后两次高度差就是自由行程。

任务二 CNG 新能源客车变速器的拆检

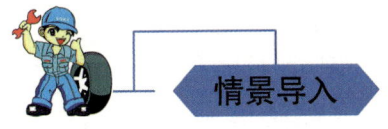

某驾驶员抱怨其车辆（手动挡）在行驶过程中不能顺利地从3挡挂入4挡，并伴有齿轮撞击声，有时完全不能挂入挡位。将车辆送到修理厂后，经组长判断为变速器故障，需对其进行拆检。

一、变速器的作用、分类与工作原理

（一）变速器的作用

1. 实现变速变矩

汽车上所应用的发动机具有转矩变化范围小、转速高的特点，这与汽车实际行驶状况是不相适应的。如果没有变速器而直接将发动机与驱动桥连接在一起，首先发动机的转矩小，不能克服汽车的行驶阻力，使汽车根本无法起步；其次假使汽车行驶起来，也会由于车速太高而不实用，甚至无法驾控。所以必须改造发动机的转矩、转速特性，使发动机的转矩增大、转速下降，以适应汽车实际行驶的要求。变速器中是通过不同的挡位来实现这一功用的。

2. 能倒退行驶

发动机的旋转方向从前往后看的话为顺时针方向，且是不能改变的，为了实现汽车的倒向行驶，变速器中设置了倒挡。

3. 中断动力传递

在发动机起动和怠速运转、变速器换挡、汽车滑行和暂时停车等情况下，都需要中断发动机的动力传递，因此变速器中设有空挡。

（二）变速器的分类

按传动比变化方式，汽车变速器可分为有级式、无级式和综合式三种。

按操纵方式不同，变速器可分为强制操纵式变速器、自动操纵式变速器、半自动操纵式变速器三种。

（三）变速器的工作原理

1. 变速原理

一对齿数不同的齿轮啮合传动时，就可以变速。图 1-34 为两级齿轮传动示意图，图 1-35 为齿轮传动的转向关系。

2. 换挡原理

普通齿轮变速器就是通过改换大小不同的啮合齿轮副，即通过换挡来改变其传动比的。

当图 1-34 中输出轴上的齿轮 4、6 都不与中间轴上的齿轮 3、5 啮合时，则动力不能传到输出轴，这就是变速器的空挡。

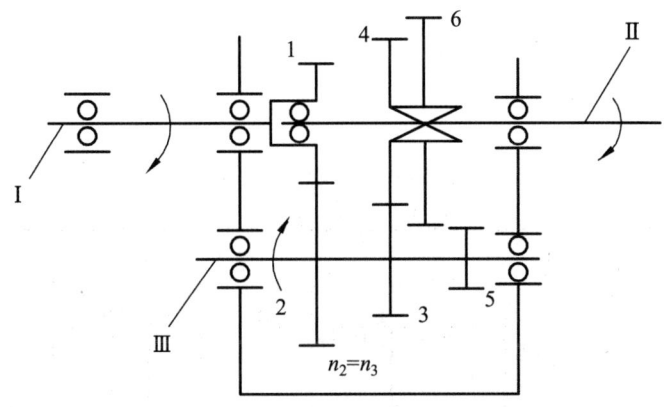

图 1-34　两级齿轮传动示意图

Ⅰ—输入轴；Ⅱ—输出轴；Ⅲ—中间轴；1~6—齿轮

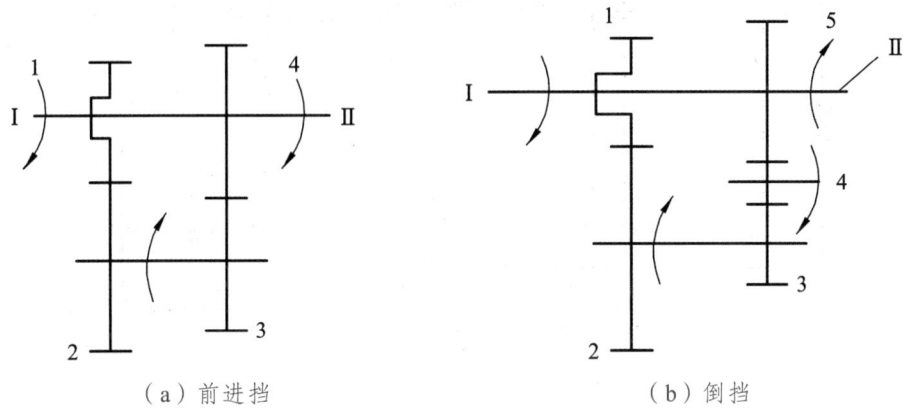

（a）前进挡　　　　　　　　（b）倒挡

图 1-35　齿轮传动的转向关系

1，2，3，5—变速齿轮；4—惰轮

3. 变向原理

由于相啮合的一对齿轮旋转方向相反，所以每经一传动副，其轴便改变一次转向。如图 1-35（a）所示经过两对齿轮（1 和 2、3 和 4）传动时，其输出轴Ⅱ便与输入轴Ⅰ的转向又相同。这就是普通三轴式变速器在汽车前进时的传动情况。若如图 1-35（b）所示在中间轴与输出轴之间再加第四根轴，并在其上装有惰轮 4，则由于又多了一传动副，从而使输出轴Ⅱ与输入轴Ⅰ转向相反。这就是三轴式变速器在汽车倒车时的传动情况。惰轮 4 又称倒挡轮，其轴为倒挡轴。

二、变速器的构造

1. 变速器变速传动机构

变速传动机构安装在变速器壳内，有两轴式和三轴式，由输入轴、输出轴、倒挡轴（三轴式还有中间轴）及各轴上的齿轮、轴承及同步器组成。通过移动同步器中的接合套或滑动齿套实现挡位的变换。变速器的挡数通常是指前进挡的个数。一般，CNG客车上使用三轴式变速器，如图1-36所示。

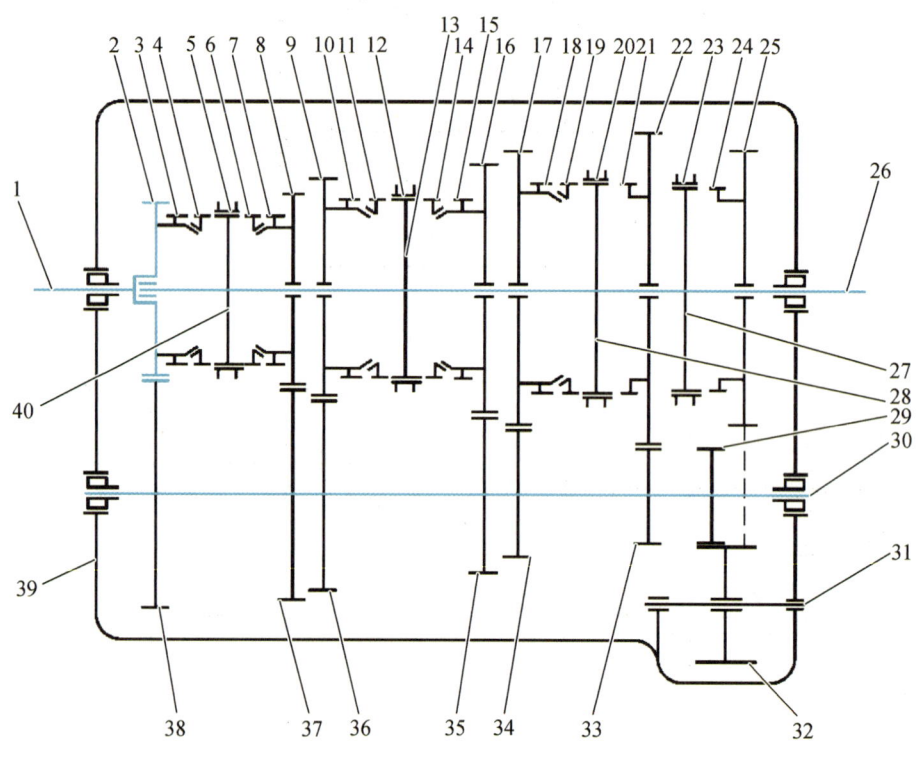

图1-36　变速器变速传动机构示意图

1—第一轴；2—第一轴常啮合齿轮；3—第一轴齿轮接合齿圈；4—六挡同步器锁环；5，12，20，23—接合套；6—五挡同步器锁环；7—五挡齿轮接合齿圈；8—第二轴五挡齿轮；9—第二轴四挡齿轮；10—四挡齿轮接合齿圈；11—四挡同步器锁环；13，27，28，40—花键；14—三挡同步器锁环；15—三挡齿轮接合齿圈；16—第二轴三挡齿轮；17—第二轴二挡齿轮；18—二挡齿轮接合齿圈；19—二挡同步器锁销；21—一挡齿轮接合齿圈；22—第二轴一挡齿轮；24—倒挡齿轮接合齿圈；25—第二轴倒挡齿轮；26—第二轴；29—中间轴倒挡齿轮；30—中间轴；31—倒挡轴；32—倒挡中间齿轮；33—中间轴一挡齿轮；34—中间轴二挡齿轮；35—中间轴三挡齿轮；36—中间轴四挡齿轮；37—中间轴五挡齿轮；38—中间轴常啮合齿轮；39—变速器壳体

2. 变速器操纵机构

为了保证变速器操纵机构在任何情况下都能准确、安全、可靠地工作，对变速器操纵机构提出以下几点要求：

（1）变速器不应自行脱挡或自行挂挡，并保证轮齿以全齿长啮合，即应有自锁装置。

（2）变速器不应同时挂入两个挡位，即应有互锁装置。

（3）不应误挂入倒挡，即应有倒挡锁装置。

如图1-37所示为汽车六挡变速器操作机构。

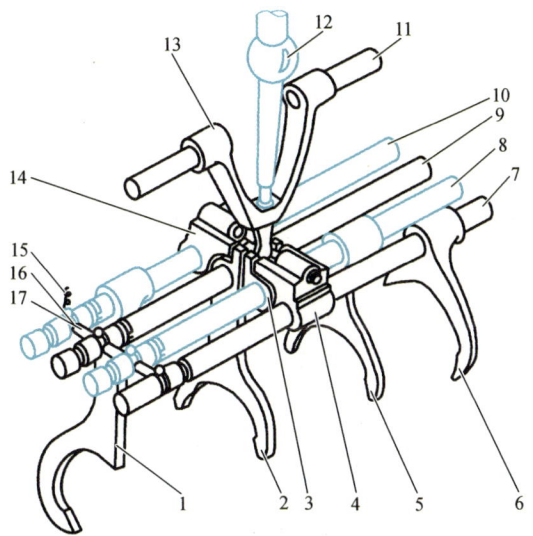

图 1-37 汽车变速器操纵机构

1—五、六挡拨叉；2—三、四挡拨叉；3——、二挡拨块；4—倒挡拨块；5——、二挡拨叉；6—倒挡拨叉；7—倒挡拨叉轴；8——、二挡拨叉轴；9—三、四挡拨叉轴；10—五、六挡拨叉轴；11—换挡轴；12—变速杆；13—叉形拨杆；14—五、六挡拨块；15—自锁弹簧；16—自锁钢球；17—互锁柱销

3. 变速器操纵安全装置

变速器的自锁与互锁装置如图 1-38 所示，图 1-39 所示为互锁装置工作示意图。

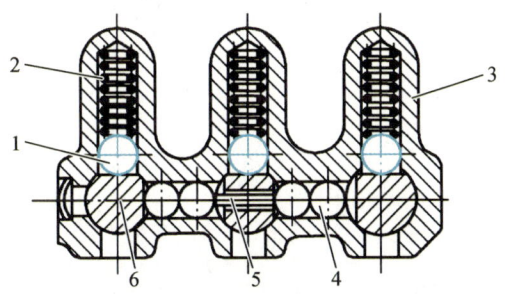

图 1-38 变速器的自锁与互锁装置

1—自锁钢球；2—自锁弹簧；3—变速器盖（前端）；4—互锁钢球；5—互锁销；6—拨叉轴

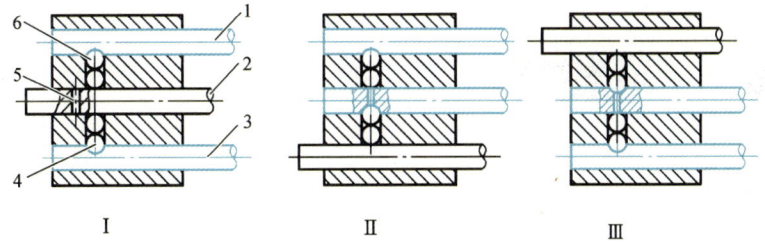

图 1-39 互锁装置工作示意图

Ⅰ—轴1和3锁止在空挡位置；Ⅱ—轴1和2锁止在空挡位置；Ⅲ—轴2和3锁止在空挡位置；
1，2，3—拨叉轴；4，6—互锁钢球；5—互锁销自锁装置：防止变速器在行驶中自动脱挡，保证全齿长啮合，使驾驶人具有手感。自锁装置由拨叉轴上的凹槽、弹簧、自锁钢球等组成，如图 1-38 所示。自锁钢球在弹簧压力的作用下落入凹槽内，从而防止其自行移出凹槽而脱挡，同时在自锁钢球落入凹槽中时有明显的手感。两自锁凹槽的尺寸保证全齿啮合。

互锁装置：防止同时挂入两个挡位造成乱挡。互锁装置由互锁销、互锁钢球、拨叉轴、凹槽组成，如图 1-39 所示。两个互锁钢球的直径之和等于两相邻拨叉轴表面间距加上 1 个凹槽的深度。一个互锁销的长度等于一个拨叉轴直径减去一个凹槽深度。

倒挡锁装置：使驾驶人必须对变速杆施加较大的力，才能挂入倒挡，既起到提醒的作用，防止误挂倒挡，又提高了安全性，如图 1-40 所示。

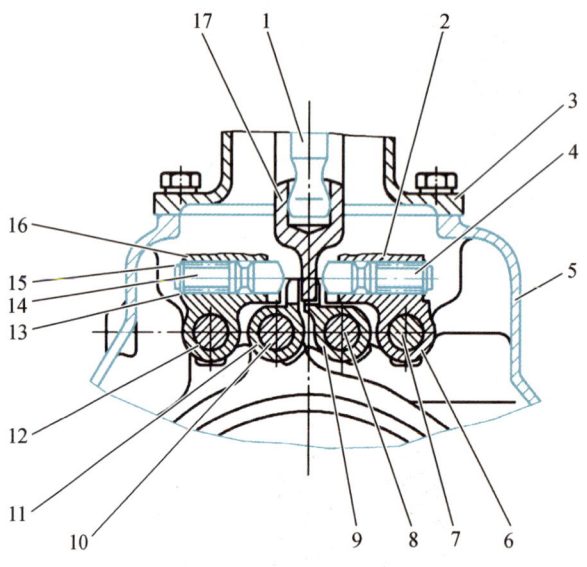

图 1-40 倒挡锁及选挡锁装置

1—变速杆；2—倒挡锁弹簧；3—变速器顶盖；4—倒挡锁销；5—变速器上盖；6—倒挡拨块；7—倒挡拨叉轴；8—一、二挡拨叉轴；9—一、二挡拨块；10—三、四挡拨叉轴；11—三、四挡拨块；12—五、六挡拨叉轴；13—选挡锁销弹簧；14—选挡锁销；15—锁片；16—五、六挡拨块；17—叉形拨杆

一、实训设备与器材

（1）汽车五挡变速器 1 台。

（2）磁力表座、百分表 1 套，平板 1 块，维修工具 1 套，塞尺 1 把，V 形铁 2 块，扭力扳手 1 把。

二、操作步骤

1. 变速器的拆卸

（1）旋出放油塞，放净变速器内的润滑油，拆卸传动轴，拆去变速器与离合器壳的4个紧固螺栓，变速器带离合器分离轴承座和驻车制动器总成即可平行退出。

（2）从变速器第一轴轴承盖上取下分离轴承。

（3）拆下驻车制动鼓上的两个固定螺栓，取下驻车制动鼓，拧松螺母，取下碟形弹簧，拉出突缘，然后拆去驻车制动机构的各连接件。

（4）拆下变速器上盖总成。

（5）拆下变速器第二轴后轴承盖。

（6）从变速器前端拆下紧固轴承盖螺栓上的钢丝锁线和螺栓，然后取下轴承盖。

（7）用铜棒从左右轻轻敲击第一轴，将第一轴连同轴承一起从前端拔出，然后从第一轴中取出第二轴前端轴承。

（8）用手托起第二轴前端上下晃动，并用铜棒左右敲击第二轴的后端，将第二轴向后退出稍许，用拉器从第二轴上取下后端轴承后，将第二轴总成从变速器壳体内拿出。

（9）从第二轴取下四、五挡同步器总成，拆下四、五挡固定齿座锁环，取下止推环，则第二轴上二、三挡同步器总成和它前面的所有零件可以依次从轴上取下。

（10）从壳体上拆卸中间轴前后轴承盖，撬开后轴承锁片，拧下锁紧螺母，拆卸倒挡齿轮检查孔盖，取下倒挡齿轮轴锁片，利用倒挡轴后端的螺纹，用专用工具将轴拔出，并从倒挡检查孔取出倒挡齿轮和轴承及隔套。将铜棒顶在中间轴前端，用锤敲击铜棒，于是中间轴总成带动后轴承从壳体向后脱出。用拉器从轴上拉下后轴承后，中间轴总成便可从壳体内取出。再用铜棒在壳体内侧顶住中间轴前轴承外圈，用锤敲击铜棒，取出中间轴前轴承。

（11）从中间轴上取下弹性挡圈，用压床将常啮合齿轮压出。

（12）变速器顶盖的拆卸。拆下变速器盖总成后，拆除弹簧，顶盖总成即可解体。

（13）拆除变速器叉和导块上的铜丝锁线，拧松止动螺栓，用专用工具顶住变速器叉轴后端，用力冲击，使变速叉轴顶掉变速器盖上的3个塞片，这样叉轴便从箱盖前端脱出，并取出变速叉（注意：当变速叉轴从上盖内向前伸出一定距离时，可用手握住，边转动边向前拉，同时还要防止锁止弹簧和钢球从盖上弹出）。

2. 变速器的装配

（1）装合中间轴总成，齿轮应依次压入（注意：齿轮的内凹槽必须对准轴上的半圆键，以免压坏零件）。装合第二轴总成，并注意二、三挡同步器滑动齿套凸出的一面装时朝前。

（2）将变速器壳体固定在工作台上，把装好的中间轴总成放入中间轴孔中，两端套上轴承。从倒挡齿轮窗口放入倒挡齿轮，齿轮内孔中放入轴承和隔套，从变速器后端插入倒挡齿轮轴。

（3）用铜棒把中间轴前后轴承敲入轴承座孔，把倒挡轴敲到安装位置。中间轴后端轴承贴紧轴颈台阶后，套上锁片，并将螺母拧紧，然后用锁片把螺母锁止。

倒挡轴到位后，卡上锁片，并用螺栓固定锁片。

在中间轴后轴承外圈外缘上套上挡圈。装上前后轴承盖和倒挡窗口盖板（注意：装盖时要装衬垫，然后用螺栓对称紧固）。

（4）将装好的第二轴总成放到壳体内。把四、五挡同步器总成套在第二轴上。

（5）从第二轴后端套上后轴承并用铜棒轻轻敲击，使轴承靠到花键部分的台肩上，套入里程表主动齿轮和隔套，然后在轴承外圈上装上挡圈。

（6）在变速器第一轴前端压入轴承，装上挡油圈，在后端主动齿轮内孔中装入第二轴支承轴承，然后把第一轴装到壳体前端轴承孔中，使第二轴前端轴颈对准第一轴轴承孔。用铜锤一边轻轻敲击，一边用手转动第一轴，使轴承平顺装入壳体座孔中。

（7）从第一轴前端先将密封纸垫安放在轴承盖贴合处，套上轴承盖，用螺栓对称紧固，并用钢丝锁线以"8"字形穿入螺柱头的孔中拧紧。

（8）在壳体上装上第二轴后轴承盖，并加上纸垫，用螺柱对称紧固。装上甩油环，把已装好的驻车制动器总成固定在轴承盖上。把驻车制动器突缘套在第二轴上，装上碟形垫圈，用锁紧螺母紧固（拧紧力矩为 200～250 N·m）。

（9）装复变速器盖。将变速器叉轴装在变速器盖相应的孔位中，同时装上锁止弹簧及钢球、互锁圆柱销及钢球、变速叉和导块等；拧入变速叉止动螺栓，拧紧后用钢丝锁线分别将螺栓锁紧在叉轴上；打入变速器盖前端座孔塞片。

（10）在变速器处于空挡位置时，装上密封衬垫，盖上变速器盖总成。

（11）按拆卸的相反顺序装上衬垫装复变速器顶盖总成。拧上放油螺塞，加注润滑油，再拧紧加油螺塞。

任务三　CNG 新能源客车万向传动装置的拆检

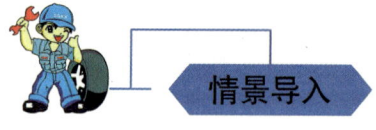

某驾驶员描述其车辆底盘中部有异响，且在车辆运行过程中，感觉发动机的动力不能完全传到车轮上，经班组长推测，可能是万向传动装置故障，需对其进行拆检。

项目一 新能源客车传动系的构造与维修

一、万向传动装置的组成与作用

1. 万向传动装置的组成

万向传动装置一般由万向节和传动轴组成,有时还加装中间支承。

2. 万向传动装置的作用

万向传动装置的作用是:能在轴间夹角及相互位置经常发生变化的转轴之间传递动力。

二、万向传动装置的应用

万向传动装置在汽车上的应用如图1-41所示。

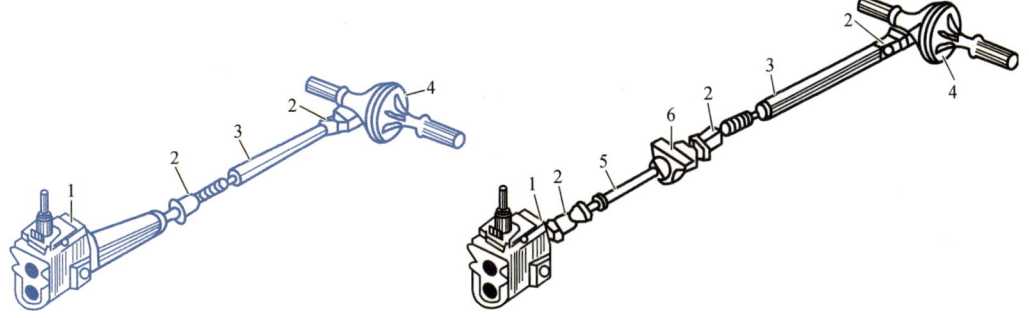

(a)变速器与驱动桥之间　　　　　(b)传动轴加中间支承

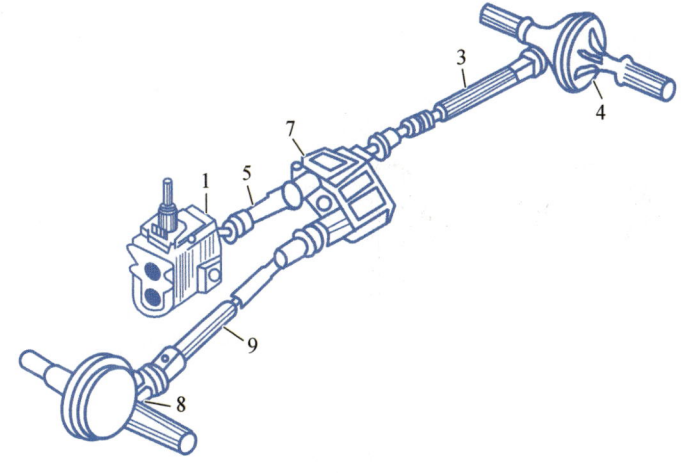

(c)双轴驱动的越野车

33

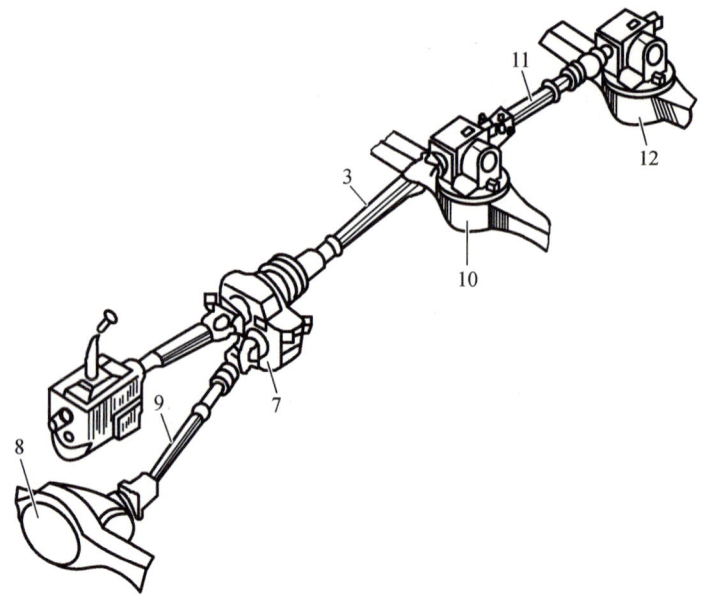

(d) 贯通式汽车

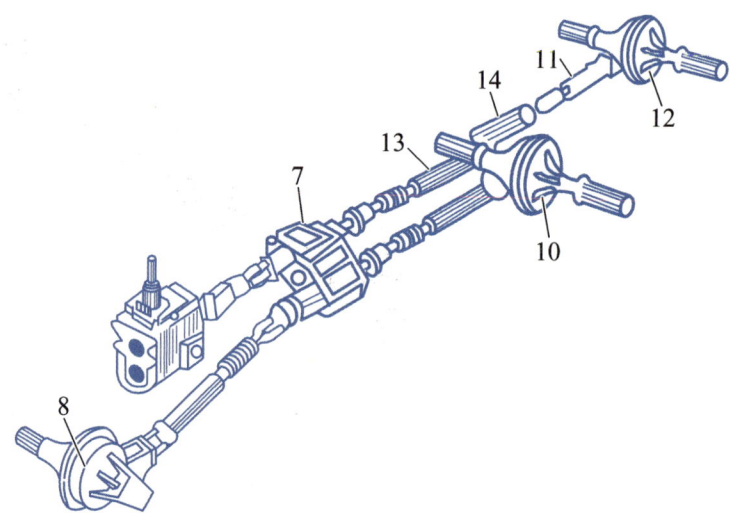

(e) 非贯通式汽车

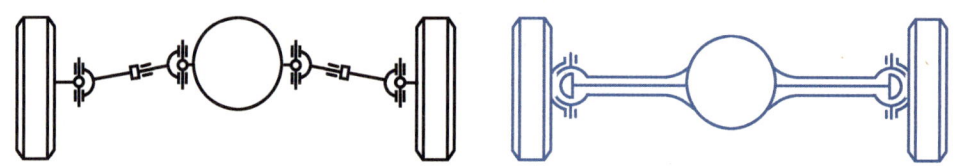

(f) 采用独立悬架的转向驱动桥　　　　(g) 采用非独立悬架的转向驱动桥

图 1-41　万向传动装置在汽车上的应用

1—变速器；2—十字轴万向节；3—主传动轴；4—驱动桥；5—中间传动轴；6，14—中间支承；
7—分动器；8—转向驱动桥；9—前桥传动轴；10—中驱动桥；11—后桥传动轴；
12—后驱动桥；13—后桥中间传动轴

1. 变速器（或分动器）与驱动桥之间中的应用

一般在汽车的变速器（或分动器）与驱动桥之间，变速器、离合器与发动机是作为一个整体装在车架上，而驱动桥是通过弹性悬架与车架连接，如图 1-42 所示。

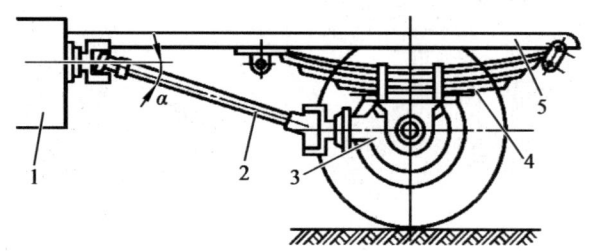

图 1-42　变速器与驱动桥之间的万向传动装置

1—变速器；2—万向传动装置；3—驱动桥；4—后悬架；5—车架

2. 设置中间支承的应用

在变速器与驱动桥距离较远的情况下应将传动轴分成两段，即主传动轴 3 和中间传动轴 5，如图 1-41（b）所示。采用三个万向节 2，且在中间传动轴后端设置了中间支承 6，如图 1-41（b）所示。这样，可避免因传动轴过长而产生的自振频率降低，高转速下产生共振；同时提高了传动轴的临界转速和工作可靠性。

3. 在双轴驱动的越野汽车中的应用

当变速器 1 与分动器 7 分开布置时，虽然它们都支承在车架上，而且在设计时，使其轴线重合，但为了消除制造、装配误差以及车架变形对传动的影响，在其间也常设有万向传动装置 5，如图 1-41（c）所示。

4. 在贯通式三轴驱动的越野汽车中的应用

万向传动装置在贯通式三轴驱动的越野汽车中的应用如图 1-41（d）所示。

5. 在非贯通式三轴驱动的越野汽车中的应用

万向传动装置在非贯通式三轴驱动的越野汽车中的应用如图 1-41（e）所示。

6. 在独立悬架的转向驱动桥中的应用

万向传动装置在独立悬架的转向驱动桥中的应用如图 1-41（f）所示。

7. 在非独立悬架的转向驱动桥中的应用

万向传动装置在非独立悬架的转向驱动桥中的应用如图 1-41（g）所示。

三、万向节

万向节即万向接头，是实现变角度动力传递的机件，用于需要改变传动轴线方向的位置，它是汽车驱动系统的万向传动装置的"关节"部件。万向节按其刚度大小，可分为刚性万向节和柔性万向节。常见的有十字轴式刚性万向节，如图 1-43 所示。

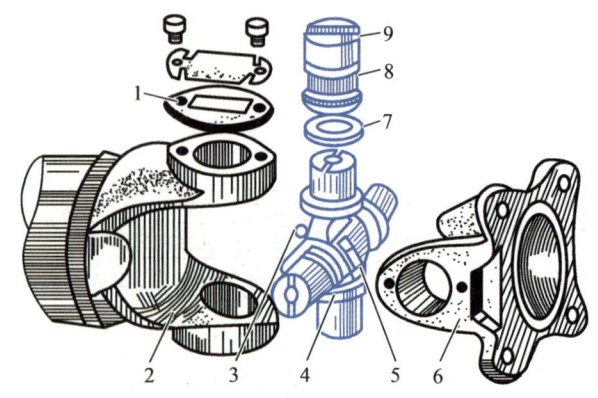

图 1-43 十字轴式刚性万向节构造

1—轴承盖；2，6—万向节叉；3—油嘴；4—十字轴；5—安全阀；
7—油封；8—滚针；9—套筒

1. 十字轴式刚性万向节构造

十字轴式刚性万向节允许相邻两轴的最大交角为 15°~20°，主要由万向节叉、十字轴及轴承等组成。其结构是两万向节叉上的孔分别套在十字轴的两对轴颈上。当主动轴转动时，从动轴既可随之转动，又可绕十字轴中心在任意方向摆动。为了减少摩擦，在十字轴和万向节叉孔间装有滚针轴承，然后用螺钉和轴承盖将套筒固定在万向节叉上，并用锁片将螺钉锁紧。为了润滑轴承，十字轴做成中空的，并有油路通向轴颈。十字轴式万向节的损坏是以十字轴轴颈和滚针轴承的磨损为标志的，润滑和密封直接影响万向节的使用寿命。刚性万向节可以保证在轴向交角变化时可靠地传动，结构简单，并有较高的传动效率，因此在现代汽车上被广泛采用。缺点是单个万向节在输入轴和输出轴之间有夹角的情况下，其两轴的角速度不相等。

2. 刚性万向节的速度特性与等角速传动条件

（1）速度特性

刚性万向节传动，当主动叉是等角速转动时，从动叉是不等角速的，其变化情况如图 1-44 所示。设叉轴 1 以等角速 ω_1 旋转，两叉轴夹角为 α。

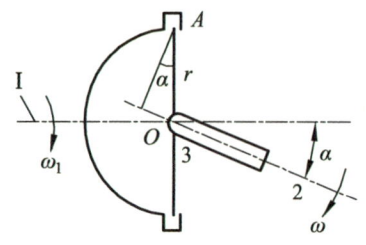 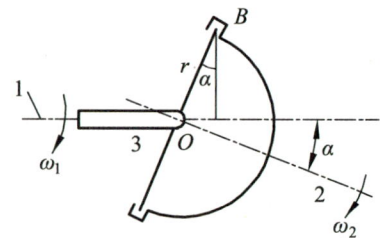

（a）主动叉在垂直位置　　　　　　（b）主动叉在水平位置

图 1-44 刚性万向节的速度特性

1—主动叉轴；2—从动叉轴；3—十字轴；4—十字轴旋转半径（$r = OA = OB$）

（2）等角速传动的条件

由于刚性万向节是不等角速传动的，从而使得与其相连的各零件（除传递正常扭矩外）要承受因加速和减速所产生的附加载荷，这将加剧机件的损坏。

为了实现等角速传动，以消除不等速的影响，可将两个万向节按图 1-45 所示的排列串联安装。

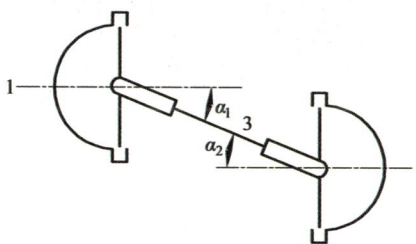

（a）平行排列

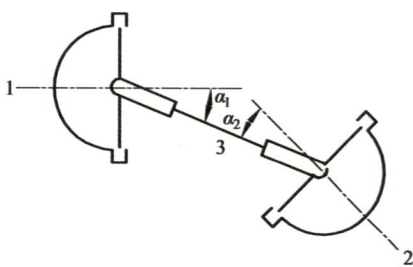

（b）等腰式排列

图 1-45　双万向节的等速排列方式

四、传动轴与中间支承

传动轴和中间支承的组成如图 1-46 所示。

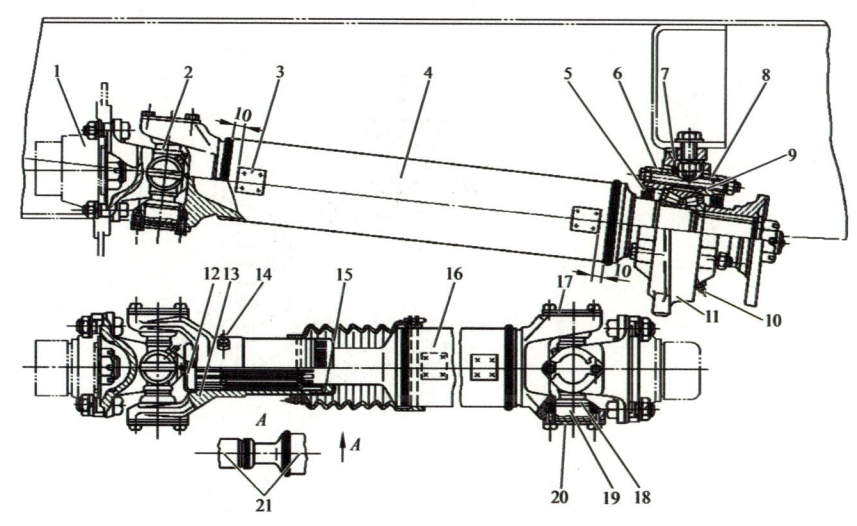

（a）中间传动轴和主传动轴

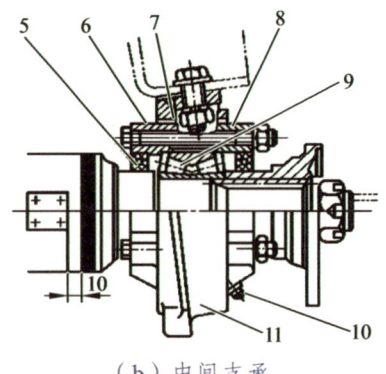

（b）中间支承

图1-46 汽车传动轴和中间支承的组成

1—凸缘叉；2—万向节十字轴；3—平衡片；4—中间传动轴；5，15—油封；6—中间支承前盖；7—橡胶垫环；8—中间支承后盖；9—双列圆锥滚子轴承；10，14—注油嘴；11—支架；12—堵盖；13—万向节滑动叉；16—主传动轴；17—锁片；18—滚针轴承油封；19—万向节滚针轴承；20—滚针轴承轴承盖；21—装配位置标记

1. 传动轴

传动轴的构造如图1-46（a）所示。

为了减少传动轴中花键连接的轴向滑动阻力和磨损，有的传动轴在花键槽内设置滚动元件，改滑动摩擦为滚动摩擦。

2. 中间支承

常用的中间支承有如下三种形式：

（1）双列圆锥滚子轴承式中间支承，如图1-46（b）所示。

（2）蜂窝软垫式中间支承，如图1-47所示。

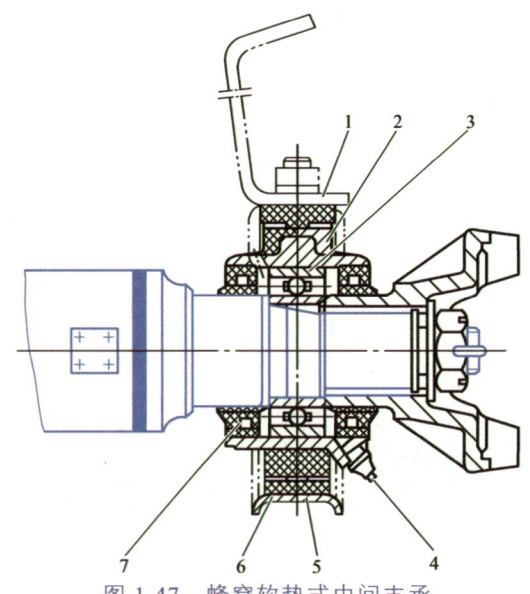

图1-47 蜂窝软垫式中间支承

1—车架横梁；2—轴承座；3—轴承；4—注油嘴；5—蜂窝形橡胶垫；6—U形支架；7—油封

（3）摆动式中间支承，如图1-48所示。

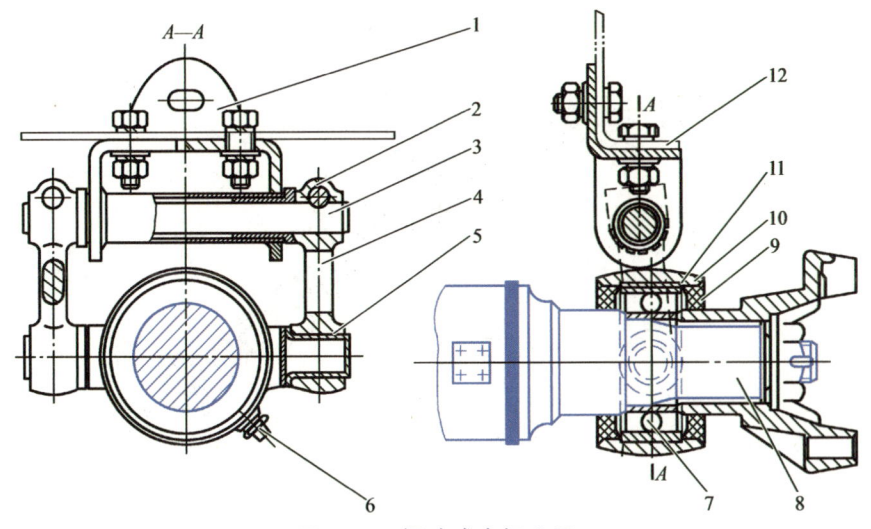

图1-48 摆动式中间支承

1—支架；2，5—橡胶衬套；3—支承轴；4—摆臂；6—注油嘴；7—轴承；8—中间传动轴；
9—油封；10—支承座；11—卡环；12—支架横梁

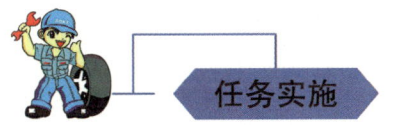

一、实训设备与器材

（1）汽车传动轴总成各一套。
（2）常用工具、量具各一套。

二、注意事项

（1）注意传动轴和伸缩套叉上的平衡记号；
（2）装复传动轴时要掌握传动轴两端万向节叉应位于同一平面。

三、操作步骤

（一）传动轴的拆卸

1. 从汽车上拆卸传动轴

拆卸传动轴应从后节传动轴的后端开始，顺次向前拆，如图1-49所示。

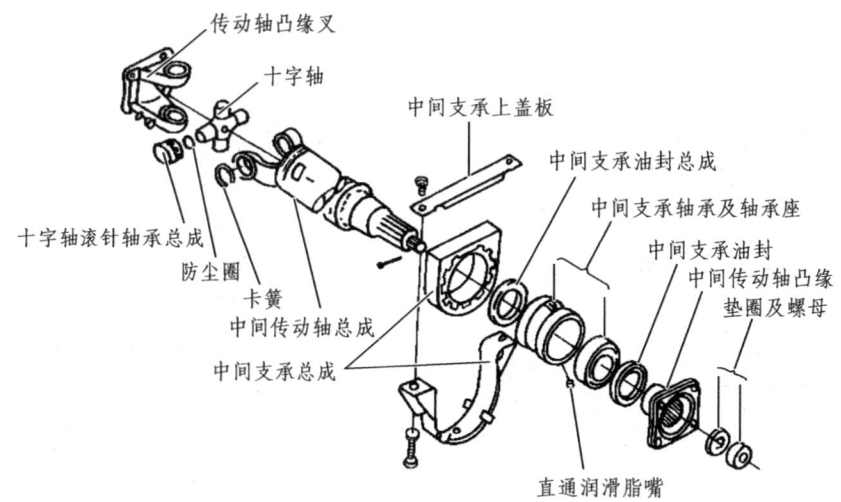

图 1-49　中间传动轴及支承总成

2. 总成解体前的检查

应检查总成上装配标记是否齐全、清晰，如果标记不齐全或不清晰，应在拆卸前做出清晰的记号。

3. 滑动花键副的分解

拧开套管叉油封盖（见图 1-50），把花键轴从套管叉里抽出，取下油封、油封垫片和油封盖。

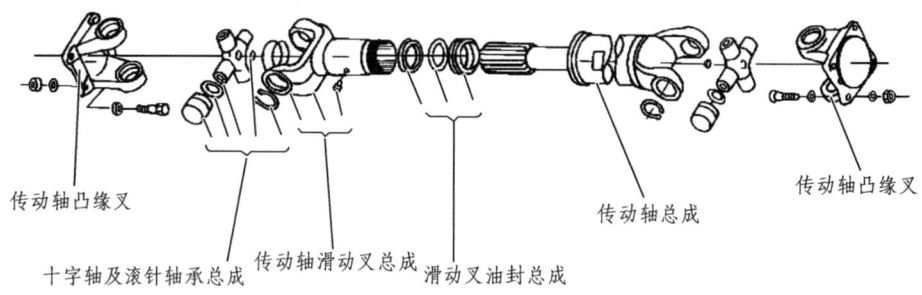

图 1-50　传动轴及套管叉总成（后节）

4. 万向节的分解

（1）用卡簧钳把每个耳孔内弹性挡圈取出；

（2）把传动轴的一端抬起，用手锤轻敲耳根部，将滚针轴承座振出，如图 1-51（a）所示；

（3）将传动轴转 180°，用同样的方法将凸缘叉上的另一组滚针轴承座振出，并取下凸缘叉，如图 1-51（b）所示；

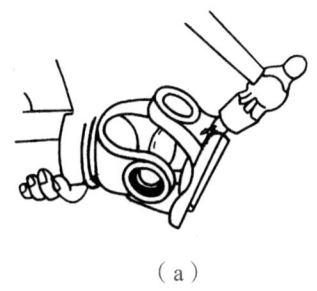 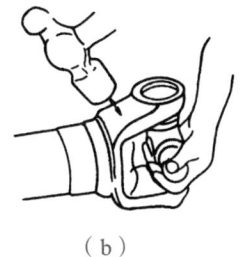

（a） （b）

图 1-51 万向节的分解

（4）取下十字轴（注意：把十字轴转到滑脂嘴在开口大的位置，防止滑脂嘴被撞坏）。

5. 分解中间支承

（1）拔出开口销，拧下槽形螺母，取出垫圈；

（2）用手锤轻轻敲击凸缘背面边缘，松动后把凸缘从中间花键轴上拔出；

（3）将整个中间支承从中间花键轴上敲出，将橡胶垫环从轴承座上压出；

（4）取出前后油封及轴承。

（二）万向传动装置的装复

1. 滑动花键副的装复

将油封盖、油封垫片、油封套在花键轴上；对准套管叉上和传动轴轴管上的装配标记，把套管叉套到花键轴上；装好油封、油封垫片，拧紧油封盖。

2. 万向节的装复

（1）使十字轴上的滑脂嘴朝向套管一方，并和套管叉上的滑脂嘴同相位，插入万向节叉耳孔内，把滚针轴承放入耳孔并套到十字轴轴颈上；

（2）用铜棒、手锤轻敲滚针轴承外底面，使轴承进入耳孔到位，装上卡簧；

（3）对准装配标记，把凸缘叉套到十字轴的另一对轴颈上；

（4）把滚针轴承放入凸缘叉耳孔，并套到十字轴轴颈上，用铜棒、手锤轻敲轴承进入耳孔到位，用卡簧钳把挡圈装入耳孔槽（注意：挡圈要整个厚度进入槽底，否则会在传动轴传动过程中弹出，发生轴承脱落的事故）。

3. 中间支承的装复

（1）将轴承装入轴承座，两侧压入油封，装上橡胶垫环；

（2）把装好的中间支承无滑脂嘴的一侧面对着中间传动轴，套到中间花键轴上，然后使凸缘螺栓孔布置相位与另一端凸缘叉螺栓孔布置相位一致（即在轴的同一侧），套到中间花键轴上；

（3）在凸缘端面上垫上垫板，用手锤轻敲，使中间支承和凸缘到位；

（4）放上垫圈，拧上螺母，装上开口销，螺母的扭紧力矩不小于 200 N·m。

4. 传动轴的装车

安装传动轴应从前端开始，逐步往后装，先装中间传动轴及中间支承总成，然后装传动轴及套管叉总成。

（1）把前端的凸缘叉装到驻车制动鼓上，装上弹簧垫圈和螺母（扭紧力矩为90～110 N·m）；

（2）中间传动轴的后端通过中间支承，用支架和上盖板装到车架横梁上，装上螺栓、平垫圈、弹簧垫圈、螺母（扭紧力矩为120 N·m）；

（3）安装传动轴及套管叉总成前，检查滑脂嘴的朝向，使之尽可能与前传动轴的滑脂嘴在轴的同一侧，以求注油方便，然后将有套管叉的一端与中间传动轴的后端凸缘连接，另一端与后桥上的凸缘连接，采用专用螺栓、弹簧垫圈、螺母（注意：在每个螺栓上都装有两个弹簧垫圈，一个装在凸缘叉一侧的六角螺栓头下面，另一个装在凸缘一侧的螺母下面），螺母的拧紧扭矩为90～110 N·m。

5. 润 滑

润滑三个万向节、滑动花键副和中间支承共五处，通过滑脂嘴注入2号工业锂基脂或二硫化钼锂基脂。

任务四　CNG新能源客车驱动桥的拆检

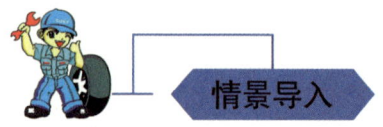

某驾驶员反映其汽车直线行驶时发出"嗡嗡"的响声，转向时还发出"咔咔"的响声。经班组长检查判断为驱动桥异响，需对驱动桥相关部件进行拆检。

一、驱动桥的作用、组成、分类

1. 驱动桥的作用

驱动桥是传动系的最后一个总成。它的作用是将万向传动装置传来的发动机转矩传给驱动轮，并经降速增大转矩、改变动力传递方向，使汽车行驶，而且允许左右驱动轮以不同的转速旋转。

2. 驱动桥的构造

如图 1-52 所示，一般汽车的驱动桥总体构造由驱动桥壳 1、主减速器 2、差速器 3、半轴 4 和轮毂 5 组成。

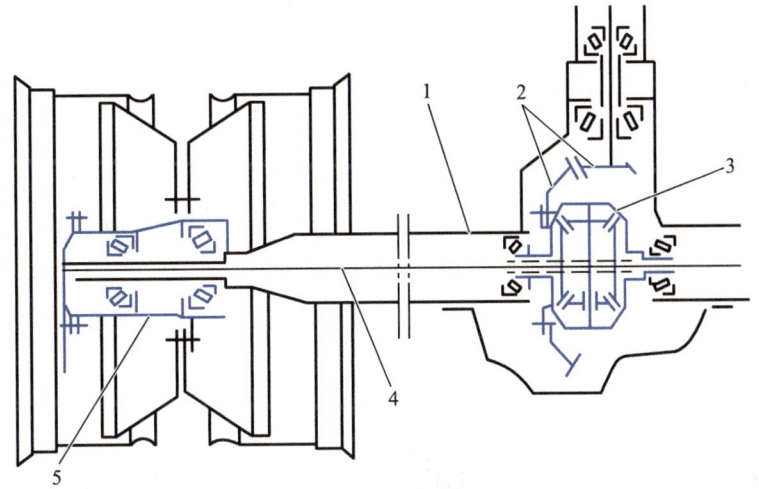

图 1-52　非断开式驱动桥示意图

1—驱动桥壳；2—主减速器；3—差速器；4—半轴；5—轮毂

3. 驱动桥的分类

按悬架结构不同，驱动桥可分为非断开式驱动桥和断开式驱动桥。

（1）非断开式驱动桥，如图 1-52 所示。

（2）断开式驱动桥，如图 1-53 所示。

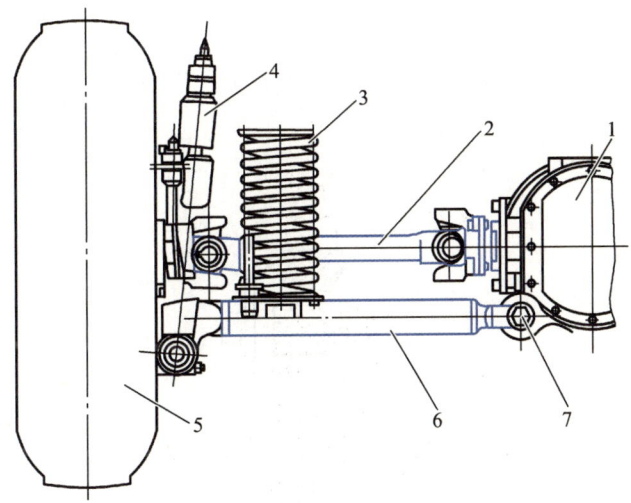

图 1-53　断开式驱动桥构造

1—主减速器；2—半轴；3—弹性元件；4—减振器；
5—车轮；6—摆臂；7—摆臂轴

二、主减速器

主减速器的功用是将输入的转矩增大并相应降低转速,当发动机纵置时,还具有改变转矩旋转方向的作用。

主减速器按参加减速传动的齿轮副数目分,有单级式主减速器和双级式主减速器。在双级式主减速器中,若第二级减速器齿轮有两副,并分置于两侧车轮附近,实际上成为独立部件,则称为轮边减速器。

主减速器按主减速器传动比挡数分,有单速式和双速式。前者的传动比是固定的,后者有两个传动比供驾驶员选择,以适应不同行驶条件的需要。

主减速器按齿轮副结构形式分,有圆柱齿轮式(又可分为轴线固定式和轴线旋转式,即行星齿轮式)、圆锥齿轮式和准双曲面齿轮式。

1. 单级主减速器的构造

如图 1-54 所示为单级主减速器。

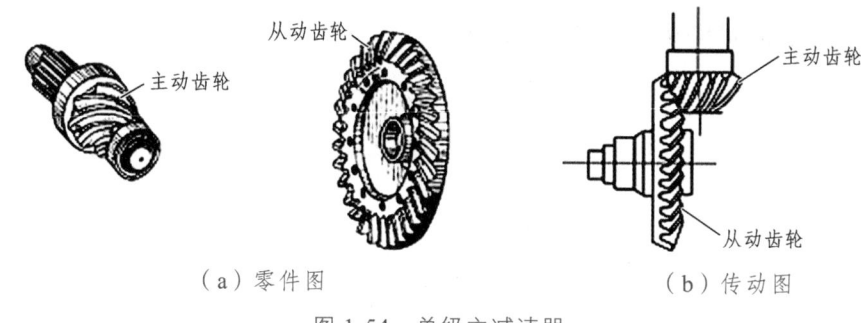

图 1-54 单级主减速器

2. 双级主减速器

根据发动机特性和汽车使用条件,当汽车要求主减速器具有较大的传动比时,需要用两对齿轮降速的双级主减速器,其构造如图 1-55 所示。

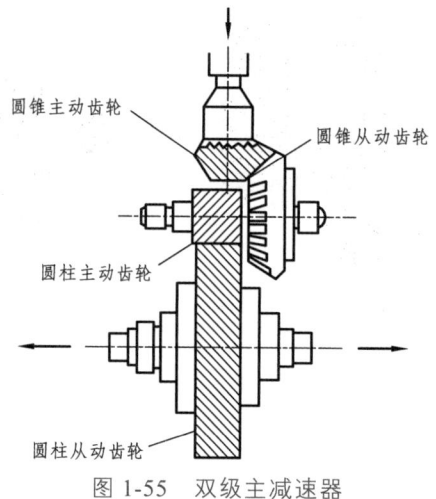

图 1-55 双级主减速器

三、差速器

1. 差速器的作用与分类

（1）差速器的作用

保证两车轮移动距离不等时车轮不产生滑动。当汽车转弯时，内外两侧车轮中心在同一时间内移过的曲线距离显然不同，即外侧车轮移动的距离大于内侧车轮，如图1-56所示。若两侧车轮都固定在同一刚性转轴上，两车轮角速度相等，此时外轮必然是边滚动边滑移，内轮必然是边滚动边滑转。

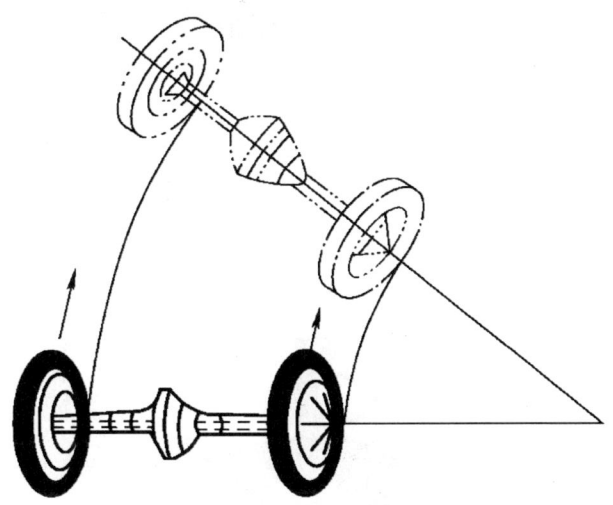

图1-56　汽车转向时驱动车轮运动示意图

在不平路面上直线行驶时，两侧车轮实际移过的曲线距离也不相等。因此，在角速度相同的条件下，在波形较显著的路面上运动的一侧车轮是边滚动边滑移，另一侧车轮则是边滚动边滑转。即使路面非常平直，但由于轮胎制造尺寸误差，各个轮胎的滚动半径实际上不可能相等。因此，只要各车轮角速度相等，车轮对路面的滑动就必然存在。差速器保证了在各个车轮角速度不等，即车轮移动距离不等时车轮不产生滑动。

（2）差速器的分类

按工作特性，差速器可分为普通差速器和防滑差速器两大类。

2. 普通差速器构造

普通差速器（行星齿轮式差速器）主要由行星齿轮、半轴齿轮和差速器壳等组成，如图1-57所示。

汽车行驶时，动力经主减速器的主动锥齿轮依次传至从动锥齿轮、差速器壳、十字轴、行星齿轮、半轴齿轮和半轴，最后传到驱动车轮。若两侧车轮以相同的转速转动时，行星齿轮绕半轴轴线转动，称为公转。若两侧车轮由于阻力不同，行星齿轮在公转运动的同时，还绕自身的轴线转动，称为自转。因而两半轴齿轮带动两侧车轮以不同转速转动。

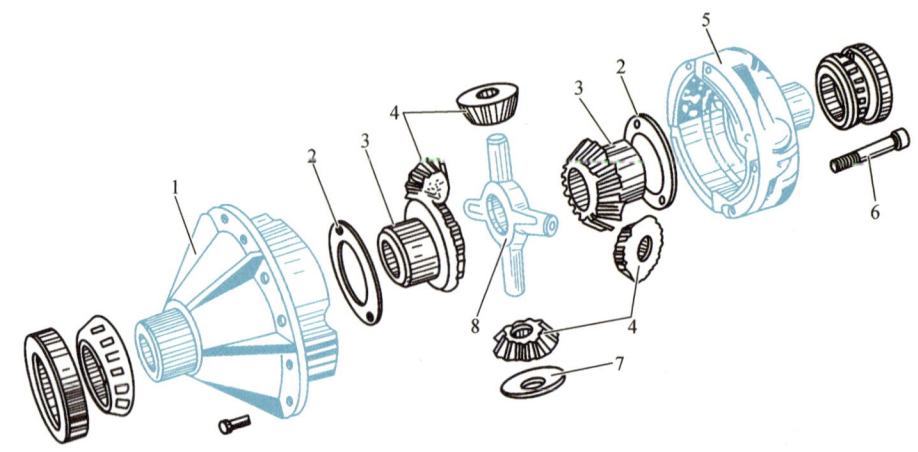

图 1-57 对称式锥齿轮差速器零件分解图

1，5—差速器壳；2—半轴齿轮推力垫片；3—半轴齿轮；4—行星齿轮；6—螺栓；
7—行星齿轮球面垫片；8—行星齿轮轴（十字轴）

当车辆直线行驶时，左右两个车轮受到的阻力一样，行星齿轮不自转，把动力传递到两个半轴上，这时左右车轮转速一样（相当于刚性连接），如图1-58所示。

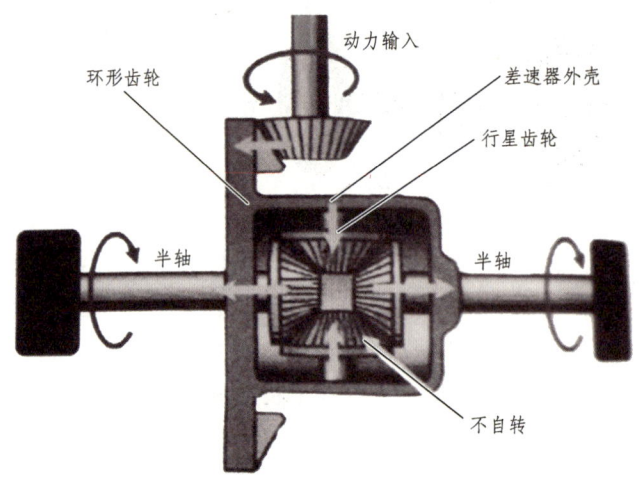

图 1-58 差速器在车辆直线行驶的状态

当车辆转弯时，左右车轮受到的阻力不一样，行星齿轮绕着半轴转动并同时自转，从而吸收阻力差，使车轮能够以不同的速度旋转，保证汽车顺利过弯，如图1-59所示。

汽车直线行驶时，行星齿轮没有自转，故主减速器传来的转矩平均分配给两个半轴齿。当行星齿轮有自转时（即左、右车轮转速不等），行星齿轮孔与十字轴轴颈间以及齿轮背部与差速器壳之间都有摩擦，并产生摩擦力矩，但这个摩擦力矩对行星齿轮差速器来说是很小的。所以实际上可以认为无论左右驱动轮转速是否相等，而转矩总是平均分配的。这样的分配比例对于汽车在良好路面上行驶时，是满意的。但汽车在坏路面上行驶时，却严重影响了通过能力。为提高汽车在坏路面上的通过能力，防止车轮滑转，在某些汽车上采用了防滑转装置。

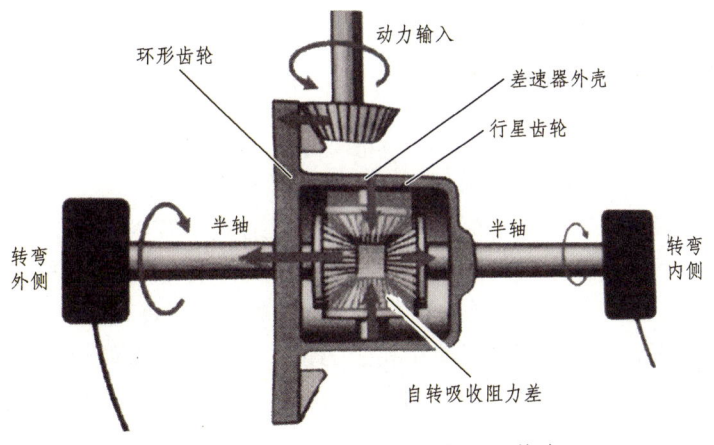

图 1-59 差速器在车辆转弯时的状态

四、半轴与桥壳

1. 半 轴

半轴的功用是将差速器传来的动力传递给驱动轮。其内端与差速器的半轴齿轮相连，而外端则与驱动轮的轮毂相连。因其传动的转矩较大，常制成实心轴。半轴的受力情况，则由半轴和驱动轮在桥壳上的支承形式而定，常见的半轴支承形式有全浮式和半浮式两种。大型客车主要采用全浮式半轴。

全浮式半轴的支承形式，使半轴只承受转矩，而两端均不承受任何反力和反力矩。所谓"浮"，是对卸除半轴的弯曲负荷而言。全浮式半轴的结构如图 1-60 所示，内端通过花键与半轴齿轮啮合，外端凸缘与轮毂用螺栓连接，半轴浮装于半轴套管中，具有较大的传力能力。

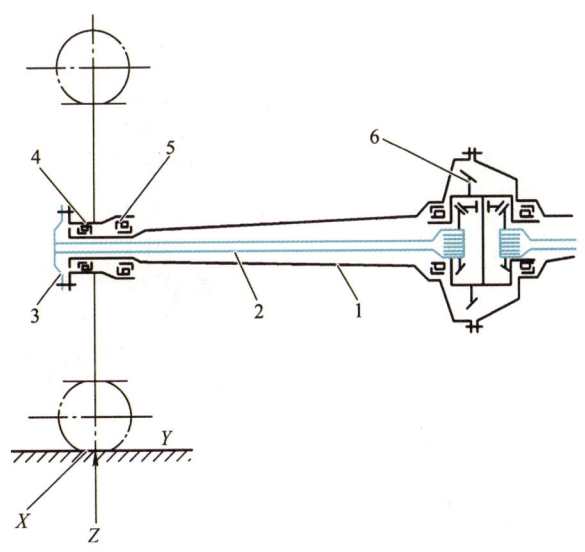

图 1-60 全浮式半轴支承形式的驱动桥示意图

1—桥壳；2—半轴；3—半轴凸缘；4—轮毂；5—轴承；6—主减速器从动锥齿轮

全浮式支承的半轴易于拆装，只需拧下半轴凸缘上的螺钉，就可将半轴从半轴套管中抽出，而车轮和车桥照样能支承住汽车。

2. 桥 壳

驱动桥壳的作用是，支承并保护主减速器、差速器和半轴等，使左右驱动车轮的轴向相对位置固定；同从动桥一起支承车架及其上面各总成的质量；汽车行驶时，承受由车轮传来的路面反作用力和力矩，并经悬架传给车架。驱动桥的桥壳须有足够的强度和刚度，质量轻，并便于主减速器的拆装和调整。由于桥壳的尺寸和质量比较大，制造较困难，故其结构形式在满足使用要求的条件下，要尽可能便于制造。

驱动桥壳一般由主减速器壳和半轴套管组成，可分为整体式和分段式两类。

（1）整体式桥壳

整体式桥壳中部为一环形空心壳体，两端压入半轴套管，并用螺钉止动。如图1-61所示，半轴套管露出部分安装轮毂轴承，端部制有螺纹，用于安装轮毂轴承调整螺母和锁紧螺母。凸缘盘用来固定制动底板，壳的端部加工有油封颈，和轮毂油封配合，以密封轮毂空腔，防止润滑油外溢。主减速器、差速器先装入主减速器壳内，再将主减速器壳以止口定位，并用螺钉固定在前端面上。桥壳后端面的大孔可用来检查主减速器的技术状况，平时用盖封住。盖上有螺塞，用以检查油面高度。

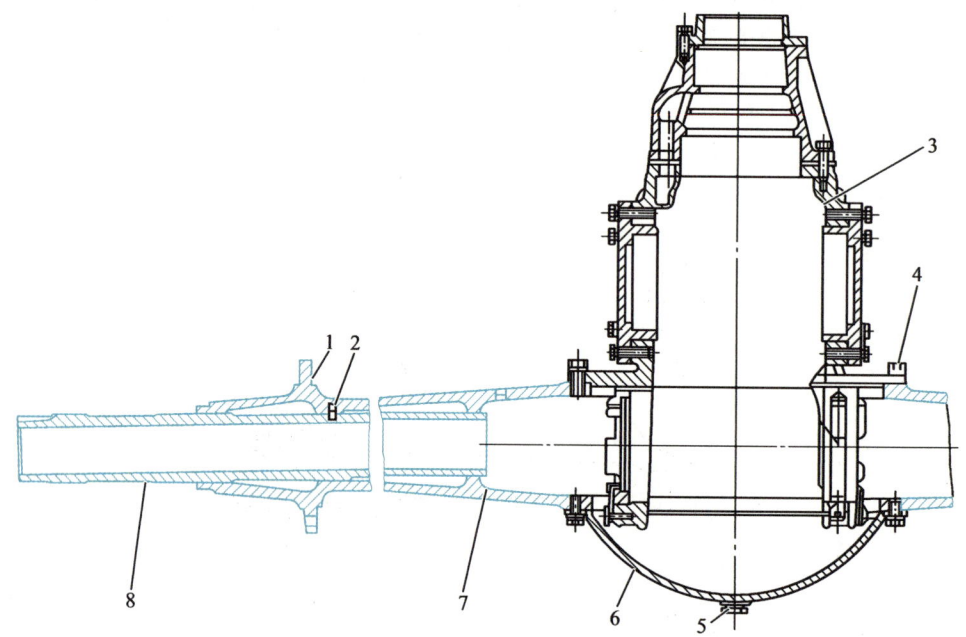

图1-61 整体式桥壳构造

1—凸缘盘；2—止动螺钉；3—主减速器壳；4—固定螺钉；5—螺塞；
6—后盖；7—空心梁；8—半轴套管

（2）分段式桥壳

分段式桥壳是桥壳与主减速器壳铸成一体，且一般分为两段，由螺栓连成一体，这种桥壳易于铸造，但维护主减速器和差速器时必须把整个桥壳拆下来，否则无法拆检主减速器和差速器。分段式驱动桥壳由主减速器壳盖、两个半轴套管及凸缘盘等组成，如图1-62所示。

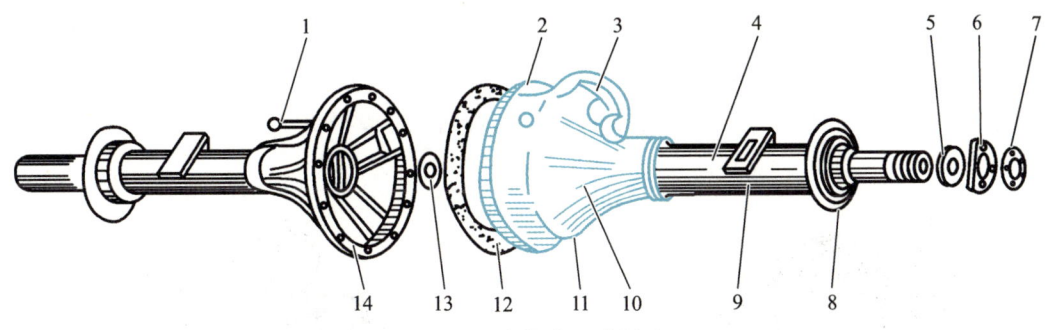

图1-62 分段式驱动桥壳

1—螺栓；2—注油孔；3—主减速器壳颈部；4—半轴套管；5—调整螺母；6—止动垫片；
7—锁紧螺母；8—凸缘盘；9—弹簧座；10—主减速器壳；11—放油孔；
12—垫片；13—油封；14—盖

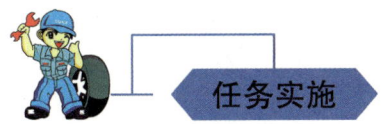

一、实训器材

（1）主减速器1台，常用维修工具1套；
（2）磁力表座、百分表1套，红丹油1盒，加热器1台，扭扳手1把。

二、注意事项

（1）严格拆装顺序，注意操作安全；
（2）对各调整部位的调整垫片要点清放好并做记号，不能乱换装错；
（3）对有预紧力规定的螺栓、螺母要按正确操作方法进行紧固。

三、操作步骤

1. 主减速器和差速器的检测

（1）检查主减速器主动齿轮、从动齿轮、行星齿轮及半轴齿轮的齿面是否有刮伤或严重磨损。齿轮不允许有明显的疲劳剥落，齿面出现黑斑面积不得大于工作面的30%。主减速器及差速器壳不得有裂纹，否则，应更换总成。

(2)检查从动锥齿轮的偏摆量。如图 1-63 所示,固定百分表座,将百分表针抵在从动齿轮背面最外端,从动齿轮旋转 1 周,记下百分表摆差读数。偏摆量要小于 0.10 mm,否则,应予以更换。

(3)检查主、从动齿轮的啮合间隙。如图 1-64 所示,固定百分表座,将百分表针抵在从动齿轮任一齿面上,固定主动齿轮,将从动齿轮沿周向来回扳动,记下百分表摆差读数。数值应在 0.13~0.18 mm 范围内,否则,应调整侧向轴承。

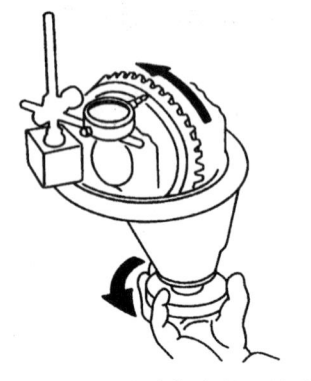 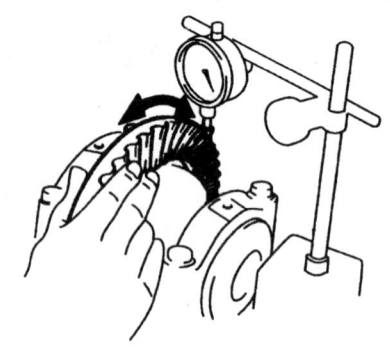

图 1-63 从动锥齿轮的检查　　图 1-64 主、从动齿轮啮合间隙的检查

(4)检查半轴齿轮与行星齿轮的啮合间隙。如图 1-65 所示,固定百分表座,将百分表针抵在半轴齿轮任一齿面上,将一个行星齿轮固定,用手拨动半轴齿轮,记下百分表摆差读数。数值应在 0.05~0.20 mm 范围内。如间隙不当,可调整行星齿轮和半轴齿轮背面的垫片。

(5)检查主、从动齿轮轮齿的啮合印痕。

① 在从动齿轮上三个不同位置的 3 个或 4 个轮齿上涂以红丹油,如图 1-66 所示。

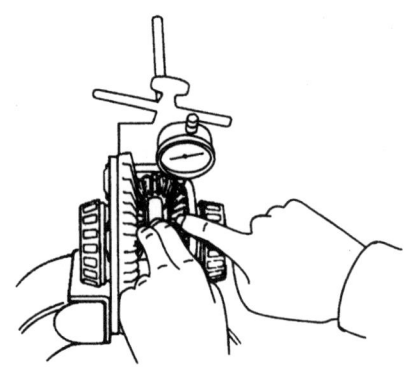 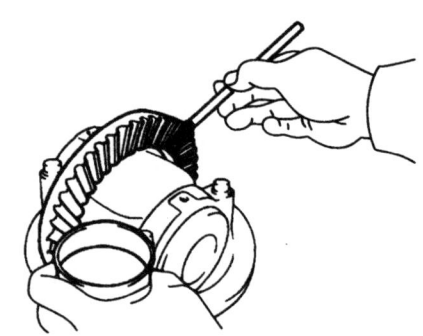

图 1-65 半轴齿轮与行星齿轮啮合间隙的检查　图 1-66 在从动齿轮上涂以红丹油啮合间隙的检查

② 朝两个不同方向转动主动齿轮,检查轮齿的啮合印痕,正确的啮合印痕应在从动齿轮的中间偏齿根的位置,如图 1-67 所示。

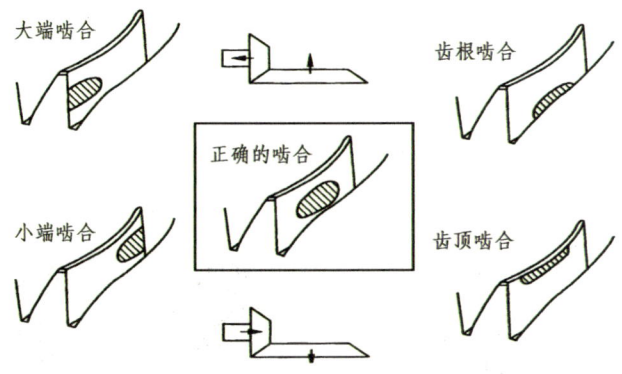

图 1-67 齿轮啮合情况的检查

2. 主动锥齿轮轴承预紧度的调整

（1）装配主动锥齿轮。依次将调整垫片、后轴承装在主动锥齿轮轴颈上，再装入隔圈后，一起装入轴承座壳内，再依次装入前轴承、结合法兰、槽形螺母，不装油封（调整轴承预紧力后，再装油封）。

（2）用维修工具夹紧结合法兰，拧紧结合法兰槽形螺母来调整主动锥齿轮轴承预紧力。扭力矩为 170～210 N·m。

（3）检验预紧力。如图 1-68 所示，用扭力扳手扭转主动锥齿轮，扭力矩为：新轴承取 1.9～2.6 N·m；旧轴承取 0.9～1.3 N·m。也可凭经验检查：用手左右转动结合法兰，转动灵活无阻滞，沿轴向推拉法兰没有可感觉到的轴向间隙即合适。

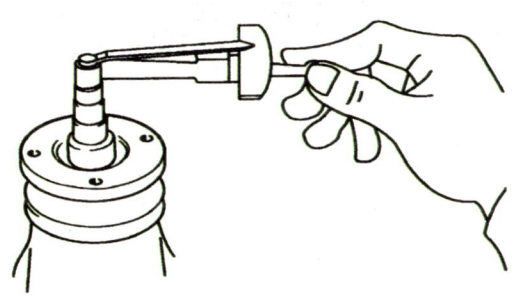

图 1-68 主动锥齿轮预紧力的检验

（4）预紧力调整。如果转动主动锥齿轮的力矩不合适，也就是主动锥齿轮轴承预紧力一般通过拧紧结合法兰槽形螺母来调整；如果调整槽形螺母满足不了预紧力要求，则可更换后轴承的调整垫片。垫片厚度为 0.25～0.45 mm，每 0.05 mm 为一个级差。如果转动力矩过大，应减小垫片厚度；反之，应加厚垫片厚度。

3. 半轴齿轮与行星齿轮啮合间隙的调整

（1）选择适当的止推垫圈，把止推垫圈和半轴齿轮装入差速器壳内。按前述方法测量半轴齿轮与行星齿轮的啮合间隙，应在 0.05～0.20 mm 范围内。如间隙不当，换用不同厚度的止推垫圈。左右两边的止推垫圈厚度应一致。垫圈厚度有 1.60 mm、1.70 mm、1.80 mm 三种。

（2）半轴齿轮轮齿大端端面的弧面与行星齿轮的背面弧面应相吻合，并在同一球面上。不合适时，应改变行星齿轮背面球形垫圈的厚度来达到。

（3）安装行星齿轮轴上的直销，并把销和差速器壳铆死，如图 1-69 所示。重复检查半轴齿轮的转动是否灵活，半轴齿轮与行星齿轮啮合间隙是否合适。

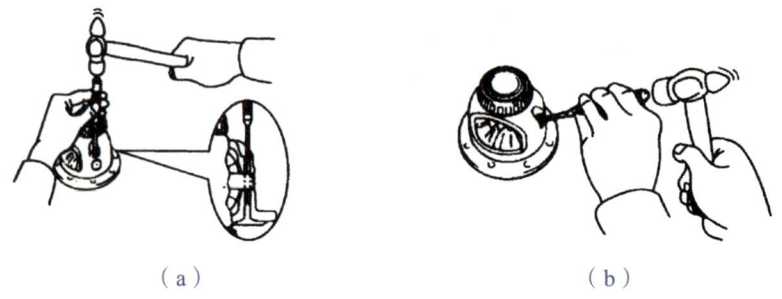

图 1-69　行星齿轮轴上直销的安装及销和差速器壳的铆死

4. 从动齿轮轴承预紧度的调整

（1）如图 1-70 所示，将从动齿轮在油浴中加热 100 ℃后，对准记号装上差速器壳。

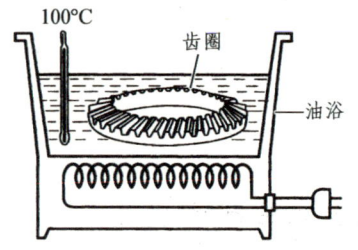

图 1-70　从动锥齿轮在油浴中加热

（2）按图 1-71（a）、（b）、（c）所示顺序，把差速器总成装在托架上。注意：左右轴承外座圈不能交换位置。先装调整螺母，再装轴承盖。轴承盖要按拆卸前做的记号装回，拧紧螺栓。用手拧紧左右调整螺母，对称均匀地压紧差速器总成左右轴承。

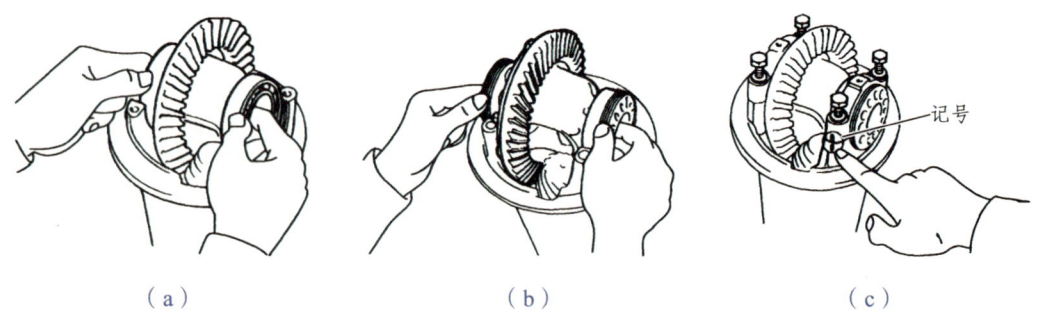

图 1-71　差速器总成、调整螺母、轴承盖的装配顺序

（3）用维修工具将从动齿轮一侧的调整螺母拧紧，直至主、从动齿轮啮合间隙约达 0.2 mm，如图 1-72 所示。

（4）将百分表指针抵在从动齿轮一侧的调整螺母顶上，如图 1-73 所示，用维修工具拧紧另一侧调整螺母直至百分表指针开始摆动，再将调整螺母拧入 1~1.5 圈。

（5）预紧力检查：用扭力扳手扭转主动锥齿轮，扭力矩应增加 0.4~0.6 N·m。

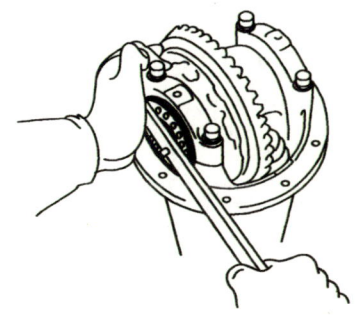
图 1-72　从动齿轮一侧调整螺母的拧紧

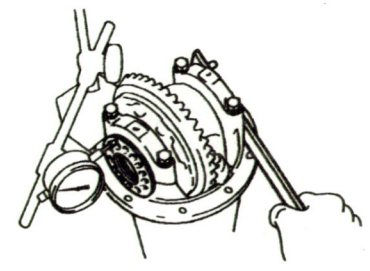
图 1-73　从动齿轮另一侧调整螺母的拧紧

5. 从动齿轮啮合间隙的调整

如前述方法，检测主、从动齿轮啮合间隙，如间隙不符，可等量转动差速器壳左右两边的调整螺母来调整。即一侧拧紧多少圈，另一侧拧松多少圈。如间隙过大，则将从动齿轮另一侧的调整螺母拧松，从动齿轮一侧的调整螺母拧紧；间隙过小，则反之。

6. 从动齿轮轮齿啮合印痕的调整

在调整好主、从动齿轮啮合间隙之后，才能调整轮齿啮合印痕。按前面所述的方法检验印痕。当接触印痕在从动齿轮轮齿大端时，应将从动齿轮向主动齿轮靠拢（简称"进从"），假如因此而使主、从动齿轮啮合间隙过小，可调整主动齿轮轴承垫圈，使主动齿轮移离从动齿轮。

当接触印痕在从动齿轮轮齿小端时，应将从动齿轮移离主动齿轮（简称"出从"），假如因此而使齿隙过大，可将主动齿轮向从动齿轮移动。

当接触印痕在从动齿轮轮齿顶端时，应将主动齿轮向从动齿轮靠拢（简称"进主"），假如因此而使齿隙过小，可将从动齿轮移离主动齿轮。

当接触印痕在从动齿轮轮齿根部时，应将主动齿轮移离从动齿轮（简称"出主"），假如因此而使间隙过大，可将从动齿轮向主动齿轮移动。

简化口诀：大进从，小出从；顶进主，根出主。

一、判断题（正确的打"√"，错误的打"×"）

（　　）1. 离合器在使用过程中，不允许摩擦片与压盘、摩擦片与飞轮之间有任何相对滑动。

（　　）2. 双盘离合器有两个从动盘、两个压盘和两个摩擦面。

（　　）3. 离合器摩擦片沾上油污对传递动力影响不大。

（　　）4. 离合器分离杠杆内端面高低不一致，将导致动力分离不彻底，在汽车起步时车身会发生颤抖现象。

（　　）5. 膜片弹簧式离合器中的膜片弹簧既是压紧弹簧又是分离杠杆。

（　　）6. 当变速器的传动比大于1时，其输入轴的转矩要比输出轴的转矩大。

（　　）7. 离合器从动盘磨损后，其踏板自由行程会变小。

（　　）8. 十字轴上安全阀的作用是使油封不致因油压过高而破坏。

二、选择题（将正确答案的代号填在括号中）

1. 客车的传动系常采用（　　）布置形式。
   A. 发动机前置前轮驱动
   B. 发动机前置后轮驱动
   C. 发动机后置后轮驱动

2. 轿车的传动系常采用（　　）布置形式。
   A. 发动机前置前轮驱动
   B. 发动机前置后轮驱动
   C. 发动机后置后轮驱动

3. 保证平顺换挡是（　　）的功用之一。
   A. 离合器　　　　B. 变速器　　　　C. 差速器

4. （　　）可以防止变速器同时挂上两个挡位。
   A. 自锁装置　　　B. 互锁装置　　　C. 倒挡锁装置

5. 随着变速器挡位的升高，其变速比的数值（　　）。
   A. 增大　　　　　B. 减小　　　　　C. 不变

6. 当差速器壳体不转，旋转一侧车轮时，另一侧车轮（　　）
   A. 不转　　　　　B. 正向同速旋转　C. 反向同速旋转

7. 当离合器处于完全接合状态时，变速器的第一轴（　　）。
   A. 不转动
   B. 与发动机曲轴转速不相同
   C. 与发动机曲轴转速相同

8. 变速器自锁装置的作用是（　　）。
   A. 防止跳挡　　　B. 防止同时挂上两个挡　C. 防止误挂倒挡

9. 三轴式变速器中有（　　）。
   A. 输入轴、输出轴、中间轴、倒挡轴
   B. 输入轴、输出轴、倒挡轴
   C. 输入轴、输出轴

10. 当汽车在起步、上坡或遇到较大阻力时，下列各转矩中最大的是（   ）。
    A. 涡轮转矩   B. 泵轮转矩   C. 导轮转矩
11. 三轴式变速器空挡时，（   ）。
    A. 中间轴不转动，第二轴转动
    B. 中间轴转动，第二轴不转动
    C. 中间轴和第二轴都不转动
12. 汽车在转弯行驶时，差速器中的行星齿轮（   ）。
    A. 只有自转，没有公转
    B. 只有公转，没有自转
    C. 既有公转，又有自转

三、简答题

1. 汽车传动系中为什么要装离合器？
2. 试述摩擦式离合器的基本组成和工作原理。
3. 膜片弹簧离合器有何优缺点？
4. 变速器有何功用？有哪些类型？
5. 对变速器操纵机构有哪些要求？各用什么装置和措施来保证？
6. 汽车万向传动装置的功用是什么？主要用在什么地方？
7. 万向传动装置的组成有哪些？
8. 十字轴万向节有什么传动特点？十字轴万向节如何实现等角速传动？
9. 汽车驱动桥有哪几种？各有什么特点？
10. 驱动桥主要由哪几部分组成？差速器由哪些主要部件组成？

项目二

新能源客车行驶系的构造与维修

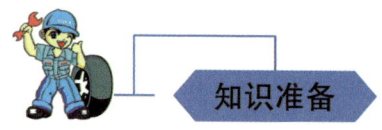

知识准备

车辆行驶系是将汽车各总成及部件连成一个整体并对全车起支撑作用。因此，CNG新能源客车和纯电动客车的行驶系与传统车辆基本相同。

一、行驶系的功用

（1）接受由发动机经传动系传来的转矩，并通过驱动轮与路面附着作用，转化为行驶的驱动力。
（2）将全车各部件连成整体，支承汽车的总质量。
（3）传递并承受路面作用于车轮上的各种力及各种力矩。
（4）缓和不平路面对车身造成的冲击和振动，保证汽车平稳行驶。

二、行驶系的组成

汽车行驶系一般由车架、车桥、车轮和悬架组成（见图2-1）。汽车行驶系的受力情况：汽车的总重力 G 通过前、后车轮传到地面，引起地面分别作用于前轮和后轮竖直上的反作用力 Z_1 和 Z_2，驱动桥中的半轴将由发动机输出的经传动系统的驱动转矩 M_1 传到驱动轮上，使驱动轮对路面产生一纵向作用力 F_1，从而使路面给驱动轮边缘与汽车行驶方向一致的纵向反作用力 F_t，该力即为汽车驱动力，又称牵引力。其中的一小部分用以克服驱动轮本身的滚动阻力，其余大部分则依次通过驱动桥壳、后悬架传到车架，用来克服作用于汽车上的空气阻力和坡道阻力，还有一部分牵引力由车架经过前悬架传至转向桥，作用于自由支承在转向桥两端转向节上的从动轮，使前轮克服滚动阻力向前滚动。于是，整个汽车向前行驶。如行驶系处于牵引力传递路线上任一环节中断，汽车将无法行驶。

项目二 新能源客车行驶系的构造与维修

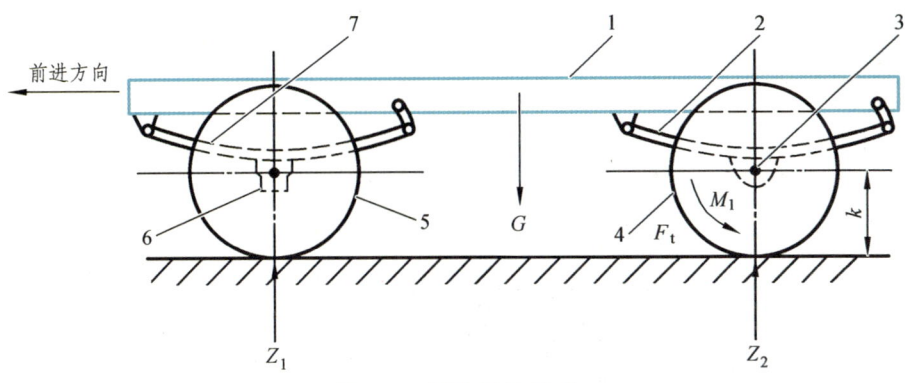

图 2-1 行驶系的组成

1—车架；2—后悬架；3—驱动桥；4—后轮；5—前轮；6—从动桥；7—前悬架

任务一 CNG 新能源客车车架的拆检

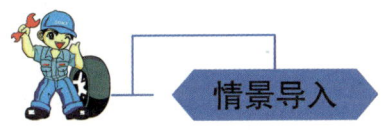

某驾驶员将车辆送入修理厂，要求对车辆进行二级保养，班组长要求小王对该车辆车架进行保养及检查。

车架是支承车身的基础构件，一般称为底盘大梁架。汽车的绝大部分部件和总成通过车架固定位置。通常，车架由纵梁和横梁组成，一般跨接在前后车桥上。

一、车架的功用

车架的功用是支承连接汽车的各零部件，并承受来自车内外的各种载荷；车架是整个汽车的基体，汽车的绝大多数部件和总成都是通过车架来固定其位置的。

57

二、车架的要求

车架除承受静载荷外,还要承受汽车行驶时产生的各种动载荷。因此,车架必须满足下列要求:

(1) 足够的强度、刚度,质量上在保证强度和刚度的条件下尽可能小。

(2) 在结构上应使零件安装方便,受力均匀,不造成应力集中。

(3) 满足汽车总布置的要求,各运动件不发生运动干涉,能获得较低的汽车重心(保证离地间隙),保证汽车行驶的稳定性和机动性。

三、车架的类型与构造

车架一般由纵梁和横梁组成,通过铆接或焊接的方法将纵梁和横梁连接成坚固的刚性构件。

汽车上装用的车架按其结构形式不同可分为边梁式车架、中梁式车架(或称脊骨式车架)、综合式车架和无梁式车架。

1. 边梁式车架

边梁式车架由两根位于两边的纵梁和若干根横梁组成,用铆接或焊接法将纵梁与横梁连接成坚固的刚性构架。

通常载重汽车上采用 5 根或 5 根以上的横梁。采用边梁式车架有利于汽车的改装变形和发展多品种,因而广泛应用在载货汽车、改装客车和特种车辆上。如图 2-2 所示,它由 2 根纵梁和 8 根横梁铆接而成,又称梯形车架。后横梁 12 的中部装有拖带挂车用的拖钩部件 13,如图 2-2(b)所示。

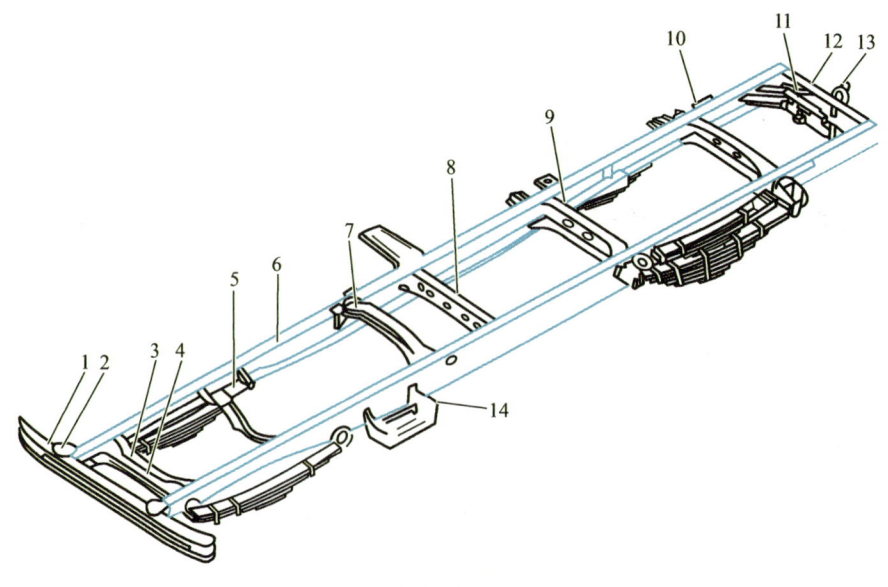

(a) 车架

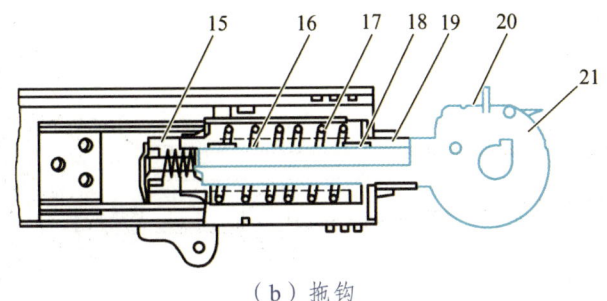

（b）拖钩

图 2-2　边梁式车架

1—保险杠；2—挂钩；3—前横梁；4—发动机前悬置横梁；5—发动机后悬置支梁及横梁；6—纵梁；
7—驾驶室后悬置横梁；8—第四横梁；9—后钢板弹簧前支架横梁；10—后钢板弹簧后支架横梁；
11—角撑横梁组件；12—后横梁；13—拖钩部件；14—蓄电池拖架；15—螺母；
16、19—衬套；17—弹簧；18—拖钩；20—锁块；21—锁扣

边梁式车架的纵梁通常用低合金钢板（一般为 16Mn）冲压而成。其断面形状有槽形断面、箱形断面、"Z"字形断面和"工"字形断面等几种，如图 2-3 所示。

（a）槽形　　（b）工字形　　（c）Z字形　　（d）箱形　　（e）管形

图 2-3　车架纵（横）梁的剖面形状

轿车车速较高，为保证轿车稳定地高速行驶，应使其重心高度尽量降低，为此从车架着手将高度降低。同时，为不影响前轮转向时的转角空间，车架的前端做得比较窄，后端局部向上弯曲。

前梁采用 X 形，以提高车架的扭转刚度，如图 2-4 所示，即 X 形车架。

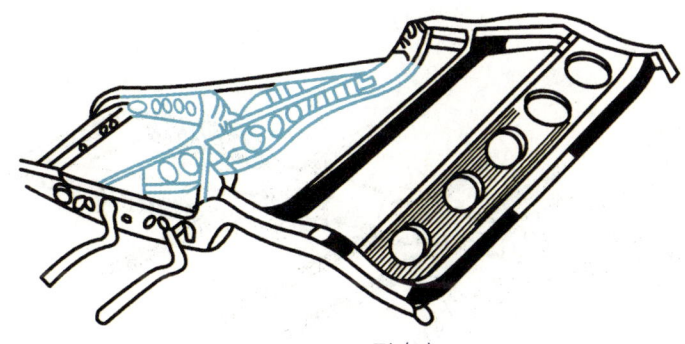

图 2-4　X 形车架

2. 中梁式车架

中梁式车架只有一根位于中央而贯穿汽车全长的纵梁，也称为脊骨式车架，如图 2-5 所示。

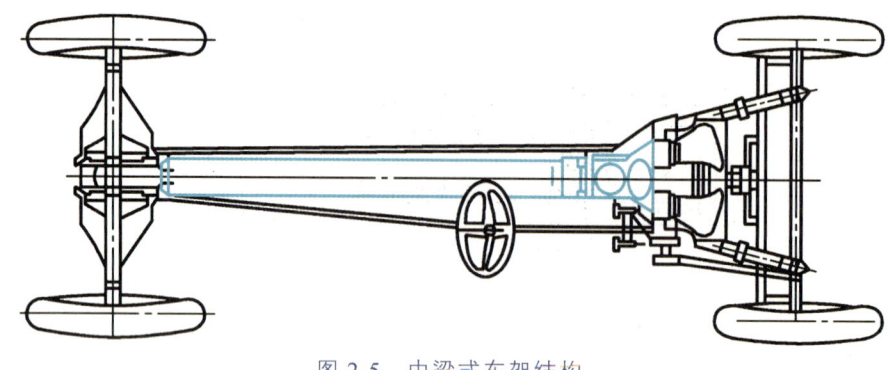

图 2-5 中梁式车架结构

图 2-6 所示为具有中梁式车架结构的轿车底盘。

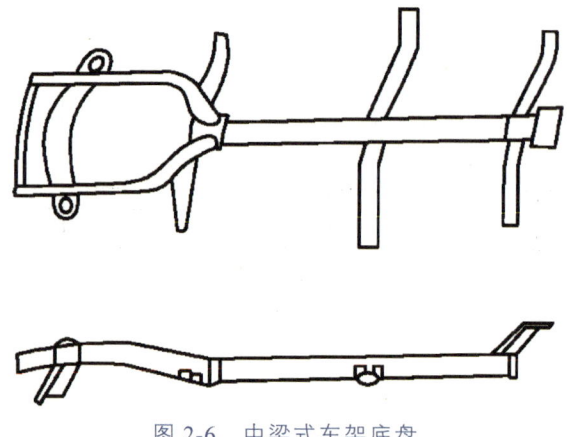

图 2-6 中梁式车架底盘

3. 综合式车架

综合式车架是由边梁和中梁式车架结合而成的,如图 2-7 所示。车架前段或后段近似边梁结构,便于分别安装发动机的驱动桥。传动轴从梁中间穿过。这种结构制造工艺复杂,目前应用不多。

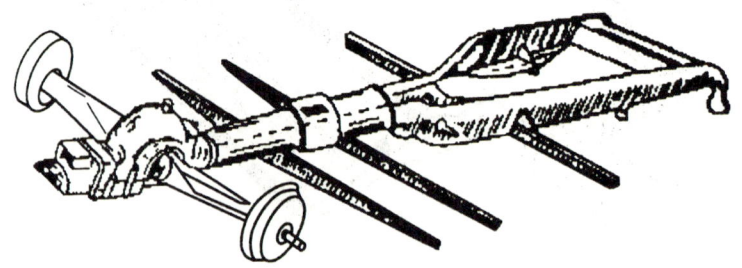

图 2-7 综合式车架

4. 无梁式车架

无梁式车架没有实体的车架,而以车身兼作车架,又称承载式车身,如图 2-8 所示。这种车身对其头部、侧围、车尾、底板等部位采用加强的结构,使车身和底部共同组成了车身本体的刚性空间结构。它除了具有固有的承载功能外,还要直接承受各种载荷。这种形式的车身具有较大的抗弯曲和抗扭转的刚度,质量小、高度低、车身重心低、装配简单、高速行驶稳定性较好。

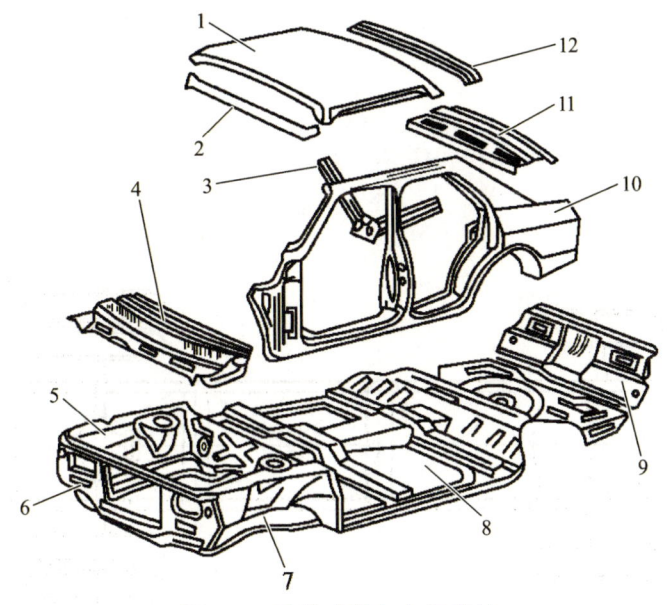

图 2-8　承载式轿车车身壳体

1—顶盖;2—前风窗框上部;3—加强撑;4—前围外板;5—前挡泥板;6—散热器框架;7—底板前纵梁;8—底板部件;9—行李箱后板;10—侧门框部件;11—后围板;12—后风窗框上部

一、实训器材

大客车 1 辆,常用维修工具 1 套。

二、注意事项

(1) 严格依照拆装顺序,注意操作安全;
(2) 对有预紧力规定的螺栓、螺母,要按正确操作方法进行紧固。

三、操作步骤

1. 车架维护保养

(1) 按期清洗车架上的泥垢。清洗时只能用水冲或用毛刷子擦洗,不能用硬铁片铲泥垢,以免造成车架漆层脱落,引起锈蚀。

（2）定期紧固各部件、总成的连接螺栓。

（3）避免超载和装载不均匀。

（4）在崎岖不平道路上行驶时，应降低车速。

（5）带拖车时起步应缓慢，以免挂钩或牵引钩断裂或车架变形。

（6）各部位的漆面破坏后，应及时补好。

2. 车架检修

车架检修通常在二级保养和大修时进行。

（1）进行外观检查。

（2）车架变形的检修，如图 2-9 所示。

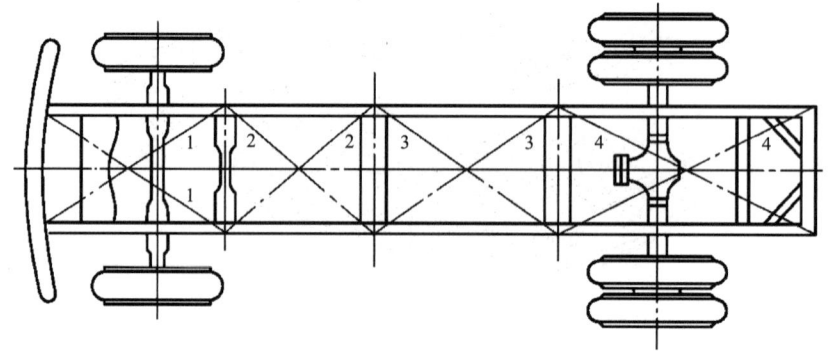

图 2-9　车架扭斜的检查

（3）铆接松动的检修。

（4）车架裂纹的检修。

① 裂纹较短且受力不大的部位，可直接进行焊接修复。焊接前应在裂纹两端钻止扩孔，并沿裂缝开 V 形槽。

② 裂纹较长但未扩展到整个断面，且在受力不大的部位，应先将裂纹按技术要求焊好并修平，然后再用三角形腹板进行加强，如图 2-10 所示。

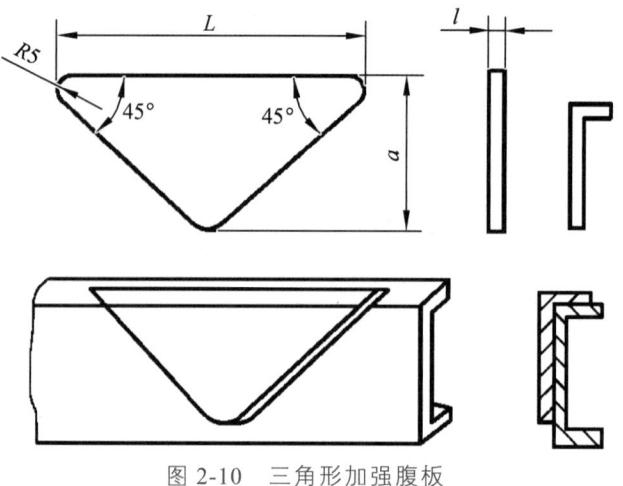

图 2-10　三角形加强腹板

③ 当裂纹已扩展到整个断面，或虽未达到整个断面但在受力较大的部位时，应先对裂纹进行焊接，然后用角形或槽形腹板对纵梁翼面及腹面同时进行加强（腹板两端应做成逐渐减小的斜角形），如图 2-11 所示。

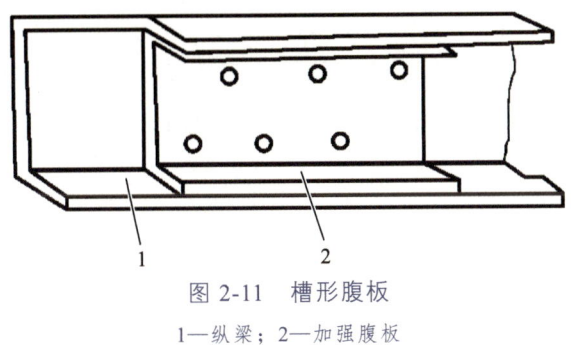

图 2-11　槽形腹板

1—纵梁；2—加强腹板

任务二　CNG 新能源客车转向轮定位的调整

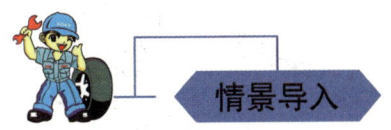

某驾驶员反映其车辆轮胎有偏磨的现象，经班组长检查判断需对其进行转向轮定位的调整，同时对转向桥、车轮进行拆检，轮胎进行更换。

车桥是通过悬架和车架相连，两端安装汽车的车轮，可以传递车架与车轮之间的各方向作用力。前桥又称为转向桥前桥，与转向机构是紧密联系的机构，所以它不仅要保证汽车操纵的轻便性和稳定性，而且还要承受路面对车轮的各种反力和这些反力所形成的力矩，对汽车操纵的轻便性、稳定性及轮胎磨损有着很大影响。

一、车桥的作用和类型

1. 车桥的作用

传递车架（或承载式车身）与车轮之间各方向的作用力及力矩。

2. 车桥的分类

根据悬架结构不同，车桥可分为整体式和断开式两种。

非独立悬架车桥中部为刚性的实心或空心（管状）梁，称这种车桥为整体式；断开式车桥为活动关节式结构，与独立悬架配用。

按车桥在车轮上的作用不同，车桥可分为驱动桥、转向桥、转向驱动桥和支持桥四种类型。驱动桥已在前面阐述，所以下面介绍转向桥、转向驱动桥和支持桥。

二、转向桥

转向桥通常位于汽车前部，因此也常称为前桥。

各种类型汽车的转向桥结构基本相同，主要由前轴（梁）、转向节、主销和轮毂四部分组成，如图 2-12 所示。

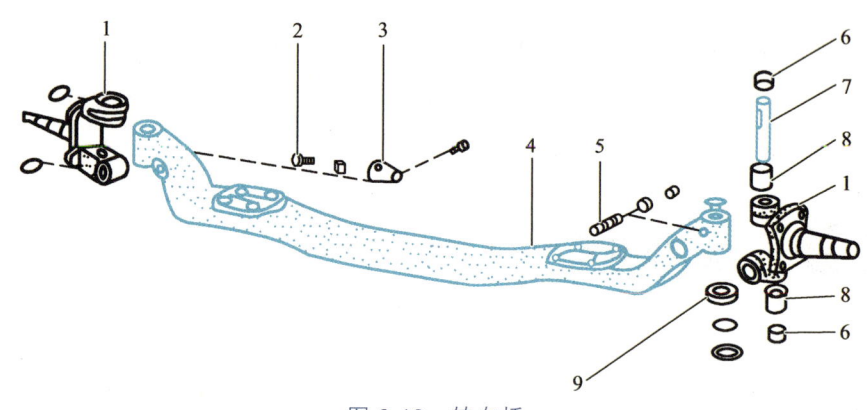

图 2-12 转向桥

1—转向节；2—转向节固定螺栓；3—转向节固定器；4—前轴；5—主销固定螺栓；
6—螺塞；7—主销；8—衬套；9—轴承

三、转向桥的结构

汽车前桥一般是转向桥，它除了具有车桥的基本作用之外，还能使装在前桥两端的车轮偏转一定的角度，实现汽车转向。工字梁是转向桥的基础零件。其主销孔的位置精度直接影响汽车前轮定位的准确性（主销内倾角、主销后倾角、车轮外倾角），对汽车操纵的轻便性、稳定性及轮胎磨损有着很大影响。

1. 前 轴

前轴用中碳钢锻造而成，为"工"字形断面，故又称"工"字梁，是一根中部下凹两端上翘的长轴。中部左右四处各加工出一安装钢板弹簧的底座，并钻有 4 个安装 U 形螺栓的通孔和一个位于中心的钢板弹簧定位凹坑。前轴的两端各有一个加粗部分，呈拳形，其中有通孔，主销即插入此孔内。

2. 转向节

转向节是用中碳钢锻造而成的叉形部件,转向节与前轴通过主销采用铰接连接方式,形似羊角,故又称羊角。上下两叉制有同轴销孔,通过主销与前轴的拳部相连。转向节可绕主销(相对前轴)转动一定角度。为了减小磨损,销孔内压入铜或尼龙衬套,衬套上开有油槽,用装在转向节上的滑脂嘴注入润滑脂进行润滑。转向轴内大外小,用来安装内外轮毂轴承。

3. 主销

主销的作用是铰接前轴与转向节,使转向节能绕着主销摆动,以使车轮偏转实现转向。主销中部切有凹槽,带有螺纹的楔形锁销通过与主销凹槽配合将主销固定在前轴拳部孔内,使之不能转动,主销与转向节上下两叉孔是间隙配合。主销的常见形式如图 2-13 所示。

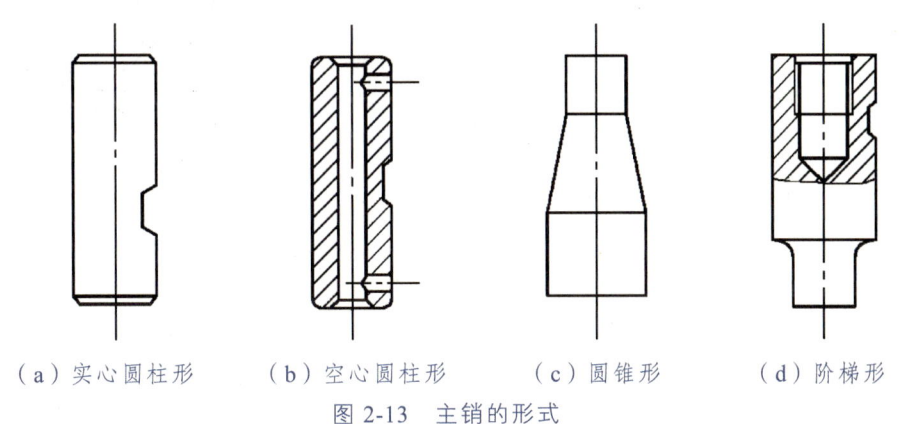

(a)实心圆柱形　　(b)空心圆柱形　　(c)圆锥形　　(d)阶梯形

图 2-13 主销的形式

4. 轮毂

轮毂的作用是将车身或半轴传来的各种作用力或转矩传递到整个车轮。轮毂是在车辆行驶过程中随车轮一起旋转的旋转件,如制动鼓或制动盘、轮速传感器的齿圈等。

车轮轮毂通过内外两个轮毂轴承支承在转向节轴颈上。轴承的预紧度可用调整螺母调整。轮毂外端用冲压的金属防尘罩盖住,以防泥水和尘土侵入;内侧装有油封、挡油盘,以防润滑油进入制动器内。

四、转向轮定位

转向轮定位是指转向轮、转向节和前轴三者之间所具有的一定的相对安装位置。它包括主销后倾、主销内倾、前轮外倾和前轮前束 4 个参数。

转向轮定位的基本作用是使汽车保持稳定的直线行驶、转向后能自动回正,提高了汽车行驶的安全性,使转向轻便,减少轮胎和转向机件的磨损。

1. 主销后倾

主销后倾是指在纵向平面内主销上部向后倾斜一个角度 γ,通常在 3°以内,它使主销轴线与路面的交点位于轮胎接地中心之前，该距离称为后倾拖距。此时，汽车转向引起的离心力使路面对车轮作用一阻碍其侧滑的侧向反力，使车轮产生绕主销旋转的回正力矩，保证了汽车有较好的直线行驶稳定性，如图 2-14 所示。

2. 主销内倾

主销内倾是指在横向平面内主销上部向内倾斜一个角度 β，一般为 5°~8°，它使主销轴线与路面的交点至车轮中心平面的距离 e（即主销偏移距）减小，从而可减小转向时须加在转向盘上的力，使转向轻便；它还使车轮转向时不仅有绕主销的转动，还伴随有车轮轴及前梁向上的移动，当转向盘松开时，所储存的上升位能使转向轮自动回正，保证了汽车直线行驶的稳定性，如图 2-15（b）所示。

主销后倾角大小一般是利用前轴、钢板弹簧和车架装配在一起时，钢板弹簧对前轴产生一个扭转力矩，使前轴向后转过一个角度，进而使主销孔向后倾斜而形成。维修中可在钢板弹簧与前轴之间加装楔形垫块进行调整。

3. 前轮外倾

前轮外倾角是指车轮在安装时，其轮胎中心不是垂直于水平面，而是向外倾斜一个角度 α，为 0.5°~1.5°，它可避免汽车重载时车轮产生内倾，同时和拱形路面相适应，如图 2-15（a）所示。

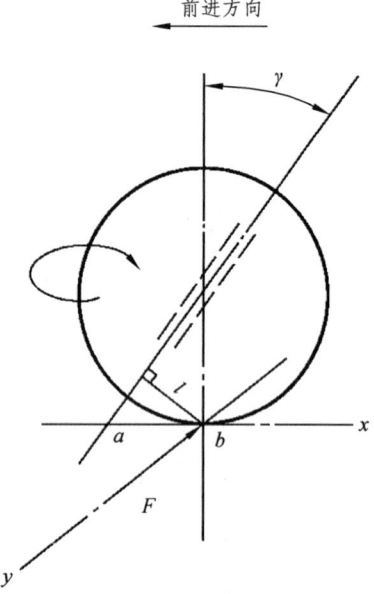

图 2-14 主销后倾示意图

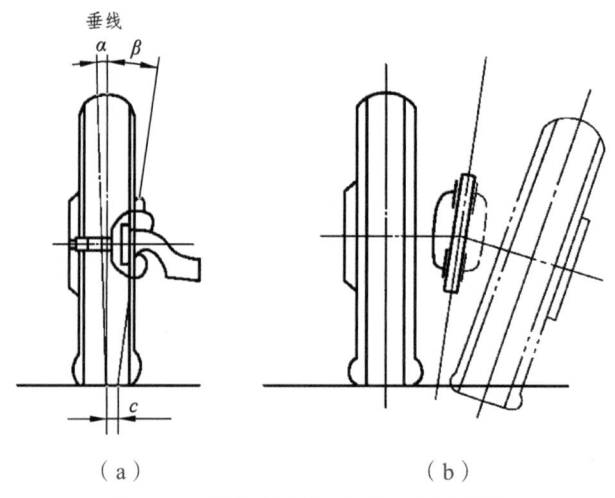

图 2-15 前轮外倾和主销内倾示意图

4. 前轮前束

为了消除汽车行驶时因车轮外倾导致的车轮前端向外张开的不利影响（具有外倾

角的车轮滚动犹如滚锥），可使车轮安装时两前轮中心平面不平行，且左右轮前面轮缘间的距离 A 小于后面轮缘间的距离 B，使车轮每一瞬时的滚动方向都是向着前方，前束即 $B-A$，一般汽车为 3~5 mm，如图 2-16 所示。

前轮前束的作用是减小或消除汽车前进中，因前轮外倾和纵向阻力致使前轮前端向外滚动所造成的滑移。

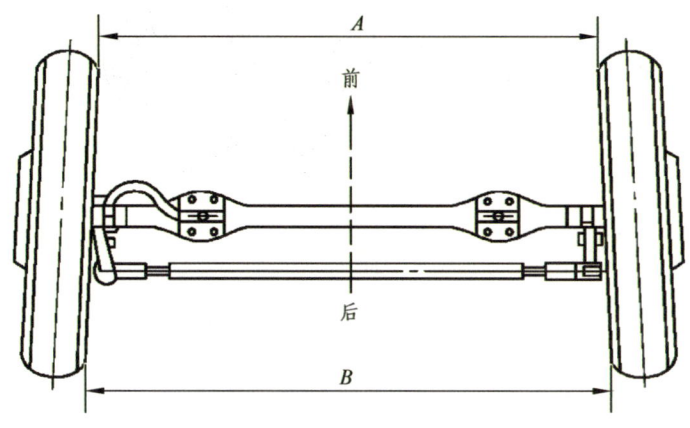

图 2-16 前轮前束（俯视图）

五、车轮与轮胎

车轮与轮胎是汽车行驶系中的主要部件，汽车通过车轮由轮胎直接与地面接触在道路上行驶。其主要功用是：① 支承汽车的总质量；② 吸收和缓和汽车行驶时所受到的路面冲击和振动；③ 保证轮胎与路面的良好附着性能，以提高汽车的动力性、制动性和通过性；④ 产生平衡汽车转向行驶时离心力的侧抗力，在保证汽车正常转向行驶的同时，通过轮胎产生的自动回正力矩，使汽车保持直线行驶。

（一）车轮

1. 车轮的类型

（1）辐板式车轮

如图 2-17 所示为轿车车轮。

如图 2-18 所示为载货汽车的辐板式车轮。轮辐 2 压成深凹形，以便与轮毂轴承位置相适应，保持车轮平面的适当位置。需要安装双轮胎时，可把两个相同的轮辐并列安装在一个轮毂上。

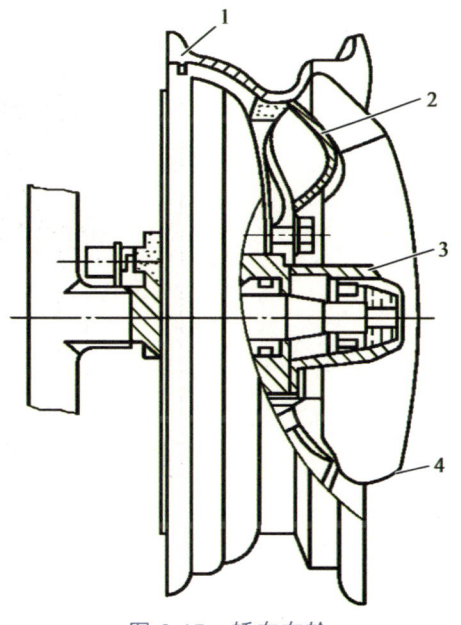

图 2-17 轿车车轮

1—轮辋；2—轮辐；3—轮毂；4—轮毂罩

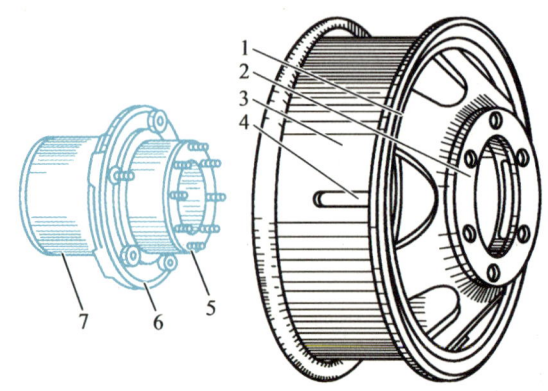

图 2-18 载货汽车辐板式车轮

1—挡圈；2—轮辐；3—轮辋；4—气门嘴伸出孔；5—螺栓；6—凸缘；7—轮毂

载货汽车后桥负荷较前桥大得多，为使后轮轮胎不致超载，一般后桥装用双式车轮（见图 2-19），即把两个相同的车轮并排安装在同一个轮毂上，用特殊的螺栓、螺母套固定，如图 2-20 所示。

这种用特殊的螺栓和螺母套固定的方法，保证了车轮的正确位置，同时在拆卸外车轮时，不致引起内车轮的松脱。

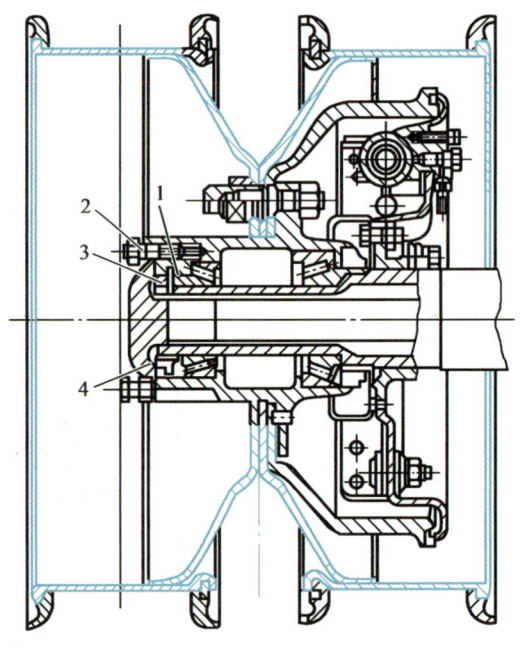

图 2-19 载货汽车双式车轮

1—调整螺母；2—锁止垫片；3—锁紧螺母；4—销钉

（2）辐条式车轮

用于重型载货汽车的辐条式车轮多采用铸造辐条，如图 2-21 所示。

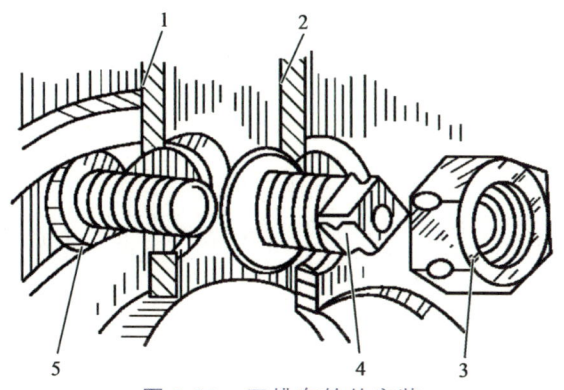

图 2-20 双排车轮的安装

1，2—轮辐；3—螺母；4—螺母套；5—圆柱螺栓

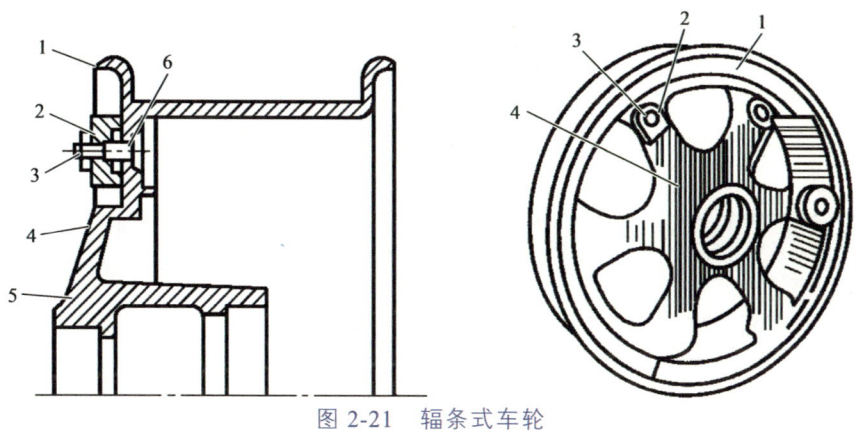

图 2-21 辐条式车轮

1—轮辋；2—衬块；3—螺栓；4—辐条；5—轮毂；6—配合锥面

2. 轮辋的类型

按照轮辋结构特点的不同，轮辋可分为深槽式、平底式和对开式（可拆式）三种形式。

（1）深槽轮辋，是一种整体轮辋，如图 2-22（a）所示。

（2）平底轮辋，如图 2-22（b）所示。

（3）对开式轮辋，如图 2-22（c）所示。

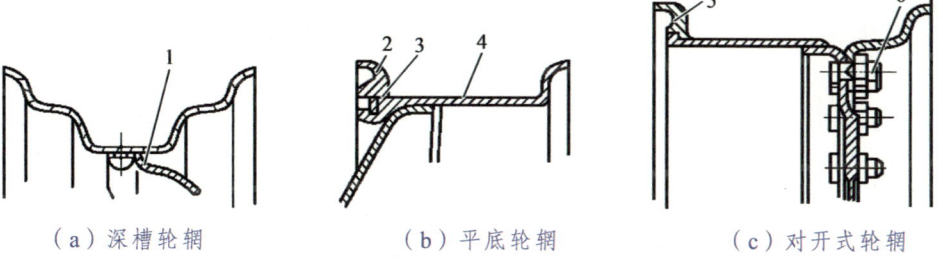

(a) 深槽轮辋　　　　(b) 平底轮辋　　　　(c) 对开式轮辋

图 2-22 轮辋断面形式

1—轮辐；2，5—挡圈；3—锁圈；4—轮辋；6—螺栓

3. 国产轮辋规格的表示方法

轮辋规格用轮辋名义宽度代号、轮缘高度代号、轮辋结构形式代号、轮辋名义直径代号和轮辋轮廓类型代号来表示，其表示方法如表2-1所示。

表2-1 轮辋规格表示方法

数值	数值	×或-	数值	（字母）	GB/T 2933—2009
轮辋名义宽度代号	轮缘高度代号	轮辋结构形式代号	轮辋名义直径代号	轮辋轮廓类型代号	国标号

（1）轮辋名义宽度和轮辋名义直径

它们均以英寸表示，一般取两位小数（当新设计轮胎以 mm 表示时，轮辋也以 mm 数值表示）。

（2）轮缘高度代号

它用一个或几个拉丁字母表示，如表2-2所示。有些类型的轮辋（平底宽轮辋），其名义宽度代号也代表了轮缘高度，不再用字母表示。

表2-2 轮辋轮缘高度代号　　　　　　　　　　　　　　　　　　　　mm

代号	B	C	D	E	F	G	H	J	K	L	P	R	S	T	V	W
尺寸	13.80	15.88	17.45	19.81	22.23	27.94	33.73	17.27	19.26	21.59	25.40	28.58	33.33	38.10	44.45	50.80

（3）轮辋结构形式代号

轮辋的结构形式，根据其主要由几个零件组成分为一件式轮辋、二件式轮辋、三件式轮辋、四件式轮辋和五件式轮辋。符号"×"表示一件式轮辋，符号"-"表示两件或两件以上的多件式轮辋。

（4）轮辋轮廓类型代号

其表示方法如表2-3所示。

表2-3 轮辋轮廓类型及代号

轮廓类型	深槽	深槽宽	半深槽	平底	平底宽	全斜底	对开式
代号	DC	WDC	SDC	FB	WFB	TB	DT

例1

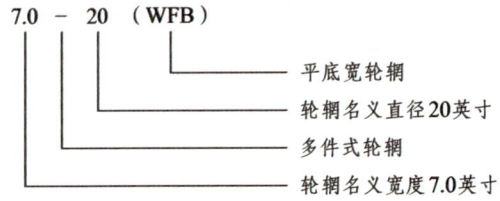

例 2

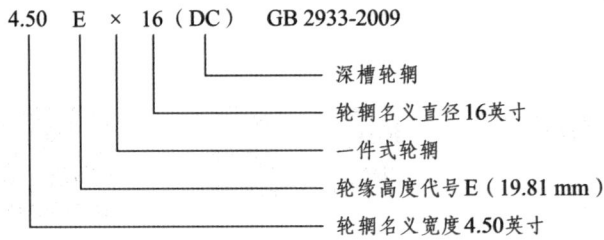

（二）轮　胎

1. 轮胎的作用

支承整车；缓和由路面传来的冲击；通过轮胎与路面间存在的附着作用产生驱动力和制动力；使汽车保持直线行驶方向；承担越障，提高通过性等。

2. 轮胎的类型

（1）有内胎的充气轮胎

如图 2-23 所示，这种轮胎由外胎 1、内胎 2 和垫带 3 组成。

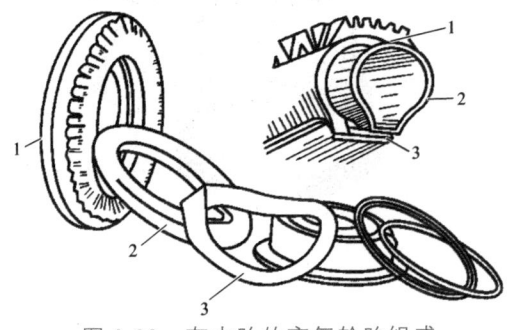

图 2-23　有内胎的充气轮胎组成

1—外胎；2—内胎；3—垫带

外胎是用耐磨橡胶制成强度较高而又有弹性的外壳，直接与地面接触，保护内胎使其不受损伤。它由胎圈 1、缓冲层 2、胎面 3 和帘布层 4 等组成，如图 2-24 所示。

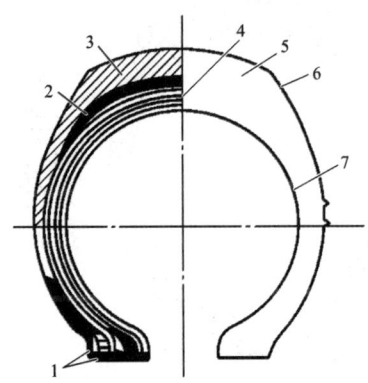

图 2-24　外胎的构造

1—胎圈；2—缓冲层；3—胎面；4—帘布层；5—胎冠；6—胎肩；7—胎侧

为了增加轮胎与路面之间的附着力，防止纵横向滑移，在胎冠 5 上制有各种形式的花纹，如图 2-25 所示。目前，子午线轮胎得到了越来越广泛的应用。子午线轮胎如图 2-26 所示。

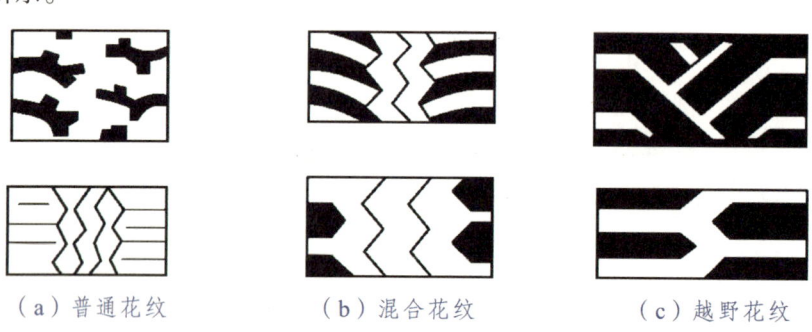

（a）普通花纹　　　　（b）混合花纹　　　　（c）越野花纹

图 2-25 轮胎的花纹

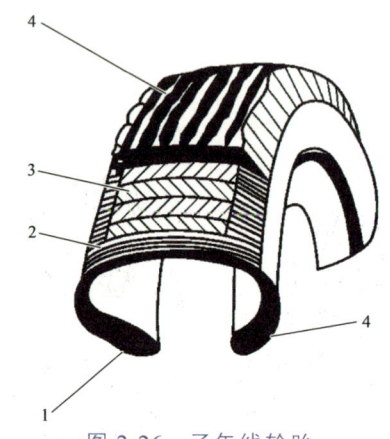

图 2-26 子午线轮胎

1—胎圈；2—帘布层；3—带束层；4—胎冠

（2）无内胎轮胎

如图 2-27 所示，无内胎轮胎在外观和结构上与有内胎轮胎相似，所不同的是它没有内胎和垫带，空气直接压入外胎中，其密封性是由外胎和轮辋来保证的。

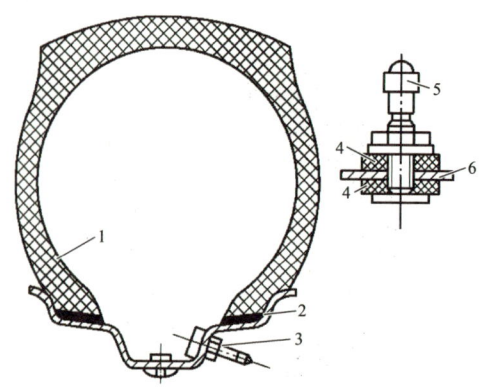

图 2-27 无内胎轮胎

1—橡胶密封层；2—胎圈橡胶密封层；3—气门嘴；4—橡胶密封垫；5—气门嘴帽；6—轮辋

（3）轮胎的规格

轮胎规格的表示方法基本上有公制和英制两大类，目前大多数国家，包括我国在内均采用英制表示法。充气轮胎的尺寸标注如图 2-28 所示。

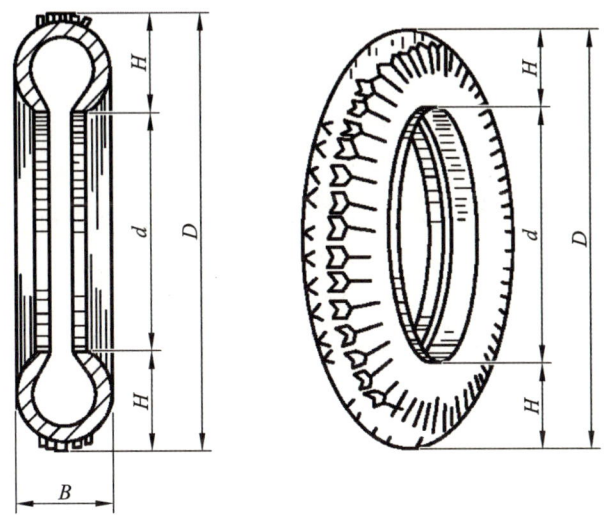

图 2-28　充气轮胎的尺寸标注

D—外直径；d—内直径（即轮辋直径）；B—断面宽度；H—断面高度

高压胎用两个数字之间加一乘号来表示，即

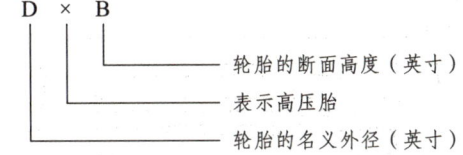

高压胎在汽车上应用较少，汽车上广泛应用的是低压胎。

低压胎亦用两个数字加一横线来表示，即

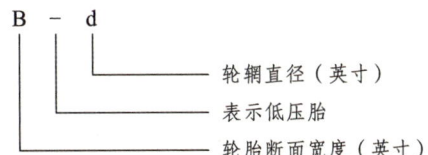

超低压胎的表示方法与低压胎相同。

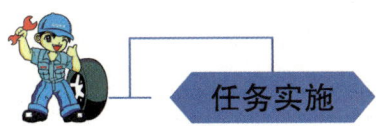

一、实训设备与工具

（1）大客车一辆，常用、专用工具各一套；

（2）空压机一台、举升机一台、轮胎充气机一台、换胎机一台；

（3）清洗剂、润滑油、润滑脂等各少许，棉纱、油盆等清洗工具。

二、操作步骤

（一）转向桥检修

1. 前轴的磨损

（1）钢板弹簧座平面磨损大于 2 mm，定位孔磨损大于 1 mm 的，堆焊后加工修复或更换新件。

（2）主销承孔的磨损。承孔与主销的配合间隙：轿车不大于 0.10 mm，载货汽车不大于 0.20 mm。磨损超过极限，可采用镶套法修复。

2. 前轴变形的检修

（1）前轴变形的检测

常用的检测方法是采用如图 2-29 所示的角尺检测法。通过测量 a、b 值可以判断前轴是否有弯曲和扭转变形。

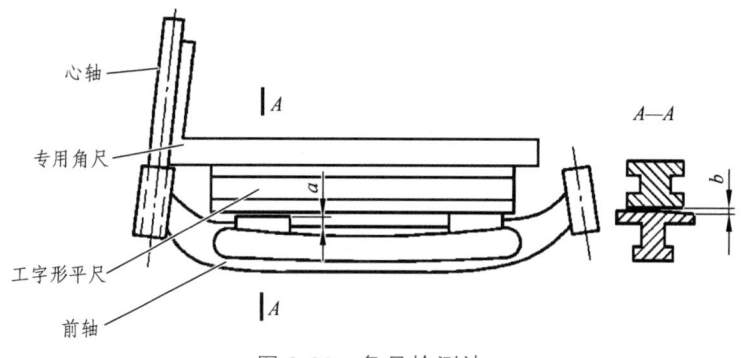

图 2-29　角尺检测法

（2）前轴校正方法

前轴变形校正必须在钢板弹簧座和定位孔、主销孔磨损修复后进行，以便减少检验、校正的积累误差，提高工作效率。一般采用冷压校正法。

3. 转向节隐伤的检验

转向节的油封轴颈处，因其断面的急剧变化，应力集中，是一个典型的危险断面，容易产生疲劳裂纹，以致造成转向节轴疲劳断裂而酿成重大的交通事故。因此，二级维护和修理时必须对转向节轴进行隐伤检验，一旦发现疲劳裂纹，只能更换，不许焊修。

4. 转向节磨损的检修

（1）转向节轴磨损的检修

轴颈与轴承的配合间隙：轴颈直径不大于 40 mm 时，配合间隙为 0.040 mm；轴颈直径大于 40 mm 时，配合间隙为 0.055 mm。转向节轴颈磨损超标后应更换新件。

（2）转向节轴锁止螺纹的检验

损伤不可多于 2 牙。锁止螺母只能用扳手拧入，若能用手拧入，说明螺纹中径磨损松旷，应予以修复或更换转向节。

（3）转向节上面的锥孔的检验

与转向节臂等杆件配合的锥孔的磨损，应使用塞规进行检验，其接触面积不得小于 70%，与锥孔配合的锥颈的推力端面沉入锥孔的沉入量不得小于 2 mm，否则，更换转向节。

（二）车轮及轮胎拆装调整

1. 车轮与轮胎拆卸方法及步骤

（1）车轮总成拆卸

① 停稳车辆，用三角木塞紧各车轮。

② 取下车轮上的装饰罩，了解汽车左右侧车轮与轮毂连接螺栓的螺旋方向，使用车轮螺母拆装机或用套筒扳手初步拧松各连接螺母，如图 2-30 所示。

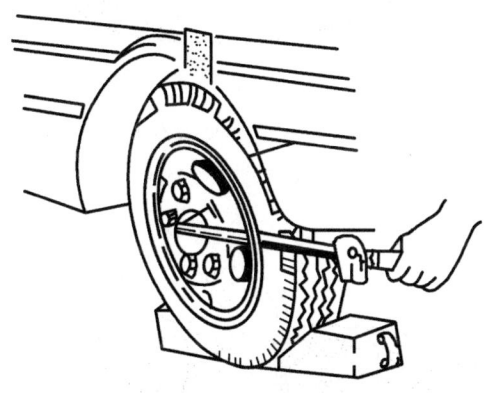

图 2-30　车轮拆卸

③ 用千斤顶顶住车轴，使被拆车轮稍离地面；对于轿车，千斤顶要顶在指定的位置上。

④ 拧下车轮与轮毂连接的全部螺母，取下垫圈，并摆放整齐。

⑤ 边向外拉边左右晃动车轮，从车轴上取下车轮总成。

（2）轮胎拆卸

① 拧下气门嘴帽，旋出气门针阀，放出轮胎内的压力空气。

② 将车轮水平放置，拆下车轮开口锁圈，取下挡圈。对于轿车轮胎，应使用轮胎拆装机拆卸，以防止损坏轮胎和轮辋。

③ 从轮辋中取出轮胎及垫带。

④ 检查轮辋有无锈蚀、变形、裂纹或其他损坏；检查轮胎有无漏气，气门嘴是否完好以及轮胎的磨损情况。

2. 车轮、轮胎外胎安装方法及步骤

（1）轮胎的安装

① 擦净外胎内部和内胎外表面，在接触表面涂上一层细滑石粉。将内胎及衬带装入外胎，并将气门嘴对准气门槽孔，将轮胎装在轮辋上。

② 将挡圈和开口锁圈放在轮胎与轮辋处，用脚踏平使之基本入槽，然后用钢钎将开口锁圈逐步扣入轮圈中，如图 2-31 所示。

图 2-31　安装开口锁圈

③ 轮胎装好后应按规定充气压力充足气。充气时，要在轮辋孔中穿入与轮胎直径相当的钢钎保险，以防锁圈弹出伤人，如图 2-32 所示。

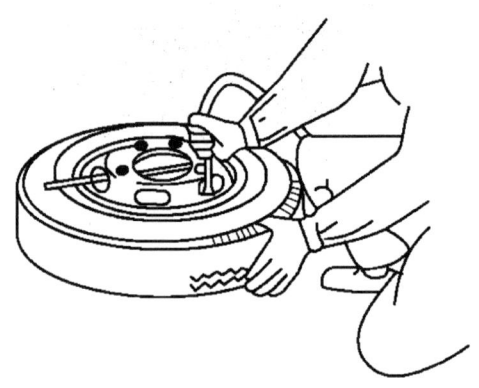

图 2-32　充气方法

④ 更换新的无内胎轮胎时，也应同时安装新的橡胶气门。

（2）车轮总成安装

① 清洁车轮连接螺柱、螺母和轮盘，将螺纹部分涂上润滑脂。

② 顶起车桥，套上车轮，将螺母初步拧在螺柱上。

③ 放下车轮，并在车轮前后用三角木塞紧，用指针式扭力扳手或车轮螺母安装机，按对角线顺序分 2~3 次，以规定力矩拧紧车轮螺母，如图 2-33 所示。

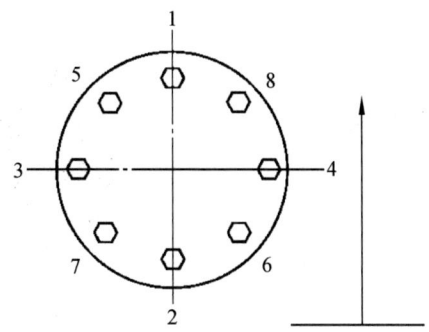

图 2-33 车轮螺母紧固顺序

④ 安装后轮双胎时,要先拧紧内侧车轮的内螺母,再装外侧轮胎。在安装过程中,应用千斤顶分两次顶起车轴,分别安装内、外两个车轮。双轮胎高低搭配合适,一般较低的胎装于里侧,较高的胎装于外侧。应注意内侧轮胎和外侧轮胎的气嘴位置应互成180°。

3. 拆装轮胎的注意事项

(1) 拆装工具不得有尖刃、尖角或毛刺。

(2) 不得使用大锤敲击胎体,以避免砸坏轮胎或轮辋。

(3) 安装有内胎的轮胎时,内胎不宜放入外胎圈与轮辋之间,以免被夹住卡坏。

(4) 后桥并装双胎时,应使双胎具有相同的花纹、相同的直径和气压,不得混装。

(5) 装配有方向花纹轮胎时,应按规定方向装配。安装人字形花纹胎时,地面印痕应使人字尖指向后部,以保证汽车具有最大的驱动力。

(6) 拆装无内胎轮胎时,不得损坏胎圈和轮辋台肩的配合面。否则,可能会引起漏气。

(7) 为延长轮胎的使用寿命,进行二级维护时,需将轮胎换位使用。

4. 轮毂轴承预紧度调整

轮毂轴承间隙过紧会加速机件磨损和发热,过松会使汽车行驶不稳,因此,轮毂轴承间隙应调整合适。

(1) 前轮毂轴承预紧度的调整

① 支起前轮,拧下轮毂盖螺钉,拆下前轮毂盖、衬垫。

② 打平锁片,旋下锁紧螺母,拆下止动垫圈,拆下锁紧垫圈。

③ 旋转调整螺母可以改变轮毂轴承间隙,旋进轴承间隙变小,旋出轴承间隙变大。一般把调整螺母旋紧到底,再退回1/3圈。

④ 调整好后,车轮应能自由转动而无明显的轴向间隙。

⑤ 顺序装上锁紧垫圈、止动垫圈,按规定力矩(196~245 N·m)拧紧锁紧螺母,翻卷止动垫圈的一边锁住螺母。

⑥ 装上衬垫、轮毂盖,并用螺钉拧紧。

⑦ 放下车轮。

(2) 后轮毂轴承预紧度的调整

① 支起后轮,取下后轮毂盖,如图2-34(a)所示。

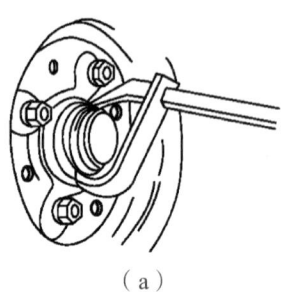
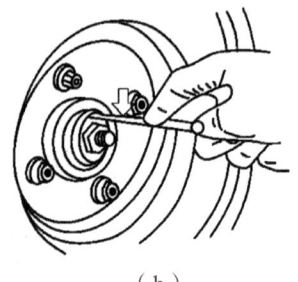

(a)   (b)

图 2-34 后轮毂轴承预紧度调整

② 取下开口销及开槽垫圈。

③ 拧动螺母，同时转动轮毂，用一字旋具在手指的压力下刚好能够拨动止推垫圈即可，如图 2-34（b）所示。

④ 装回开槽垫圈，换上新的开口销，装上轮毂盖。

⑤ 放下车轮。

（三）车轮定位的检查和调整

1. 检查准备

（1）汽车停放在水平场地或专用检测台上，车轮在直线行驶位置且无负载。

（2）轮胎气压符合规定。

（3）车轮平衡，悬架活动自如。

（4）转向系调整正确。

（5）前悬架弹簧无过大的间隙和损坏。

2. 前轮定位的调整

（1）前轮外倾角

检查前轮外倾角可采用水准仪进行动态测量。水准仪如图 2-35 所示。

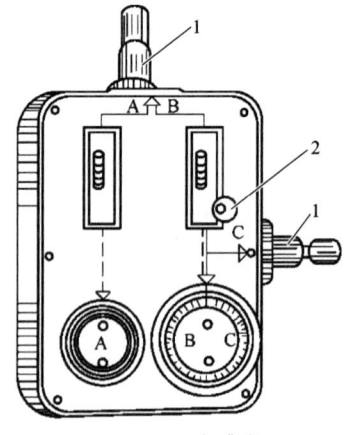

图 2-35 水准仪

1—插销；2—调整螺钉；A—外倾角刻度表及相应插销；B—后倾角刻度表及相应插销；
C—内倾角刻度表及相应插销

将车轮对准正前方，利用装在轮辋或轮盘上的固定支架（见图 2-36），将水准仪安装在与车轮平面垂直的平面内（见图 2-37）。此时水准仪的倾角读数即为车轮外倾角。当测量值与标准值不符时，应予以调整。

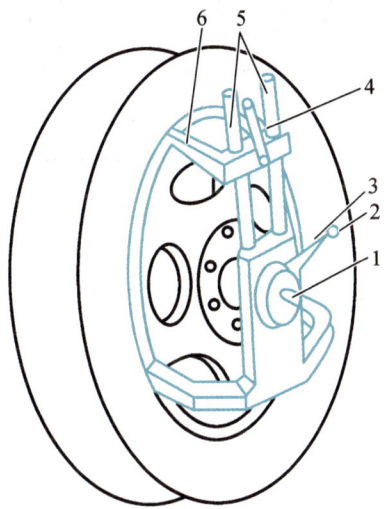

图 2-36　车轮定位仪器固定支架

1—支承轴；2—固定手柄；3—调节手轮；4—高度调整手柄；5—立柱；6—偏心夹

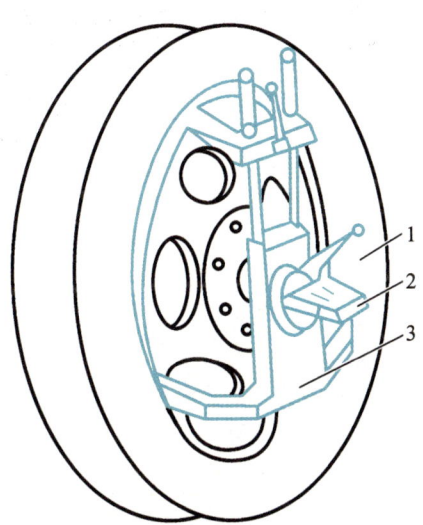

图 2-37　测量车轮外倾角

1—被测车轮；2—水准仪；3—固定支架

调整前轮外倾角时车轮应着地。通过球头销在下摇臂长孔中的位移来调整。其步骤如下：

① 松开下摇臂球头销的固定螺母。

② 把外倾调整杆 40-200 插入图 2-38 中箭头所示的孔中。调整左侧时，从后面插入调整杆；调整右侧时，应从前面插入调整杆。

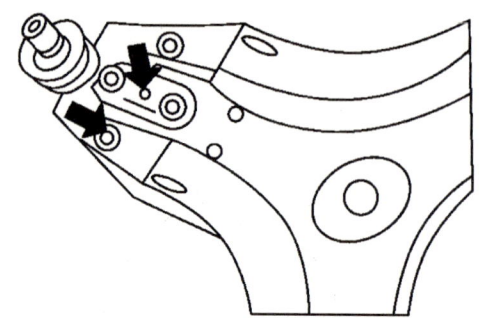

图 2-38　插入外倾调整杆

③ 横向移动球头销，直至达到外倾角值。
④ 紧固螺母并再次检查外倾角值，需要时重新进行调整。
⑤ 必要时调整前束。

（2）前束

前束不当，会出现高速摆振和明显的单侧磨损。

使用前束尺测量时，前束尺的指针高度要与轮胎中心高度相同，如图 2-39 所示。

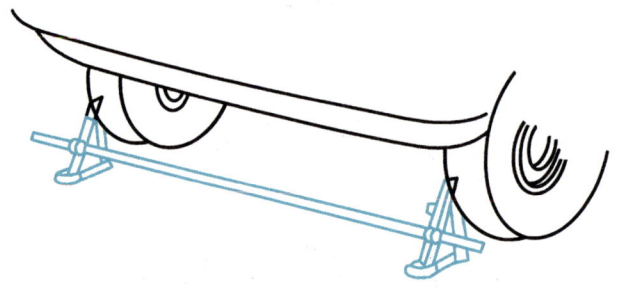

图 2-39　检查前束

调整前束除使用光学测量仪外，还需要专用工具 3075。调整前束是通过改变两侧转向横拉杆的长度来实现的。其步骤如下：

① 将转向器置于中间位置。
② 拧出转向中间轴盖上的螺栓。
③ 将带有挂钩"B"的专用工具安置在左转向横拉杆的紧固螺母上。
④ 用提供的螺钉将作衬垫的间隔件固定到标有"C"记号的转向器孔中。注意：不得使用一般螺钉，因为一般螺钉太短，会碰坏转向盘的螺纹。
⑤ 总前束值分为两半，分别在左、右转向横拉杆上调整。
⑥ 固定转向横拉杆。
⑦ 必要时调整转向盘。
⑧ 拆下专用工具 3075，重新拧紧转向中间轴盖上的螺栓，拧紧力矩为 20 N·m。

（3）主销后倾角和主销内倾角

主销后倾角、主销内倾角是不能调整的。主销内倾角是靠前轮外倾角的正确性来保证的。

项目二　新能源客车行驶系的构造与维修

任务三　CNG 新能源客车悬架的拆检

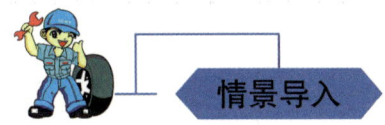

某驾驶员开来一车辆，发现其车身严重倾斜，经班组长判断，需要对其悬架进行拆检。

一、悬架的功用、组成及种类

悬架的功用是弹性地连接车桥或车身，缓和行驶中车辆受到的冲击，保证货物完好、人员舒适，衰减振动，使汽车保持稳定的姿势，改善操纵稳定性。

现代汽车的悬架虽有不同的结构形式，但一般都是由弹性元件、减振器和导向机构三部分组成，如图 2-40 所示。

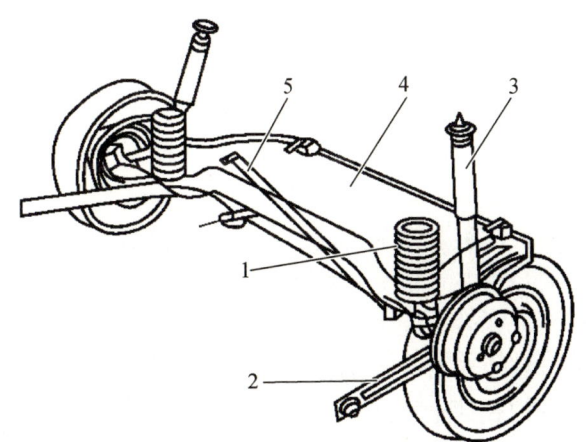

图 2-40　汽车悬架组成示意图
1—弹性组件；2—纵向推力杆；3—减振器；
4—横向稳定器；5—横向推力杆

汽车悬架根据导向机构的不同，可分为非独立悬架和独立悬架，如图 2-41 所示。图 2-41（a）所示为非独立悬架，其结构特点是两侧的车轮由一根整体式车轿相连。图 2-41（b）所示为独立悬架，其结构特点是两侧的车轮分别独立地与车架或车身弹性连接。

81

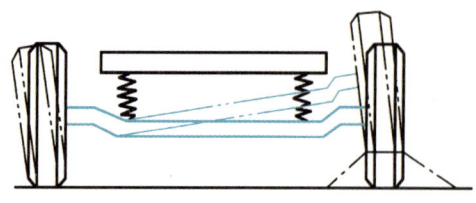 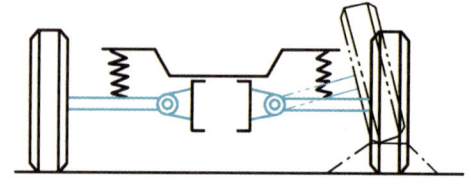

（a）非独立悬架　　　　　　　　（b）独立悬架

图 2-41　非独立悬架与独立悬架示意图

二、减振器

为了使汽车在行驶中所受到的由冲击力引起的车架和车身的振动迅速衰减，以改善汽车的行驶平顺性，在大多数汽车的悬架系统中都有与弹性组件并联安装的减振器，其安装示意图如图 2-42 所示。

液力减振器的作用原理：当车架与车桥做往复相对运动时，减振器中的活塞在缸筒内也是做往复运动，于是减振器壳体内的油液便反复地从一个内腔通过一些窄小的孔隙流入另一个内腔。此时，孔壁与油液间的摩擦及液体分子内摩擦便形成对振动的阻尼力，使车身和车架的振动能量转化为热能，被油液和减振器壳体所吸收，然后散到大气中。减振器的阻尼力的大小随车架和车桥（或车轮）相对速度的增减而增减，并且与油液的黏度有关。要求减振器所用油液

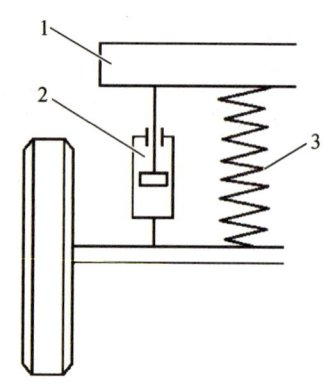

图 2-42　减振器和弹性组件的安装示意图

1—车架；2—减振器；3—弹性组件

的黏度受温度变化的影响尽可能小，且具有抗汽化、抗氧化以及对各种金属和非金属零件不起腐蚀作用等性能。

减振器的阻尼力越大，振动消除得越快；但却使并联的弹性元件的作用不能充分发挥；同时，过大的阻尼力还可能导致减振器连接零件及车架损坏。

为解决弹性组件与减振器之间的这一矛盾，对减振器提出如下要求：

（1）在悬架压缩行程（车桥与车架相互移近的行程）内，减振器阻尼力应较小，以便充分利用弹性组件的弹性来缓和冲击。

（2）在悬架伸张行程（车桥与车架相对远离的行程）内，减振器的阻尼力应大，以求迅速减振。

（3）当车桥（或车轮）与车架的相对速度过大时，减振器应当能自动加大液流通道的截面面积，使阻尼力始终保持在一定限度之内，以避免承受过大的冲击载荷。

1. 双向作用筒式减振器

双向作用筒式减振器一般都具有四个阀，即压缩阀 6、伸张阀 4、流通阀 8 和补偿

阀 7，如图 2-43 所示为双向作用筒式减振器结构示意图。流通阀和补偿阀是一般的单向阀，其弹簧很弱。当阀上的油压作用力与弹簧力同向时，阀处于关闭状态，完全不通液流；而当油压作用力与弹簧力反向时，只要有很小的油压，阀便能开启。压缩阀和伸张阀是卸载阀，其弹簧较强，预紧力较大，只有当油压升高到一定程度时，阀才能开启；而当油压降低到一定程度时，阀即自行关闭。

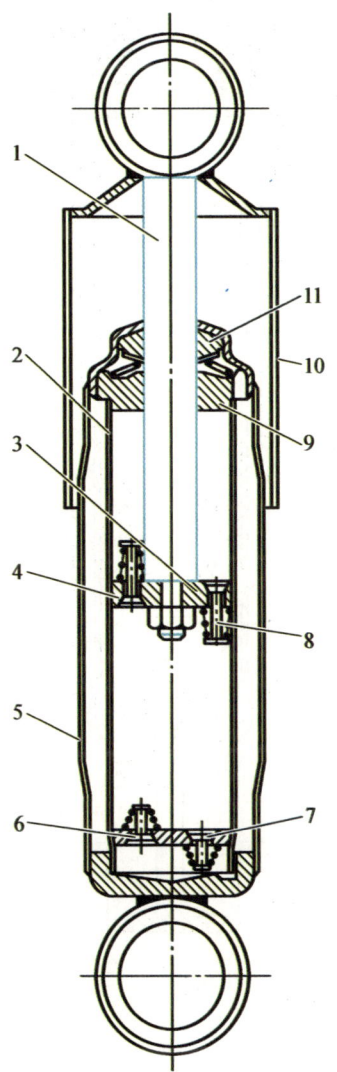

图 2-43 双向作用筒式减振器示意图

1—活塞杆；2—工作缸筒；3—活塞；4—伸张阀；5—储油缸筒；6—压缩阀；7—补偿阀；
8—流通阀；9—导向座；10—防尘罩；11—油封

如图 2-44 所示，双向作用筒式减振器由防尘罩、储油缸筒和工作缸筒三个同心钢筒组成。

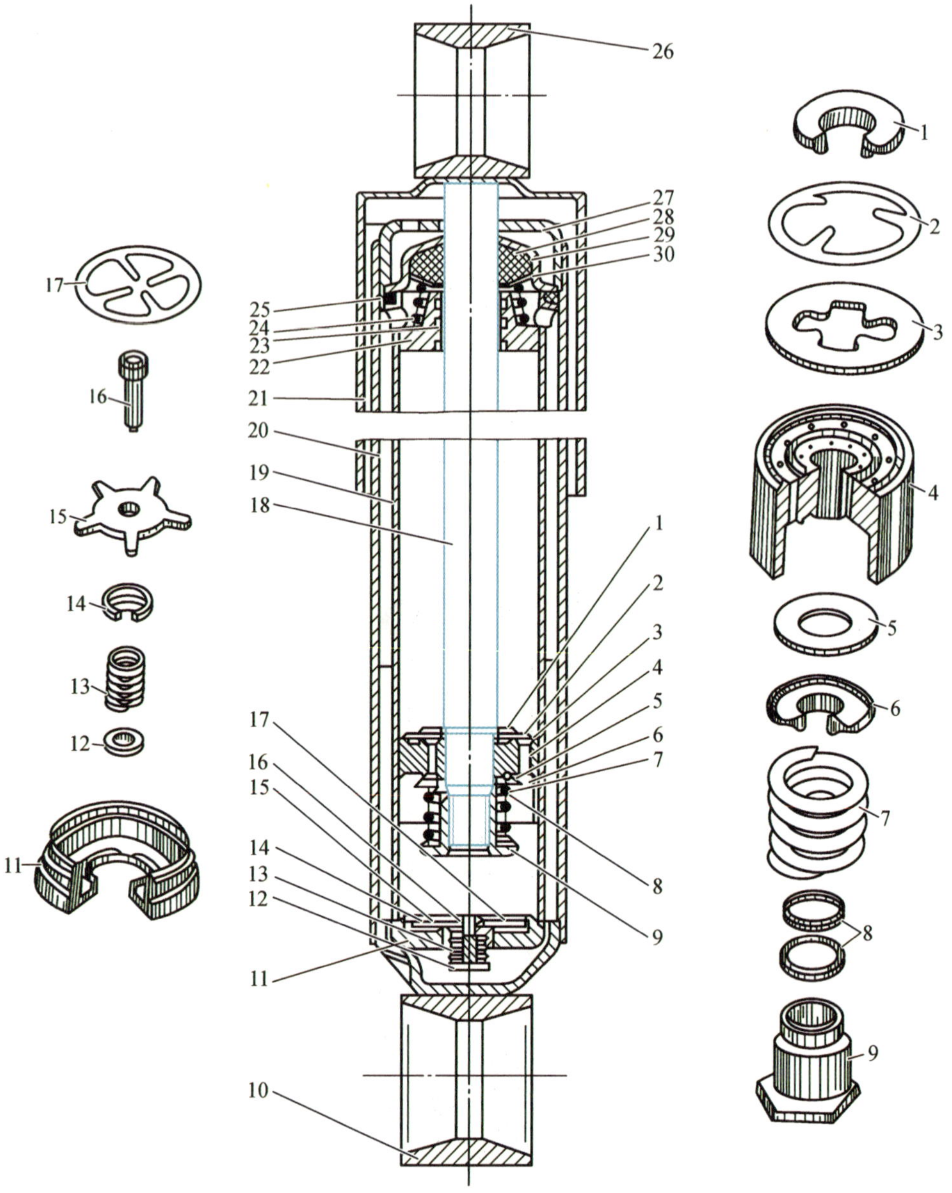

图 2-44 双向作用筒式减振器结构图

1—流通阀限位座；2—流通阀弹簧片；3—流通阀；4—活塞；5—伸张阀；6—支承座圈；7—伸张阀弹簧；8—调整垫片；9—压缩螺母；10—下吊环；11—支承座；12—压缩阀弹簧座；13—压缩阀弹簧；14—压缩阀；15—补偿阀；16—压缩阀杆；17—补偿阀弹簧片；18—活塞杆；19—工作缸筒；20—储油缸筒；21—防尘罩；22—导向座；23—衬套；24—油封弹簧；25—密封圈；26—上吊环；27—储油缸螺母；28—油封；29—油封盖；30—油封垫圈

2. 充气式减振器

如图 2-45 所示为充气式减振器。

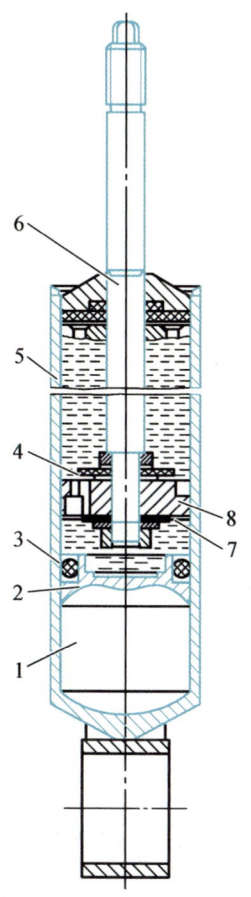

图 2-45 充气式减振器

1—密封气室；2—浮动活塞；3—O形密封圈；4—压缩阀；5—工作缸；
6—活塞杆；7—工作活塞；8—伸张阀

充气式减振器与双向作用筒式减振器相比具有以下优点：

（1）结构大为简化，零件数约减少 15%。

（2）由于减振器内充有高压气体，能有效地减少车轮受到突然冲击时产生的高频振动，且有助于消除噪声，能改善汽车的行驶平顺性和轮胎的接地性。

（3）在同样泄流的不利工作条件下，充气式减振器比双筒式减振器能更可靠地保证产生足够的阻尼力。

（4）由于内部具有高压气体和油气被浮动活塞隔开，消除了油的乳化现象。

充气式减振器的缺点如下：

（1）对油封要求高。

（2）充气工艺复杂，不能修理。

（3）当缸筒受到外界物体的冲击而变形时，减振器就不能工作。

三、弹性元件

1. 钢板弹簧

图 2-46 所示为钢板弹簧的一般构造。中心螺栓距两端卷耳中心的距离可以相等，也可以不相等，相等的称为对称式钢板弹簧，如图 2-46（a）所示；不相等的称为非对称式钢板弹簧，如图 2-46（b）所示。

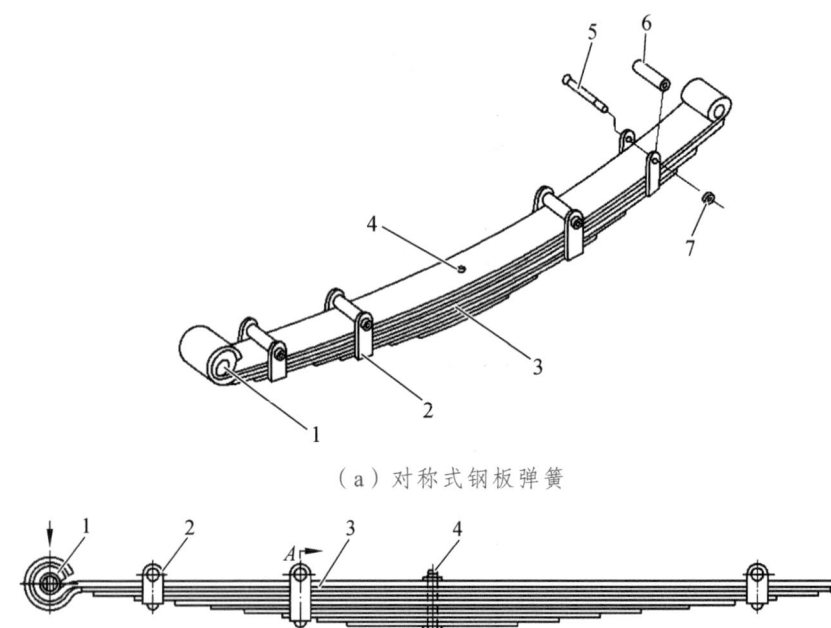

(a) 对称式钢板弹簧

(b) 非对称式钢板弹簧

图 2-46 钢板弹簧

1—卷耳；2—弹簧夹；3—钢板弹簧；4—中心螺栓；5—螺栓；6—套管；7—螺母

近年来，在许多汽车上采用了一种由单片或 2~3 片变厚度断面的弹簧片构成的少片变截面钢板弹簧，其弹簧片的断面尺寸沿长度方向是变化的，弹簧片宽保持不变，如图 2-47 所示。

2. 螺旋弹簧

螺旋弹簧广泛地应用于独立悬架，特别是前轮独立悬架中。有些轿车上，后轮非独立悬架中也使用螺旋弹簧作为弹性元件；螺旋弹簧用弹簧钢料卷制而成，有刚度不变的圆柱形螺旋弹簧和刚度可变的圆锥形螺旋弹簧两种。

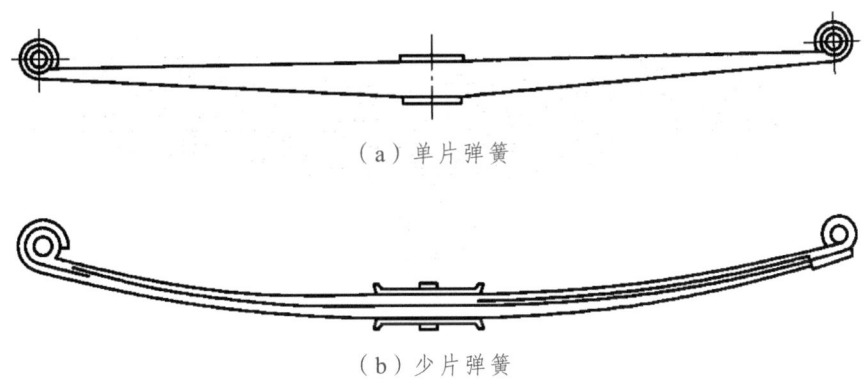

（a）单片弹簧

（b）少片弹簧

图 2-47　单片和少片截面钢板弹簧

由于螺旋弹簧只能承受垂直载荷，用它做弹性元件的悬架要加设导向装置和减振器。与钢板弹簧相比，螺旋弹簧具有不需润滑、防污性强、占用纵向空间小及弹簧本身质量轻的特点，因而在现代轿车上被广泛采用。此外，螺旋弹簧变形时，不产生摩擦力，所以在悬架中必须装有减振器，用于衰减因冲击而产生的振动。

四、非独立悬架

非独立悬架采用钢板弹簧作为弹性组件，通常是将钢板弹簧纵向布置，因此也称为纵置板簧式非独立悬架。

如图 2-48 所示为汽车的前悬架。

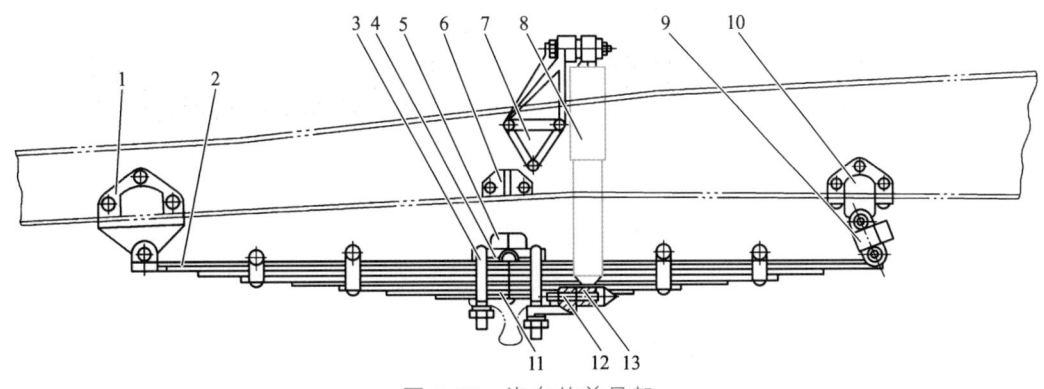

图 2-48　汽车的前悬架

1—钢板弹簧前支架；2—前钢板弹簧；3—U 形螺栓；4—盖板；5—缓冲块；6—限位块；
7—减振器上支架；8—减振器；9—吊耳；10—吊耳支架；11—中心螺栓；
12—减振器下支架；13—减振器连接销

如图 2-49 所示为变刚度汽车后悬架，由主、副钢板弹簧叠合而成，是中型货车后悬架常用的结构形式。

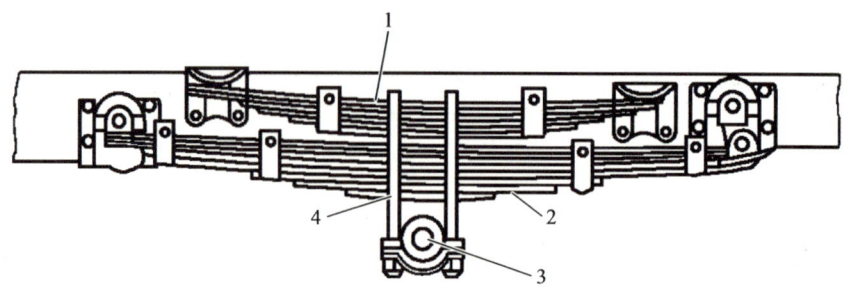

图 2-49 变刚度汽车后悬架

1—副钢板弹簧；2—主钢板弹簧；3—车轴；4—U 形螺栓

为了提高汽车的平顺性，有的轻型货车上采用将副簧置于主簧下面的渐变刚度钢板弹簧，如图 2-50 所示。

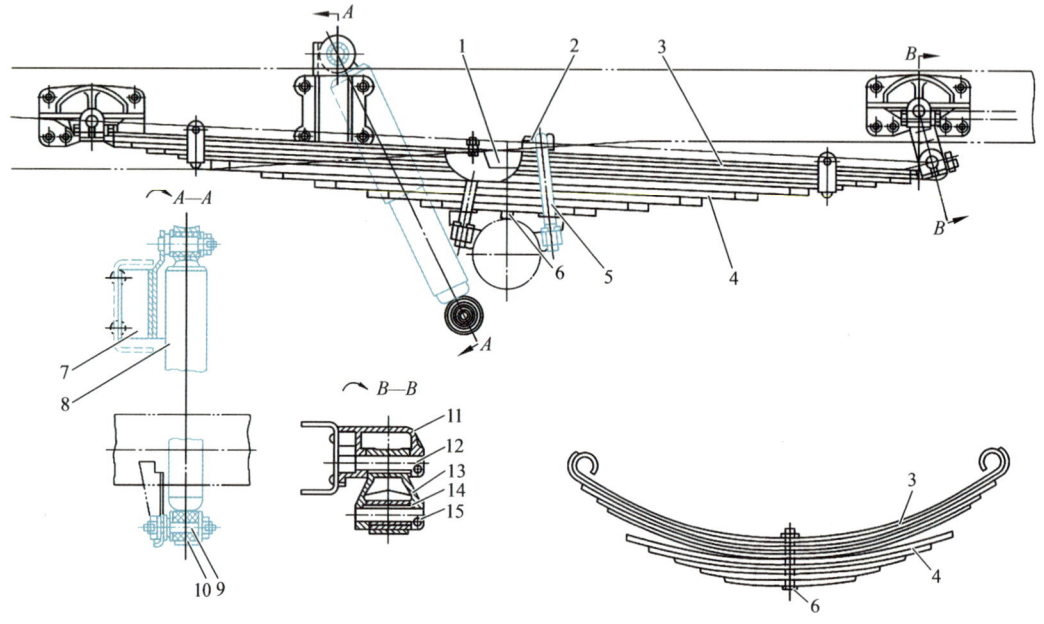

图 2-50 渐变刚度钢板弹簧后悬架

1—缓冲块；2—上盖板；3—主钢板弹簧；4—副钢板弹簧；5—U 形螺栓；6—中心螺栓；
7—减振器支架；8—筒式减振器；9—减振器下轴销；10—橡胶衬套；11—支架；
12—吊耳销；13—吊耳；14—尼龙衬套；15—钢板弹簧销

五、独立悬架

为了满足汽车行驶平顺性和操纵稳定性的要求，独立悬架被广泛应用。由于独立悬架能使两侧车轮各自独立地与车架或车身弹性连接，因而具有以下优点：

（1）在悬架弹性组件一定的变形范围内，两侧车轮可以单独运动而互不影响，在不平道路上行驶时，可减少车架和车身的振动，有助于消除转向轮不断偏摆。

（2）减少了汽车的非承载质量。

（3）采用断开式车桥，发动机总成的位置便可以降低和前移，使汽车重心下降，提高了汽车行驶的稳定性。

独立悬架的结构类型很多，按车轮运动形式分为以下三类，如图 2-51 所示。

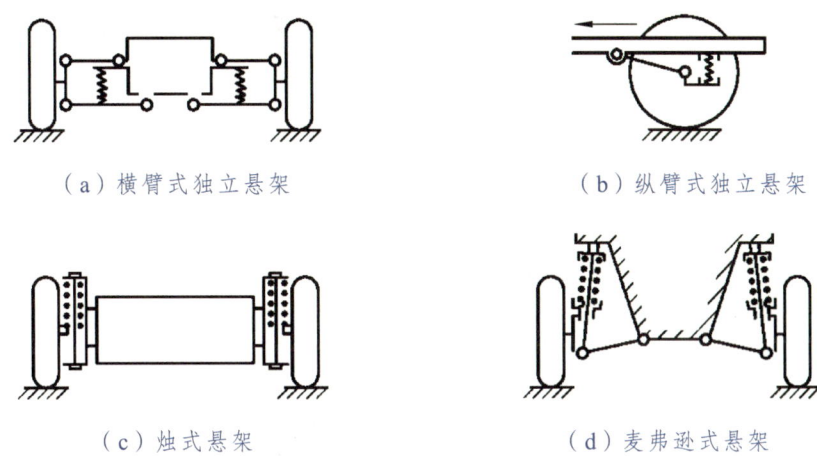

（a）横臂式独立悬架　　　　　　　（b）纵臂式独立悬架

（c）烛式悬架　　　　　　　　　　（d）麦弗逊式悬架

图 2-51　三种基本类型的独立悬架示意图

（1）车轮在汽车横向平面内摆动的悬架，称为横臂式独立悬架，如图 2-60（a）所示。

（2）车轮在汽车纵向平面内摆动的悬架，称为纵臂式独立悬架，如图 2-60（b）所示。

（3）车轮沿主销移动的悬架，包括烛式悬架和麦弗逊式悬架，分别如图 2-60（c）、（d）所示。

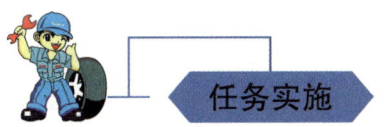

任务实施

一、实训器材

大客车一辆，常用、专用工具各一套。

二、悬架的拆装

（一）前悬架的检查和更换

1. 拆下前钢板弹簧

（1）将车辆的驻车制动控制阀手柄放置在制动位置，对车辆的悬架系统进行清洗，除去泥沙和油泥，用三角楔木塞住车辆后轮，如图 2-52 所示。

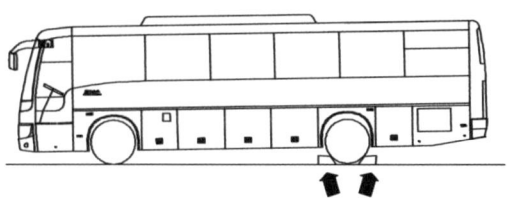

图 2-52 塞住车辆后轮

（2）使用轮毂套筒扳手拧松轮毂螺母，如图 2-53 所示。

注意：所有车身左侧的轮毂螺母是左旋螺纹，所有车身右侧的轮毂螺母是右旋螺纹。

图 2-53 拧松轮毂螺母

（3）用安全支架支起前端车架，如图 2-54 所示。

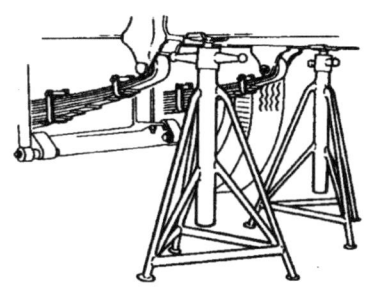

图 2-54 支起前端车架

（4）拆卸轮毂螺栓和车轮，如图 2-55 所示。

用千斤顶顶起前桥。注意：安装和拆卸车轮时，注意不要损伤到轮毂螺栓的螺纹。

图 2-55 拆卸轮毂螺栓和车轮

（5）拆卸减振器，如图 2-56 所示。
① 取下减振器下端的开口销，拧松并取下锁紧螺母。
② 从减振器上支架上取下开口销，拧松并取下锁紧螺母。
③ 取下减振器。
④ 检查稳定杆销和减振器销的磨损和损坏情况。

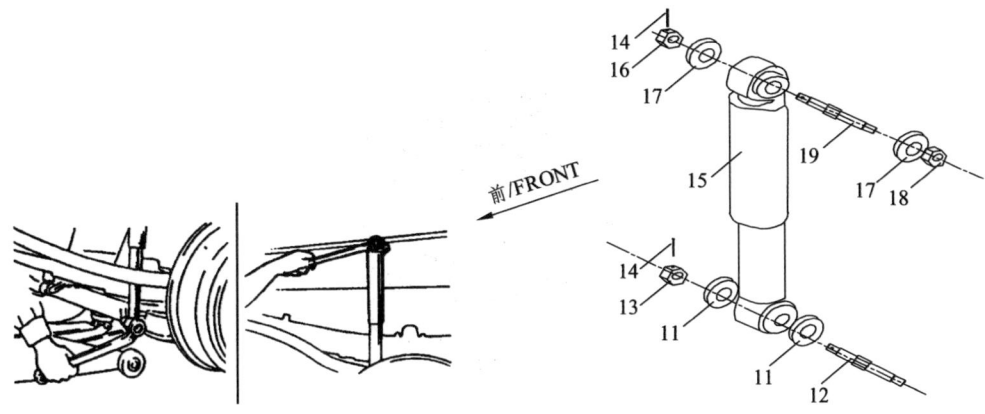

图 2-56　拆卸减振器

（6）拆卸稳定杆，如图 2-57 所示。
拆下稳定杆吊架螺母和吊架抱箍，拆下吊架总成。
卸下稳定杆销锁紧螺母，取下稳定杆销，卸下稳定杆总成。
检查吊架抱箍内橡胶衬垫和吊耳支架橡胶垫圈的损坏情况。

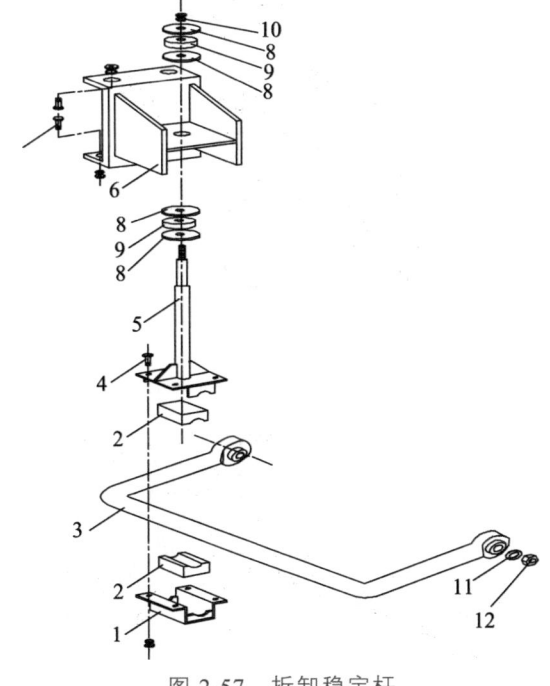

图 2-57　拆卸稳定杆

（7）拆卸 U 形螺栓，如图 2-58 所示。

先松开 U 形螺栓螺母，然后取下 U 形螺栓、盖板、缓冲块。

注意：当采用气割枪切割 U 形螺栓时（由于 U 形螺栓锈死），不要让火焰朝向钢板弹簧或让火花喷溅到钢板弹簧上。

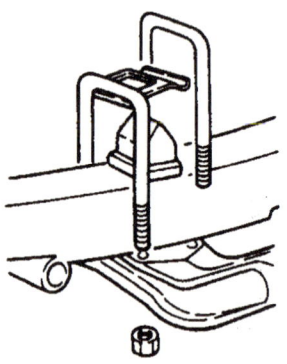

图 2-58　拆卸 U 形螺栓

（8）拆卸钢板弹簧，如图 2-59 ~ 2-62 所示。

用千斤顶顶起前轴，用安全支架支起车架，放下千斤顶，使弹簧处于自由状态，并保持此状态。

① 拆卸弹簧后端，卸下钢板弹簧后端固定螺栓。

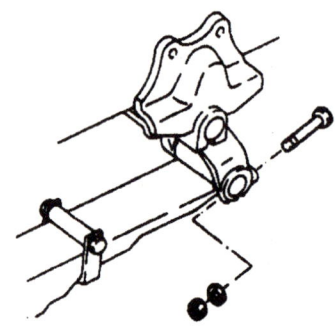

图 2-59　拆卸钢板弹簧

② 拆卸钢板弹簧后销，用紫铜和榔头将钢板销轻轻敲出来。

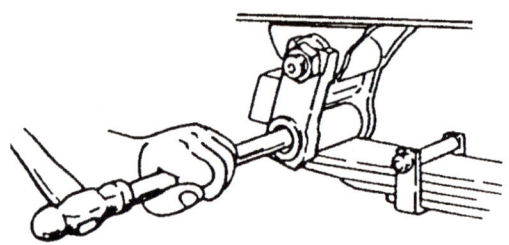

图 2-60　拆卸钢板弹簧

③ 拆卸钢板弹簧前销固定螺栓，然后卸下钢板弹簧前销。

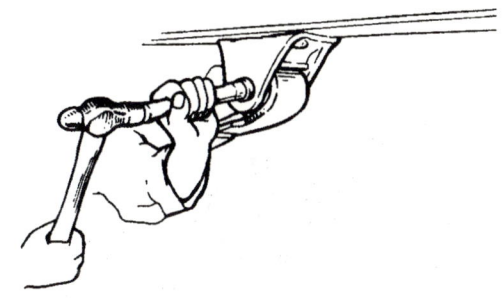

图 2-61　拆卸钢板弹簧

④ 放下千斤顶，取下前钢板弹簧总成。

⑤ 先拆下吊耳销固定螺栓，然后拆下吊耳销、吊耳。

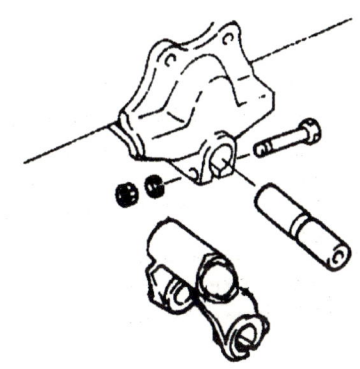

图 2-62　拆卸钢板弹簧

2. 更换钢板销套和吊耳销套

用铜棒将旧销套压出，更换新销套，将新的销套压入，如图 2-63 所示。

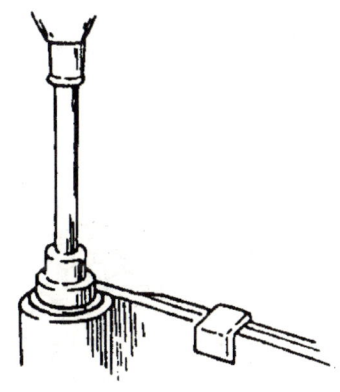

图 2-63　更换销套

3. 更换簧片

（1）拆下卡箍螺栓，如图 2-64 所示。

> **警告**
> 当拆卸或安装钢板弹簧总成时,应小心操作,避免受到伤害。建议使用台虎钳或专用夹具夹紧钢板弹簧再进行分解。

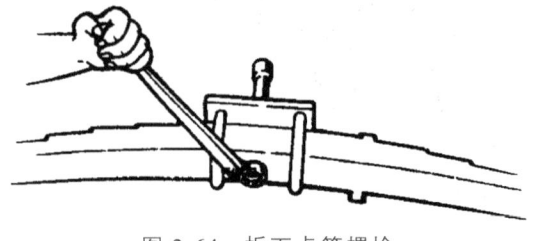

图 2-64　拆下卡箍螺栓

（2）用一个 C 形卡钳可靠地夹住弹簧中部。
（3）拆下中心螺栓。
（4）慢慢松开 C 形卡钳,分开弹簧片,如图 2-65 所示。

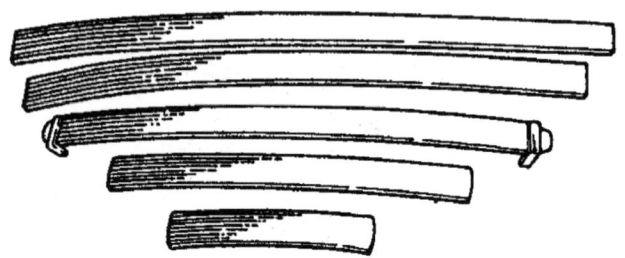

图 2-65　分开弹簧片

（5）从弹簧总成上拆下 C 形卡钳。
（6）检查每片弹簧的裂纹和其他损坏情况。
（7）测量簧片的磨损情况,如图 2-66 所示。

使用游标卡尺测量簧片的磨损情况,如果磨损量大于标准厚度的 15%,请更换簧片。

注意：如果发现其中一片弹簧损坏,建议更换整架钢板弹簧总成。因为如果只更换损坏的簧片,则其他簧片也会很快损坏。

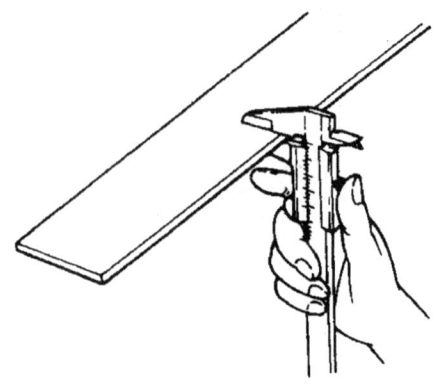

图 2-66　测量簧片的磨损情况

（8）清除簧片表面的铁锈，并在各片弹簧表面涂上石墨钙基润滑脂，如图 2-67 所示。

图 2-67 涂石墨钙基润滑脂

（9）用 C 形卡钳夹紧弹簧，拧紧弹簧中心螺栓和螺母，如图 2-68 所示。

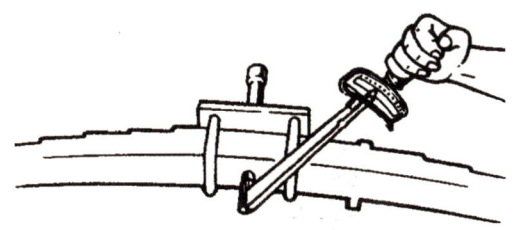

图 2-68 拧紧弹簧中心螺栓和螺母

（10）在拧紧中心螺栓后，在螺栓和螺母的螺纹处进行冲铆，使其锁止。
（11）在卡箍上装上套管和螺栓并将螺母拧紧。
（12）在拧紧卡箍螺栓后，在螺栓与螺母旋合的螺纹处进行冲铆，使其锁止。

4. 检　查

（1）检查减振器。
① 检查减振器、减振器销和橡胶垫圈的损坏情况。
② 检查减振器的功能，确认能正常拉伸和压缩，没有破损和漏油情况。
（2）检查 U 形螺栓和吊耳的磨损和损坏情况，如图 2-69 所示。

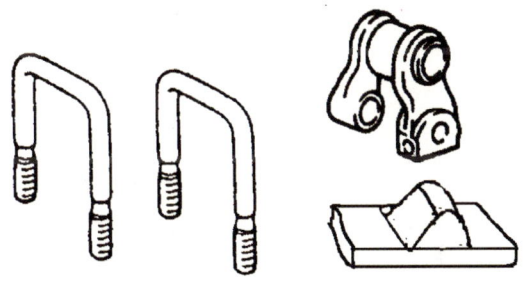

图 2-69 检查 U 形螺栓和吊耳

（3）检查橡胶限位块的损坏情况。

（4）检查弹簧销和销套之间的间隙。

① 使用螺旋测微器测量钢板弹簧销的外径，如图 2-70 所示，如果测量值小于维修标准，更换钢板弹簧销。

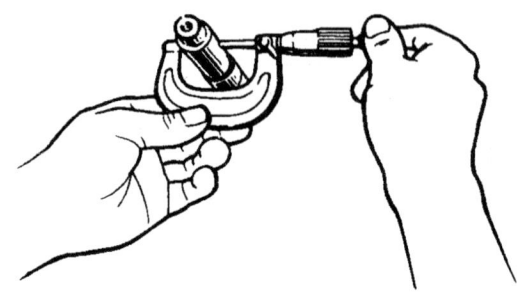

图 2-70　检查弹簧销

② 使用内径百分表测量钢板弹簧销套的内径，如图 2-71 所示，如果测量值小于维修标准，更换钢板弹簧销套。

图 2-71　检查销套

（5）检查吊耳销和销套之间的间隙。

① 使用螺旋测微器测量吊耳销的外径，如果测量值小于维修标准，更换吊耳销。

② 使用内径百分表测量吊耳销套的内径，如果测量值小于维修标准，更换吊耳销套。

5. 安装钢板弹簧总成

在安装弹簧销和吊耳销时，在销和销套表面涂抹底盘润滑脂。

（1）安装吊耳和吊耳销套，如图 2-72 和图 2-73 所示。

在吊耳销外表面和销套内表面涂抹少量润滑脂，使滑脂嘴螺纹孔朝向车架外侧，并使销上的横向切口与锁止螺栓的方向保持一致，然后用榔头借助紫铜棒将销慢慢敲入，装上锁止螺栓并拧紧。装上滑脂嘴。

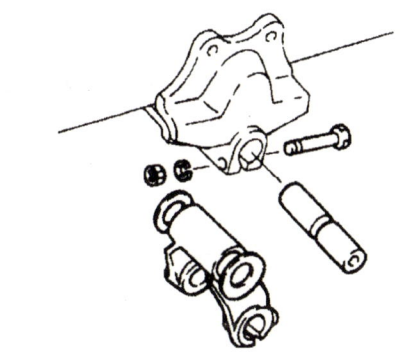

图 2-72 安装吊耳

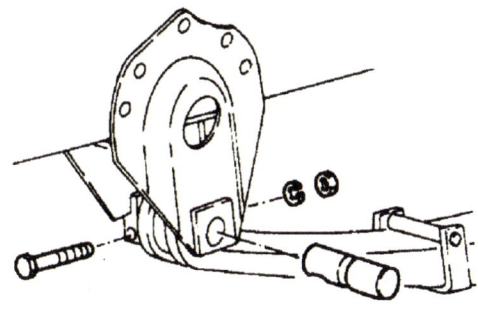

图 2-73 安装吊耳销套

注意:严禁直接用榔头砸销轴。

(2)将弹簧总成安放在适当的位置上,在钢板销外表面和销套内表面涂抹少量润滑脂,使滑脂嘴螺纹孔朝向车架外侧,并使销上的横向切口与锁止螺栓的方向保持一致,然后用榔头借助紫铜棒将销慢慢敲入,装上锁止螺栓并拧紧,装上滑脂嘴,如图 2-74 所示。

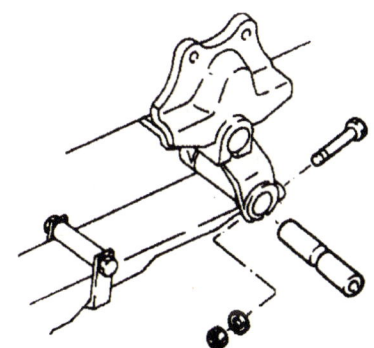

图 2-74 安装弹簧总成

(3)安装 U 形螺栓。

将 U 形螺栓、盖板、橡胶缓冲块、垫板、减振器下支架装到前轴上,用千斤顶举起前轴,拧紧 U 形螺栓螺母。

注意:安装垫板时,厚的一端应朝向车辆后侧,如图 2-75 所示。

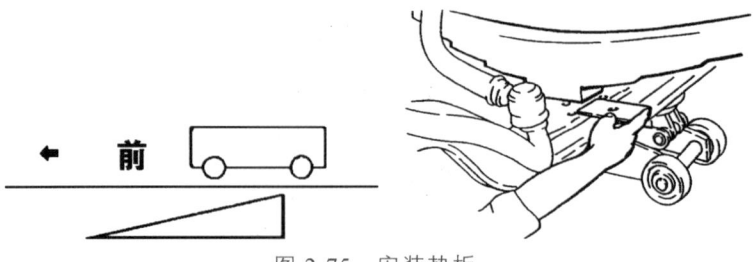

图 2-75　安装垫板

（4）用千斤顶将前轴顶起，然后将支在车架上的支撑架取掉，再放下千斤顶。

6. 安装减振器

将减振器装到稳定杆销上，并按图 2-76 装配好橡胶垫圈、平垫圈、锁紧螺母和开口销。安装减振器销、橡胶垫圈、平垫圈、锁紧螺母和开口销。

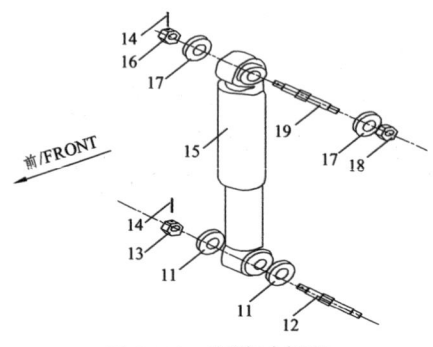

图 2-76　安装减振器

7. 安装稳定杆

按图 2-77 装配好稳定杆。

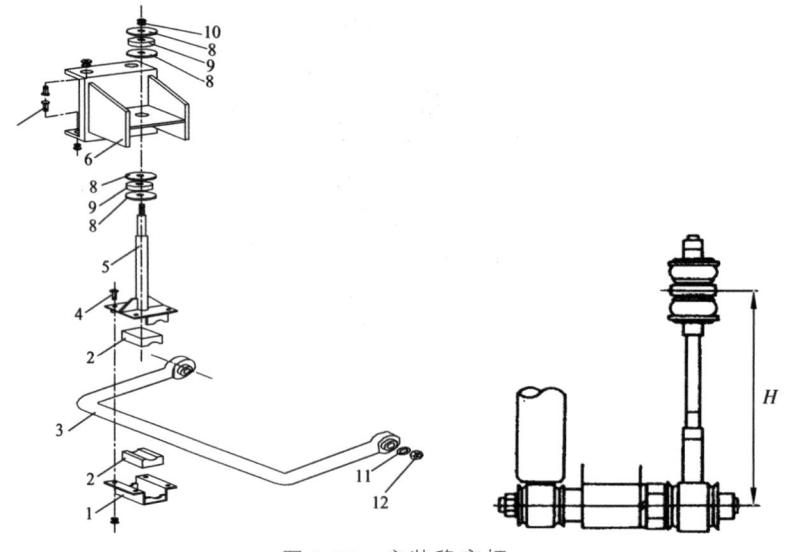

图 2-77　安装稳定杆

8. 安装车轮（见图 2-78）

图 2-78 安装车轮

9. 润　滑

给钢板弹簧销、吊耳销加注底盘润滑脂。

（二）后悬架的检查和更换

1. 拆下后钢板弹簧

（1）将车辆的驻车制动控制阀手柄放置在制动位置，对车辆的悬架系统进行清洗，除去泥沙和油泥。用三角楔木塞住车辆前轮，如图 2-79 所示。

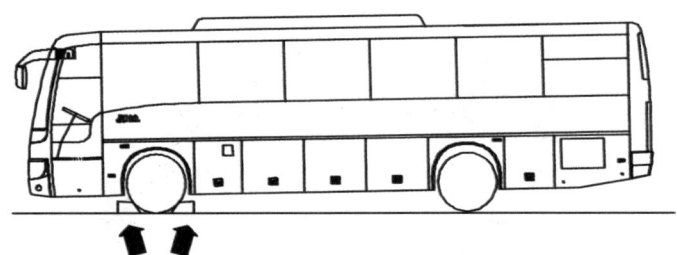

图 2-79 塞住车辆前轮

（2）使用轮毂套筒扳手拧松轮毂螺母，如图 2-80 所示。

注意：所有车身左侧的轮毂螺母是左旋螺纹，所有车身右侧的轮毂螺母是右旋螺纹。

图 2-80 拧松轮毂螺母

（3）用安全支架支起后端车架，如图 2-81 所示。

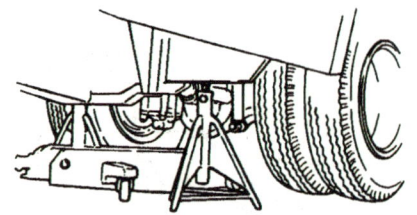

图 2-81　支起后端支架

（4）拆卸轮毂螺栓和车轮，如图 2-82 所示。
用千斤顶顶起后桥。注意：安装和拆卸车轮时，注意不要损伤到轮毂螺栓的螺纹。

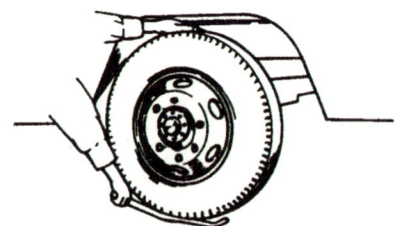

图 2-82　拆卸车轮

（5）拆卸减振器。旋开 U 形螺栓螺母，然后取下 U 形螺栓、盖板、底板，如图 2-83 所示。

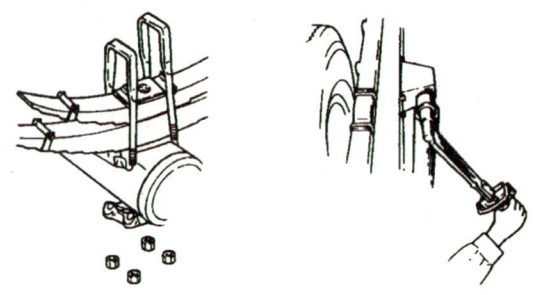

图 2-83　拆卸 U 形螺栓

（6）拆卸弹簧的后端。
拆卸钢板弹簧的后固定螺栓，如图 2-84 所示。

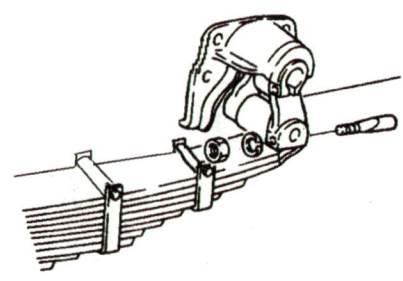

图 2-84　拆卸弹簧的后固定螺栓

（7）拆卸钢板弹簧后销，如图 2-85 所示。

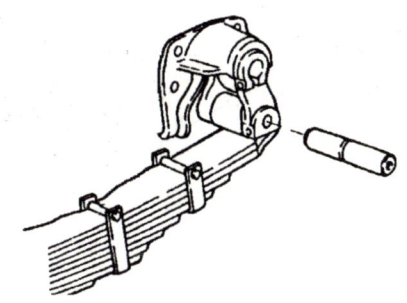

图 2-85　拆卸钢板弹簧后销

（8）拆下后钢板弹簧前销固定螺栓，然后拆卸后钢板弹簧前销，如图 2-86 所示。

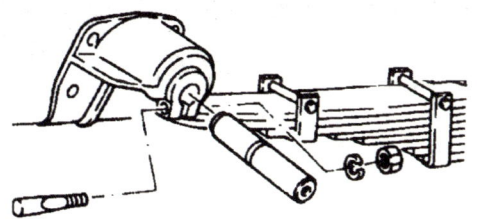

图 2-86　拆卸钢板弹簧前销

（9）放下千斤顶，卸下后钢板弹簧，拆卸吊耳销固定螺栓，然后卸下吊耳销、吊耳。

2. 装　配

注意：

① 在装配前将弹簧衬套和吊耳衬套孔内涂一层润滑脂。

② 将吊耳装到吊耳销支架上，然后将吊耳销打入再装上锁止螺栓，如图 2-87 所示。

③ 在打入吊耳销时，吊耳销上的沟槽应与锁止螺栓对准。

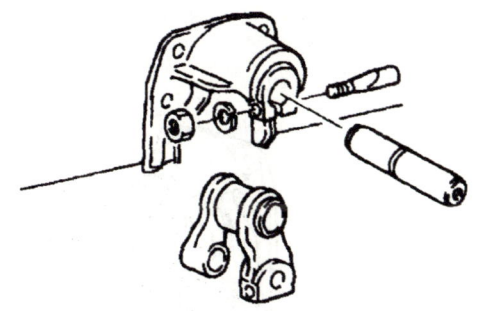

图 2-87　安装吊耳

将垫板、弹簧总成、盖板、橡胶缓冲块装到前轴上，用千斤顶顶起前轴。

将固定端支架孔与弹簧卷耳孔对准，并把弹簧销插入就位，如图 2-88 所示。

注意：应使弹簧销的槽对准锁止。

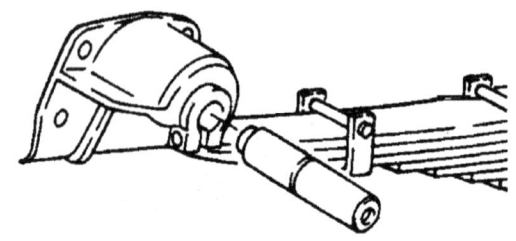

图 2-88　安装弹簧销

（1）安装锁止螺栓，如图 2-89 所示。

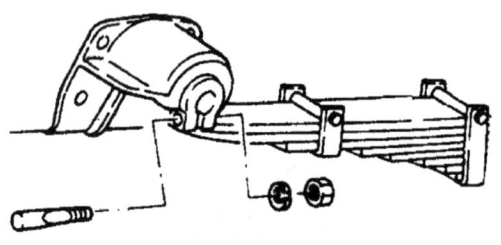

图 2-89　安装锁止螺栓

（2）安装弹簧后端，将吊耳孔、弹簧卷耳孔及两边侧垫圈孔对准，并插入弹簧销就位，如图 2-90 所示。

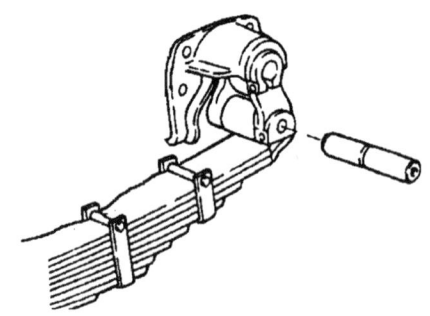

图 2-90　安装弹簧销

（3）再装上锁止螺栓，如图 2-91 所示。

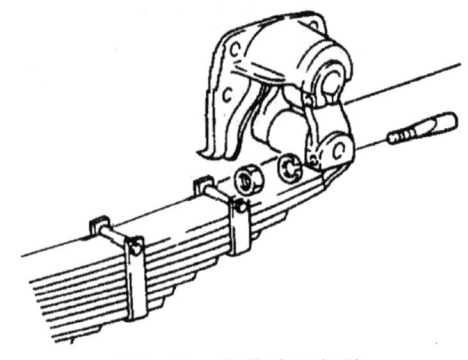

图 2-91　安装锁止螺栓

(4)安装U形螺栓。

用千斤顶将前轴顶起,然后将支在车架上的支撑架取掉,再放下千斤顶,拧紧U形螺栓螺母,如图2-92所示。

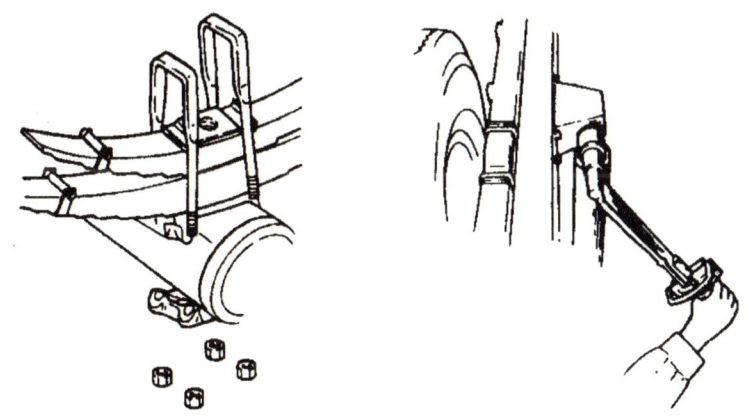

图2-92 安装U形螺栓

(5)安装减振器。

(6)将减振器安装到上支架上,然后再连接到下支架上。

(7)安装车轮和轮胎、轮胎螺栓,如图2-93所示。

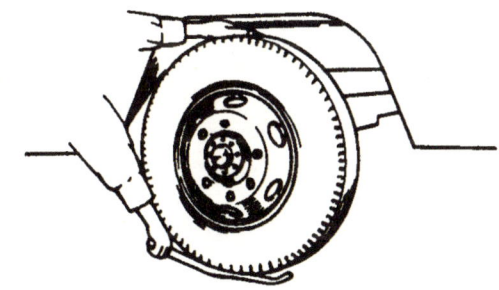

图2-93 安装车轮

课后练习

一、判断题

(　)1. 断开式车桥与独立悬架配用。

(　)2. 前轴采用工字梁,主要是为了减轻质量和节省材料。

(　)3. 转向轮偏转时,主销随之转动。

（　　）4. 轮毂轴承的松紧度可用调整螺母调整。

（　　）5. 车轮外倾的作用能使车轮转向后自动回正。

（　　）6. 一般汽车前轮的气压比后轮高。

（　　）7. 螺旋弹簧既起减振作用又起导向作用。

（　　）8. 钢板夹螺栓安装时螺栓头应朝向轮胎。

（　　）9. 减振器在汽车行驶中发热是正常的。

（　　）10. 转向驱动桥上下两段主销的轴线必须在同一轴线上，且应通过等角速万向传动装置的中心。

二、选择题（将正确答案的代号填在括号中）

1. 使用最普遍的车架类型属于（　　）。
   A. 中梁式　　　　　　　　B. 边梁式
   C. 综合式　　　　　　　　D. 无梁式

2. 发动机后置后轮驱动车辆的前桥是（　　）。
   A. 转向桥　　　　　　　　B. 驱动桥
   C. 转向驱动桥　　　　　　D. 支持桥

3. 转向轮定位中主要用来保证车辆自动回正的是（　　）。
   A. 主销后倾　　　　　　　B. 主销内倾
   C. 前轮外倾　　　　　　　D. 前轮前束

4. 外胎中起承受负荷作用的是（　　）。
   A. 胎面　　　　　　　　　B. 胎圈
   C. 帘布层　　　　　　　　D. 缓冲层

5. 轮胎 34×7 中，34 表示（　　）。
   A. 轮胎外径　　　　　　　B. 轮胎断面宽度
   C. 轮胎直径　　　　　　　D. 轮胎内径

6. 双向作用筒式减振器压缩行程的阻尼力比伸张行程（　　）。
   A. 大　　　　B. 小　　　　C. 相同

三、简答题

1. 轮式汽车行驶系一般由哪些部分组成？各有什么作用？
2. 为什么说车架是汽车的基体？它有哪些特点和要求？
3. 转向轮的定位参数有哪些？各起什么作用？

4. 常见的车轮有哪几种？为什么辐板式车轮应用广泛？

5. 充气轮胎可分为哪几类？

6. 普通斜交轮胎与子午线轮胎相比，有什么区别和特点？为什么子午线轮胎使用越来越广泛？

7. 常见的轮胎规格表示方法是什么？

8. 一般汽车的悬架由哪些主要部件组成？各自的功用是什么？

9. 减振器的作用是什么？与弹性元件是如何安装的？

项目三

新能源客车转向系的构造与维修

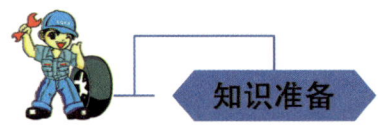

知识准备

当汽车需要改变行驶方向时,必须使转向轮绕主销轴线偏转一定角度,直到新的行驶方向符合驾驶员的要求时,再将转向轮恢复到直线行驶位置。这种由驾驶员操纵,使转向轮偏转和回位的一套机构称为汽车转向装置。

CNG 新能源客车与传统车辆的转向系基本相同;而对于纯电动客车,最大的差别是由于没有发动机提供动力,因此其电动助力转向系是以蓄电池为能源,用电机进行驱动。

一、转向系的功用、类型及组成

(一)转向系的功用

汽车在行驶过程中,需要经常改变行驶方向。汽车行驶方向的改变是通过转向轮(一般是前轮)在路面上偏转一定的角度来实现的。把控制转向轮偏转的一整套机构,称为汽车转向系。

(二)转向系的类型与组成

汽车转向系按转向能源的不同分为机械转向系和动力转向系两大类。

1. 机械转向系

机械转向系以驾驶员的体力作为转向能源,又称为人力转向系,一般由转向操纵机构、转向器和转向传动机构三大部分组成,如图 3-1 所示为其一般布置情况示意图。

2. 动力转向系

动力转向系是兼用驾驶员体力和发动机动力作为转向能源的转向系,是在机械转向系的基础上加设一套转向加力装置而成的,如图 3-2 所示。

项目三　新能源客车转向系的构造与维修

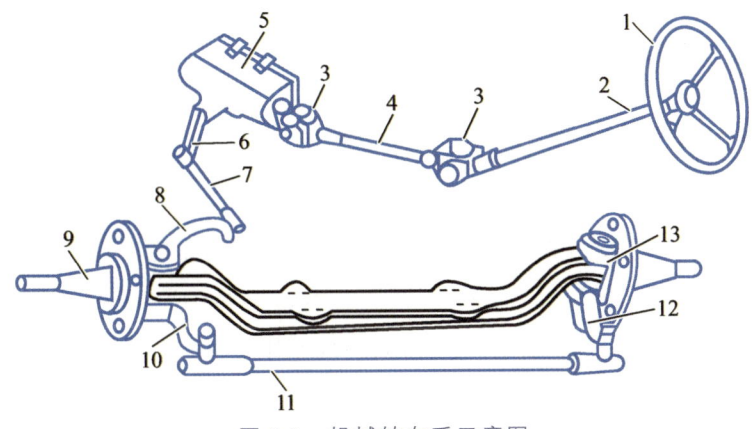

图 3-1　机械转向系示意图

1—转向盘；2—转向轴；3—转向万向节；4—转向传动轴；5—转向器；6—转向摇臂；7—转向直拉杆；
8—转向节臂；9—左转向节；10，12—梯形臂；11—转向横拉杆；13—右转向节

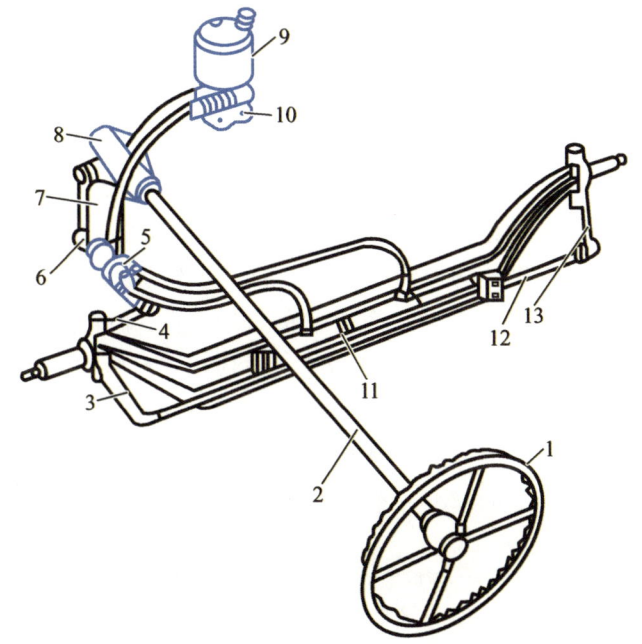

图 3-2　动力转向系统示意图

1—转向盘；2—转向轴；3—梯形臂；4—转向节臂；5—转向控制阀；6—转向直拉杆；
7—转向摇臂；8—机械转向器；9—转向油罐；10—转向油泵；
11—转向动力缸；12—转向横拉杆；13—梯形臂

二、转向系的主要参数

1. 转向系角传动比

方向盘的转角与安装在同侧的转向车轮偏转角的比值，称为转向系的角传动比，用 i_w 表示。

107

2. 转向器角传动比

转向盘的转角与转向摇臂摆角之比，称为转向器的角传动比，用 i_{w1} 表示。

3. 转向传动机构角传动比

转向摇臂的摆角与安装在转向盘同侧的转向车轮偏转角之比，称为转向传动机构角传动比，用 i_{w2} 表示。因为 $i_w = i_{w1} \cdot i_{w2}$，其中 $i_{w2} \approx 1$（一般为 0.85~1.1），故有 $i_w = i_{w1}$。可见，转向系角传动比 i_w 主要取决于转向器角传动比 i_{w1}。客货车的 i_{w1} 一般为 16~32，轿车的 i_{w1} 一般为 12~20。

转向系角传动比 i_w 影响汽车的操纵轻便性和转向灵敏性。i_w 越大，操纵转向盘的转向力矩越小，当转向盘直径一定时，驾驶员施加于转向盘的力就越小，即转向操纵越轻便。但 i_w 不能过大，否则将导致转向操纵不够灵敏，即为了得到一定的转向轮偏转角，需增加转向盘的转动量。所以，选取 i_w 时，应兼顾转向操纵轻便和转向灵敏两方面的要求。

4. 转向器传动效率

转向器输出功率与输入功率之比称为转向器传动效率。当功率由转向盘输入，从转向摇臂输出时，所求得的传动效率称为正传动效率；反之，转向摇臂受到道路冲击而传到转向盘的传动效率则称为逆传动效率。正、逆传动效率都很高的转向器（称为可通逆式转向器），有利于汽车转向后转向轮的自动回正，但转向盘"路感"很强，也容易在坏路行驶时出现"打手"现象，所以它主要应用于经常在良好路面行驶的车辆。正传动效率远大于逆传动效率的转向器（称为极限可逆式转向器），能实现汽车转向后转向轮的自动回正，只有路面冲击力很大时，方能部分地传到转向盘，其"路感"较差，它主要应用于中型以上的越野汽车、工矿用自卸汽车等。

5. 转向盘自由行程

转向盘为消除转向系统各传动件之间的装配间隙、克服弹性变形所空转过的角度称为转向盘自由行程。由于转向系统各传动件之间都存在着装配间隙，而且这些间隙将随零件的磨损而增大，因此，在一定的范围内转动转向盘时，转向节并不随即同步转动，而是在消除这些间隙并克服机件的弹性形变后，才做相应的转动，即转向盘有一空转范围。

转向盘自由行程对缓和路面冲击及避免驾驶员过度紧张是有利的，但过大的自由行程会影响转向灵敏性。所以，汽车维护中应定期检查转向盘自由行程。汽车转向盘的最大自由转动量从中间位置向左或向右均不超过 10°~15°。当零件磨损严重到转向盘自由行程超过 25°~30°时，则必须进行调整。

通常通过调整转向器传动副的啮合间隙来调整转向盘自由行程。

项目三 新能源客车转向系的构造与维修

任务一　CNG 新能源客车转向器的拆检

某驾驶员将一车辆送入修理厂，反映该车辆转向沉重，经班组长检查判断是车辆转向器故障，需对转向器进行拆检。

一、机械转向系的结构

（一）转向器

转向器的功用是增大转向盘传到转向轮上的力矩，并改变力的传递方向。

转向器的种类很多，按作用力的传递情况分为可逆式、不可逆式、极限可逆式三种；按结构形式又分为循环球式、蜗杆曲柄指销式、球面蜗杆滚轮式、齿轮齿条式等。

1. 齿轮齿条式转向器

如图 3-3 所示为齿轮齿条式转向器，它主要由转向器壳体、转向齿轮、转向齿条等组成。转向器通过转向器壳体的两端和螺栓固定在车身（车架）上。

齿轮齿条式转向器结构简单，传动效率高，操纵轻便，质量轻；由于不需要转向摇臂和转向直拉杆，使转向传动机构得以简化。在有效地解决了逆传动效率高和实现转向器可变速比等技术问题后，这种转向器在前轮为独立悬架的中级以下轿车和轻型、微型货车上得到广泛应用。

2. 循环球式转向器

如图 3-4 所示为循环球式转向器。循环球式转向器是目前汽车上应用最广泛的一种转向器。与其他形式的转向器相比，循环球式转向器在结构上的主要特点是有两级传动副，第一级传动副为螺杆螺母传动副；第二级传动副为齿条齿扇传动副。

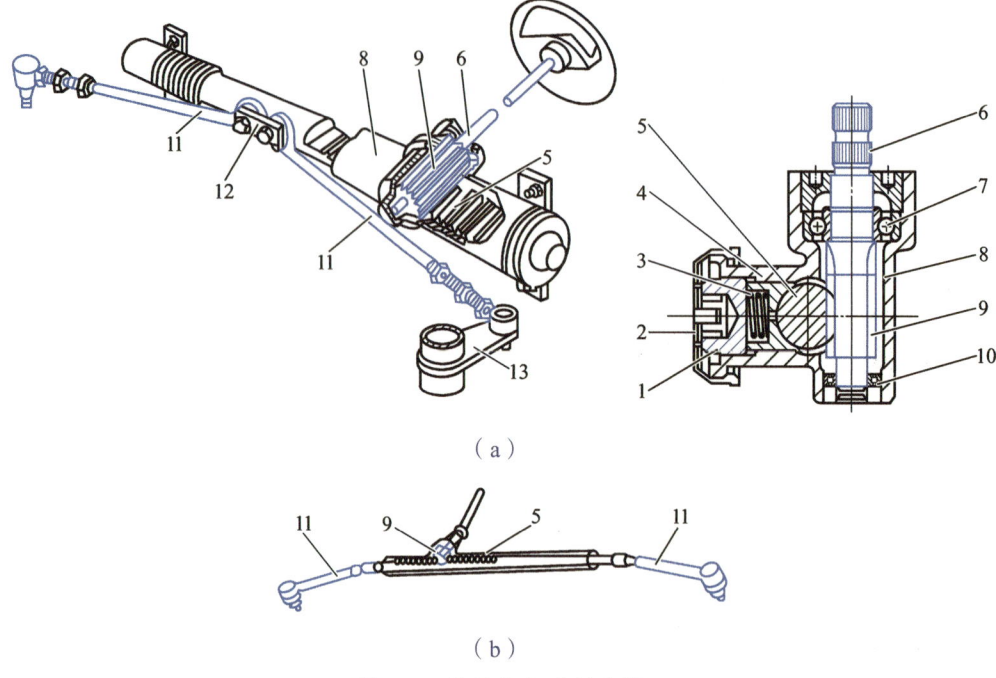

(a)

(b)

图 3-3　齿轮齿条式转向器

1—调整螺塞；2—罩盖；3—压簧；4—压簧垫块；5—转向齿条；6—齿轮轴；7—球轴承；
8—转向器壳体；9—转向齿轮；10—滚柱轴承；11—转向横拉杆；
12—拉杆支架；13—转向节

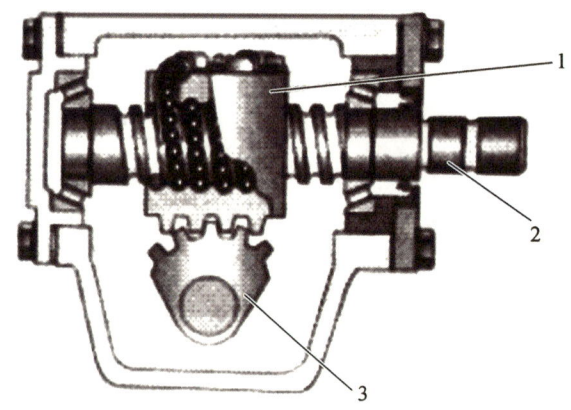

图 3-4　循环球式转向器

1—转向螺母；2—转向螺杆；3—齿扇

转向螺杆支撑在两个推力球轴承上，轴承的预紧度可用调整垫片调整。在转向螺杆上松套着转向螺母，为了减少它们之间的摩擦，二者的螺纹并不直接接触，其间装有许多钢球，以实现滚动摩擦。螺杆和螺母的螺纹都加工成截面近似为半圆形的螺旋槽，二者的槽相配合即形成截面近似为圆形的螺旋管状通道。螺母侧面有两对通孔，可从此孔将钢球塞入螺旋通道内。螺母外有两根钢球导管，每根导管的两端分别插入螺母侧面的两对通孔中，导管内也装满钢球。这样，两根导管和螺母内的螺旋通道组合成两条各自独立的封闭的钢球"流道"。当转动转向螺杆时，通过钢球将力传给转向螺母，使螺母沿螺杆轴向移动。同时，由于摩擦力的作用，所有钢球便做螺杆和螺母之间的螺旋通道内的滚动，钢球在螺旋通道内绕行两周后，流出螺母而进入导管的一端，再由导管的另一端流回螺母内。故在转向器工作时，两列钢球只在各自的封闭流道内循环流动，而不会脱出。循环球式转向器传动效率高，正效率最高可达90%～95%，故操纵轻便，转向结束后自动回正能力强，使用寿命长。但其逆效率也很高，容易将路面冲击传给转向盘而产生"打手"现象。不过，随着道路条件的改善，这个缺点并不明显。因此，循环球式转向器广泛应用于各类汽车上。

（二）转向操纵机构

汽车转向操纵机构主要由转向盘、转向轴及转向管柱等机件组成。

1. 转向盘总成

转向盘主要由轮毂、轮辐和轮圈组成。大多数国家都规定车辆右侧通行，相应地应将转向盘安置在驾驶室左侧（比如中国），这样驾驶人的左方视野较广阔，有利于两车安全交会。相反，在一些规定车辆左侧通行的国家使用的汽车上，转向盘则应安置在驾驶室右侧（比如英国）。

大多数汽车在转向盘上都装有集电环。固定不动的转向管柱上端设有带弹性触片的下圆盘，与喇叭开关相连的集电环端子装在上圆盘上。转向盘安装到转向轴上后，上、下圆盘紧密接触，集电环端子则与弹性触片形成电气接触。但这种集电环是机械接触，长时间使用会因触点磨损而影响导电性，从而发生喇叭不响，并引起电动安全气囊在汽车发生碰撞时不能正常工作的现象。

因此，很多装备安全气囊的汽车开始采用电缆盘，电缆盘将导线卷入盘内，在转向盘旋转的范围内，导线靠卷筒自由伸缩。采用这种机构后，可利用无机械接触的导线与转向盘的电气装置连接，可靠性大大提高。

2. 转向管柱

转向管柱是连接转向盘和转向器的重要部件，对方向操纵性、安全性和驾驶人操纵的方便性均有重要的作用。

转向盘倾斜角度调整机构如图 3-5 所示。转向管柱的上段和下段分别通过倾斜调整支架和下托架与车身相连，而且转向管柱由倾斜调整支架夹持并固定。倾斜调整用锁紧螺栓穿过调整支架上的长孔和转向管柱，螺栓的左端为左旋螺纹，调整手柄即拧在该螺纹上。当向下扳动手柄时，锁紧螺栓的螺纹缓扣，转向管柱即可以下托架上的枢轴为中心在穿有螺栓的支架长孔范围内上下移动。确定了转向管柱的合适位置后，向上扳动调整手柄，从而将转向管柱定位。

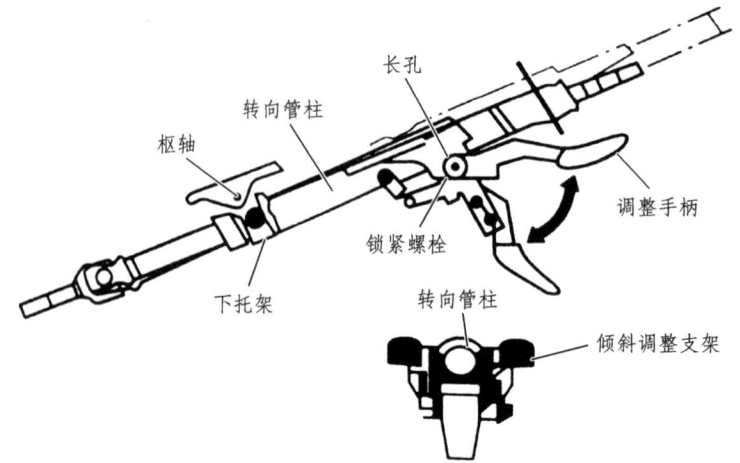

图 3-5 转向盘倾斜角度调整机构

(三) 转向传动机构

转向传动机构的功用是将转向器输出的运动和动力传递给转向轮,使之偏转,以实现汽车的转向。

转向传动机构一般包括转向摇臂、转向直拉杆、转向横拉杆、转向节臂、转向节及左右梯形臂。

转向传动机构的组成和布置取决于转向轮悬架的类型、转向器的类型和位置。

1. 与非独立悬架配用的转向传动机构

如图 3-6 所示为与非独立悬架配用的转向传动机构。

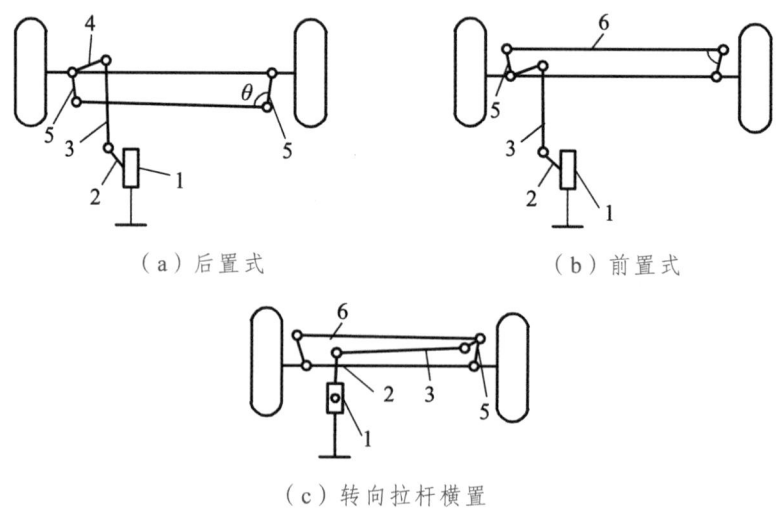

(a) 后置式 (b) 前置式

(c) 转向拉杆横置

图 3-6 与非独立悬架配用的转向传动机构示意图

1—转向器;2—转向摇臂;3—转向直拉杆;4—转向节臂;
5—梯形臂;6—转向横拉杆

（1）转向摇臂

如图3-7所示为常见转向摇臂的结构形式。

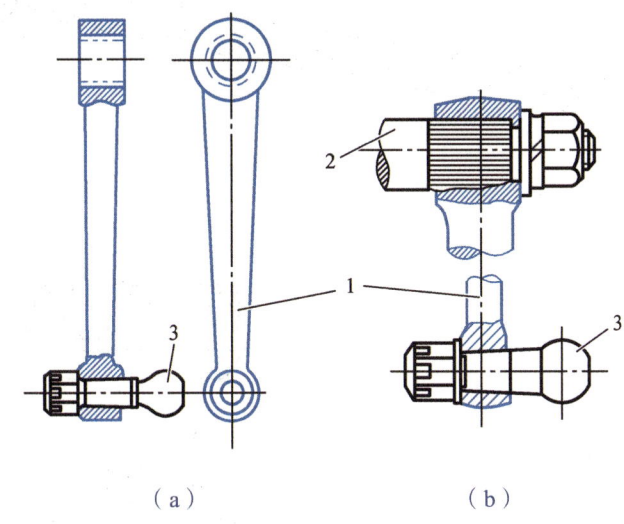

图3-7 转向摇臂

1—转向摇臂；2—转向摇臂轴；3—球头销

（2）转向直拉杆

转向直拉杆是连接转向摇臂和转向节臂的杆件。如图3-8所示为汽车的转向直拉杆。

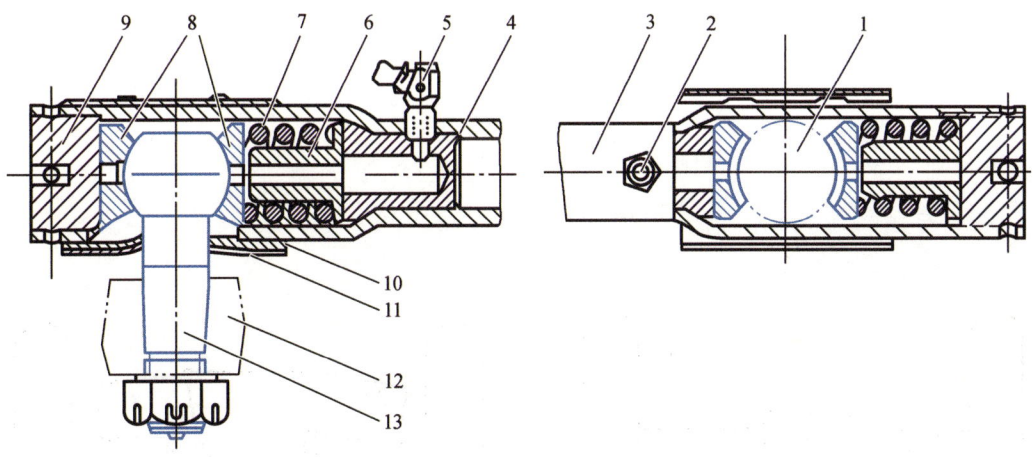

图3-8 汽车转向直拉杆

1—转向节臂球头；2，5—油嘴；3—直拉杆体；4—座塞；6—弹簧座；7—压缩弹簧；8—球头座；9—端部螺塞；10—油封垫；11—油封垫护套；12—转向摇臂；13—球头销

（3）转向横拉杆

转向横拉杆是连接左右梯形臂的杆件。如图3-9所示为汽车转向横拉杆。

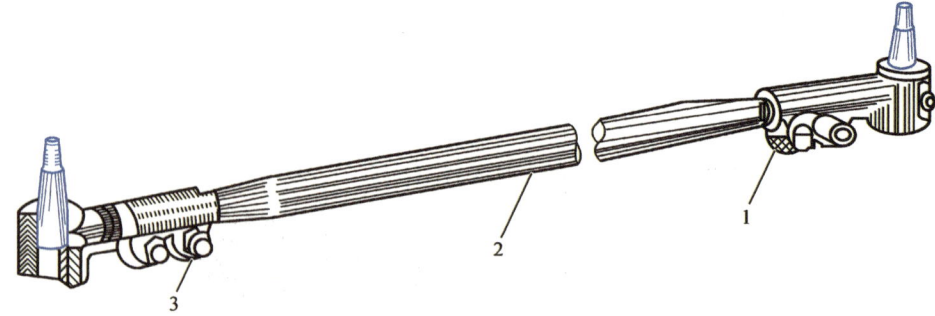

（a）转向横拉杆

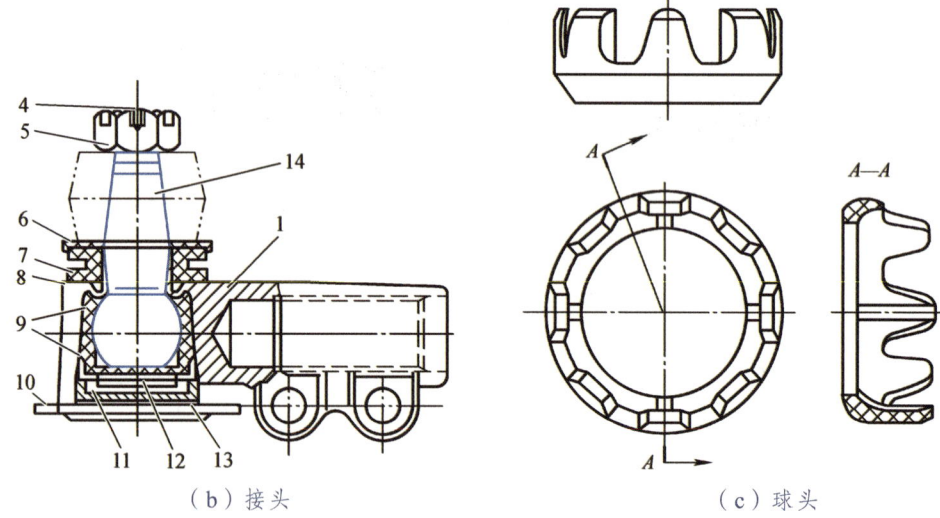

（b）接头　　　　　　　　　　　（c）球头

图 3-9　汽车转向横拉杆

1—转向横拉杆；2—横拉杆体；3—夹紧螺栓；4—开口销；5—槽形螺母；6—防尘垫座；
7—防尘垫；8—防尘罩；9—球头座；10—限位销；11—螺塞；
12—弹簧；13—弹簧座；14—球头销

2. 与独立悬架配用的转向传动机构

如图 3-10 所示给出了两种结构形式。

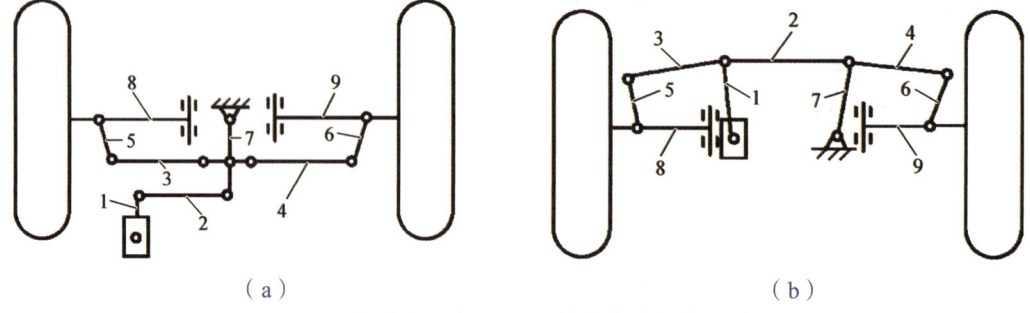

（a）　　　　　　　　　　　　　　（b）

图 3-10　与独立悬架配用的转向传动机构示意图

1—转向摇臂；2—转向直拉杆；3—左转向横拉杆；4—右转向横拉杆；5—左梯形臂；
6—右梯形臂；7—摇杆；8—悬架左摆臂；9—悬架右摆臂

二、动力转向装置

(一) 动力转向装置的组成和类型

1. 组　成

动力转向装置由机械转向器、转向控制阀、转向动力缸以及转向油泵、转向油罐等组成。

2. 分　类

（1）按传能介质分

动力转向装置分为液压式和气压式两种。由于液压动力转向装置的部件结构紧凑、尺寸小，工作滞后时间短、灵敏度高，工作时无噪声，所以应用比较广泛。液压式动力转向装置又分为常压式和常流式两种。

如图3-11所示为常流式动力转向装置示意图。

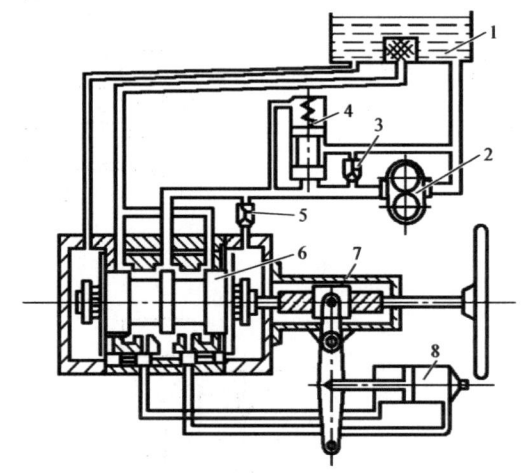

图3-11　常流式液压动力转向装置示意图

1—转向油罐；2—转向油泵；3—安全阀；4—流量控制阀；5—单向阀；
6—转向控制阀；7—机械转向器；8—转向动力缸

如图3-12为常压式动力转向装置示意图。

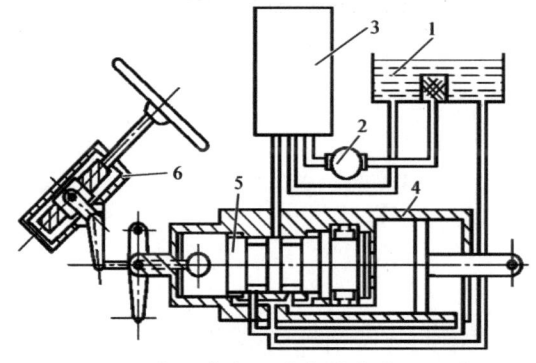

图3-12　常压式液压动力转向装置示意图

1—转向油罐；2—转向油泵；3—储能器；4—转向动力缸；5—转向控制阀；6—机械转向器

（2）按动力缸、控制阀及转向器的相对位置分

① 整体式：其机械转向器和动力缸设计成一体，并与转向控制阀组装在一起。

② 半整体式：其转向控制阀同机械转向器组合成一体，而转向动力缸则作为一个独立的部件。

③ 转向加力器：其机械转向器独立，而将转向控制阀和转向动力缸组合成一体。

如图3-13所示为三种结构布置方案。

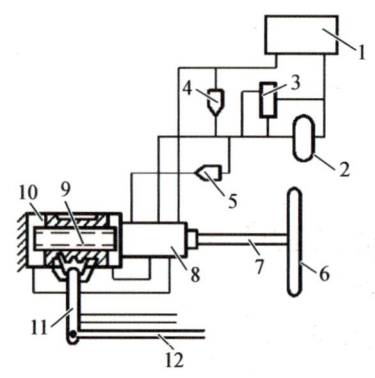
（a）整体式动力转向器

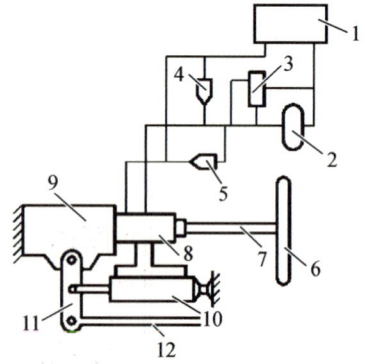
（b）半整体式动力转向器

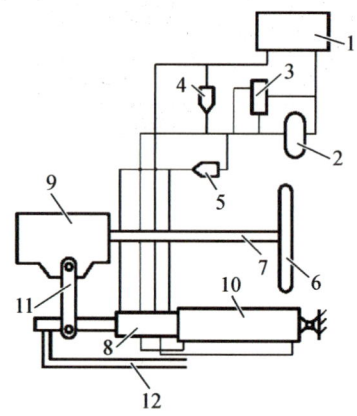
（c）转向加力器式动力转向器

图3-13 常流式动力转向器的三种布置方案示意图

1—油罐；2—液压泵；3—流量控制阀；4—安全阀；5—单向阀；6—转向盘；
7—转向轴；8—转向控制阀；9—机械转向器；10—转向动力缸；
11—转向摇臂；12—转向直拉杆

（二）常流式动力转向装置的工作原理

如图3-14所示为液压常流滑阀式动力转向装置的工作原理图。

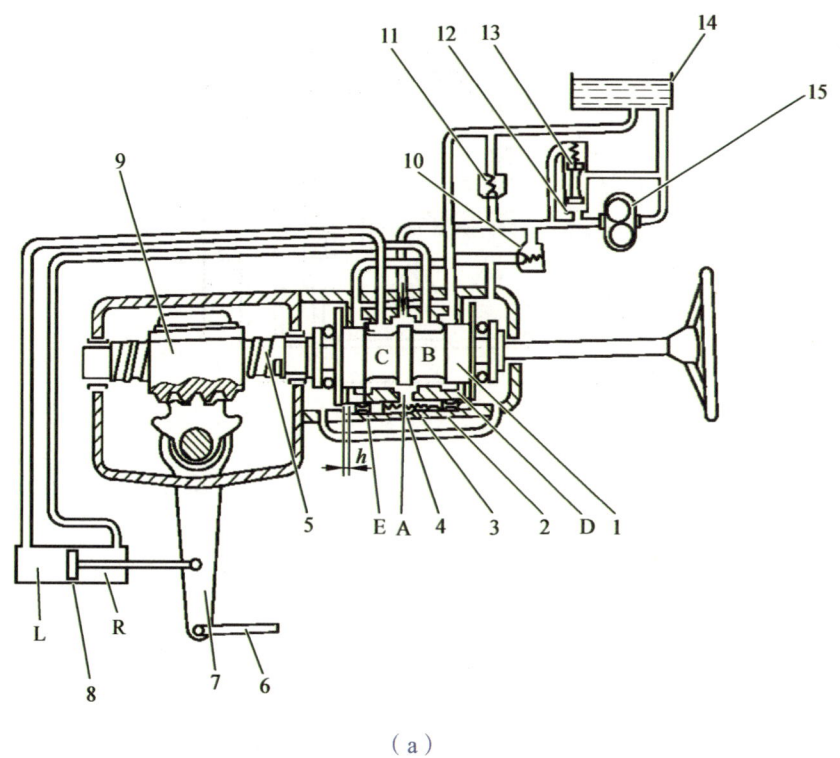

(a)

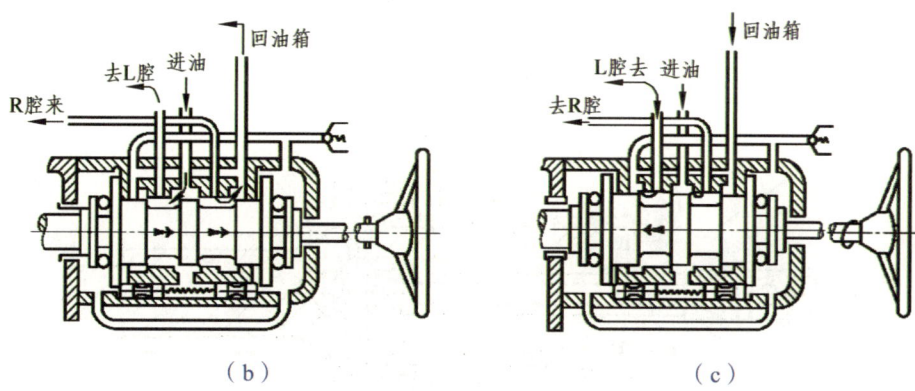

(b)　　　　　　　　　　　　(c)

图 3-14　常流式动力转向装置工作原理图

1—滑阀；2—反作用柱塞；3—滑阀回位弹簧；4—阀体；5—转向螺杆；6—转向直拉杆；
7—转向摇臂；8—转向动力缸；9—转向螺母；10—单向阀；11—安全阀；
12—量孔；13—溢流阀；14—转向油罐；15—转向油泵

（三）动力转向系主要部件结构与工作原理

1. 转向油泵

如图 3-15 所示为叶片式转向油泵示意图。

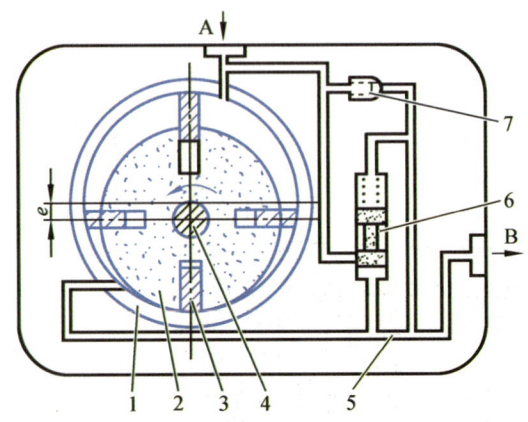

图 3-15 叶片式转向油泵示意图

1—定子；2—转子；3—叶片；4—转子轴；5—节流孔；6—流量控制阀；7—限压阀；
A—进油口；B—出油口

2. 转向控制阀

转向控制阀主要有滑阀式和回转式两种。下面主要介绍回转式控制阀的工作原理。
如图 3-16 所示为回转式转向控制阀的结构示意图。

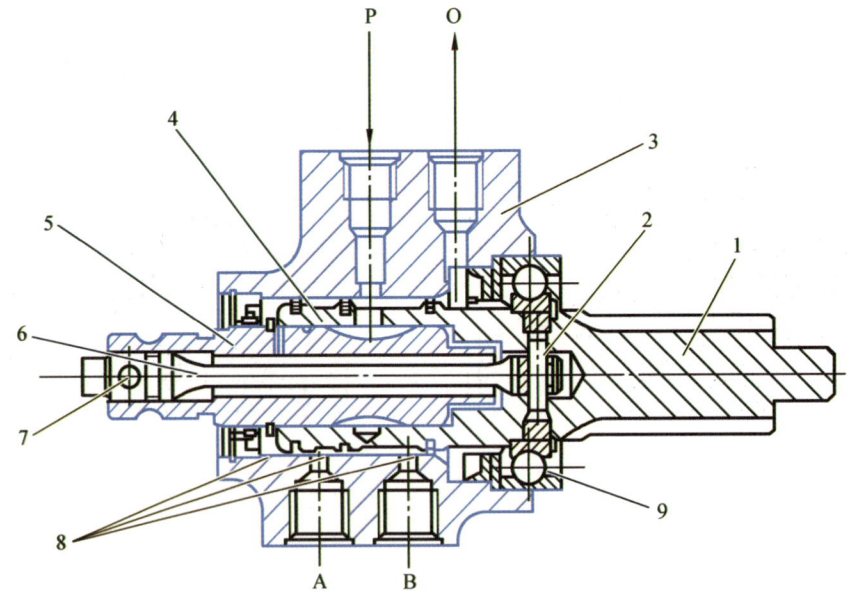

图 3-16 回转式转向控制阀构造

1—转向齿轮；2,7—销；3—阀体；4—阀套；5—阀芯；6—扭杆；8—密封圈；9—轴承；
P—转阀进油口；A,B—通动力缸左、右腔通道；O—转阀出油口

回转式动力转向器的工作原理如下：

当汽车右转向时，转向轴连同阀芯被顺时针转动，由于受到路面传来的转向阻力，

动力缸活塞和转向齿条暂时不能运动,所以转向齿轮暂时不能随转向轴转动。这样,由转向轴传到转向齿轮的转矩只能使扭杆6产生少许变形,使转向轴(即阀芯)得以相对转向齿轮(即阀套)转过少许角度,两者产生相对角位移,如图3-17所示。

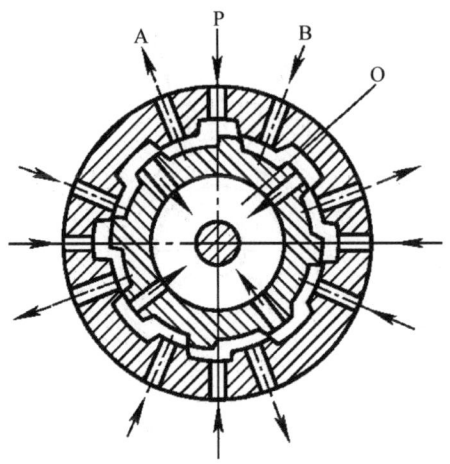

图 3-17　右转弯时转阀工作位置

A—接动力缸左腔；B—接动力缸右腔；P—接液压泵；O—接储油罐

P口与A口相通,B口与O口相通,从而转阀使动力缸左腔成为高压油腔。

当汽车向左转向时,转向轴连同阀芯被逆时针转动,同样由于受到路面传来的转向阻力,由转向轴传到转向齿轮的转矩只能使扭杆6产生少许变形,使转向轴(即阀芯)得以相对转向齿轮(即阀套)转过少许角度,两者产生相对角位移,如图3-18所示。

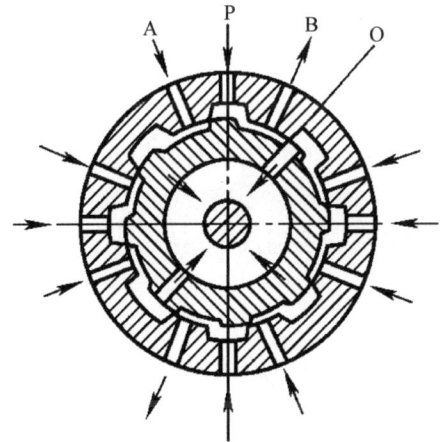

图 3-18　左转弯时转阀工作位置

A—接动力缸左腔；B—接动力缸右腔；P—接液压泵；O—接储油罐

P口与B口相通,A口与O口相通,从而转阀使动力缸右腔成为高压油腔,作用在动力缸活塞上的向左的液压作用力帮助转向齿轮迫使转向齿条向左移动,转向车轮开始向左偏转。

当汽车直行时，转阀处于中立位置，如图 3-19 所示。动力缸两腔相通，并与进油口 P 与出油口 O 通过阀芯径向油道相通，压力油流回储油罐。因此，转向动力缸不起助力作用。

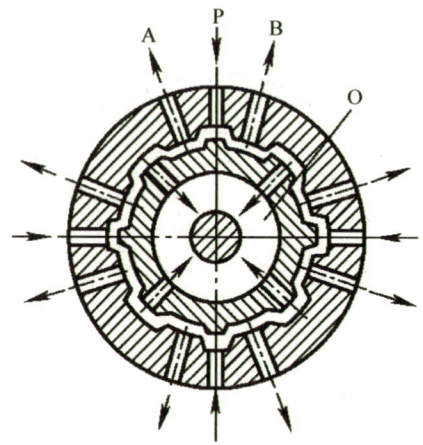

图 3-19 直行时转阀工作位置

A—接动力缸左腔；B—接动力缸右腔；P—接液压泵；O—接储油罐

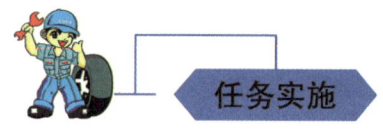

一、任务准备

（1）常用工具、常用量具和一般专用工具各一套。
（2）专用工机具：台钳、拉杆球头专用扳手、方向盘拆装器、心棒、压床。
（3）各式转向器及其示教板，解剖汽车模型。

二、注意事项

（1）正确使用工具和量具；
（2）严格遵守拆装程序，注意操作安全；
（3）注意各装配标记和润滑部位。

三、操作步骤

下面以循环球式转向器为例说明拆装步骤和调整方法。

1. 转向器的拆卸

（1）从车上拆下转向器总成后，首先拧下通气塞，放出转向器里的润滑油。

（2）将转向臂轴转到中间位置（直线行驶时的位置，即将转向螺杆拧到底后，再返回3.5圈），再拧下侧盖的4个紧固螺栓，用软质锤或铜锤轻轻敲打转向臂轴端头，取出侧盖和转向臂轴总成（见图3-20），注意不要划伤油封。

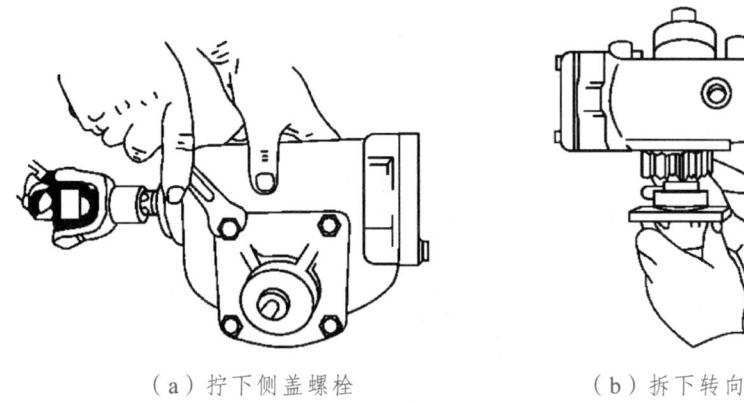

（a）拧下侧盖螺栓　　　　　　（b）拆下转向臂轴

图 3-20　拆下侧盖和转向臂轴

（3）拧下转向器底盖4个紧固螺栓，再用铜锤轻轻敲转向螺杆一端，取下底盖。

（4）从壳体取出转向螺杆及转向螺母总成；注意不要使转向螺杆花键划伤油封。

（5）螺杆及螺母总成如无异常现象，尽量不要解体。如必须解体时，可先拧下3个固定导管夹螺钉，拆下导管夹（见图3-21）。

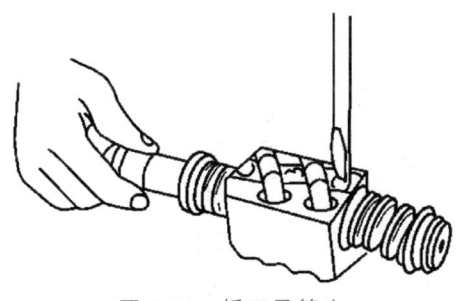

图 3-21　拆下导管夹

2. 转向器的清洗和检查

（1）清洗。

将拆下的零件用干净的洗油刷洗后，用压缩空气吹干。

（2）检查。

① 检查壳体，如有裂纹或损坏，应及时更换。

② 对螺杆螺母应进行探伤检查，发现有裂纹或滚道表面有严重磨损剥落及损坏时应更换。

③ 检查钢球表面有无剥落及损坏现象,如有应根据螺杆与螺母的滚道尺寸成组进行更换,以保证钢球受力均匀。

④ 检查螺母齿条和转向臂轴扇齿齿面有无剥落和严重损伤,必要时应进行更换。

⑤ 检查转向臂轴花键是否有扭曲或损坏,如有应进行更换。如果准备继续使用,应进行磁力探伤或类似的办法检查转向臂轴是否有裂纹,有裂纹时必须更换。

⑥ 检查滚针轴承和向心推力轴承及外圈表面情况,如有缺陷应成套更换。

⑦ 检查转向臂轴油封和转向螺杆油封刃口,如有损坏或橡胶老化现象应及时更换。

3. 转向器的装配与调整

转向器的装配关系如图 3-22 所示。

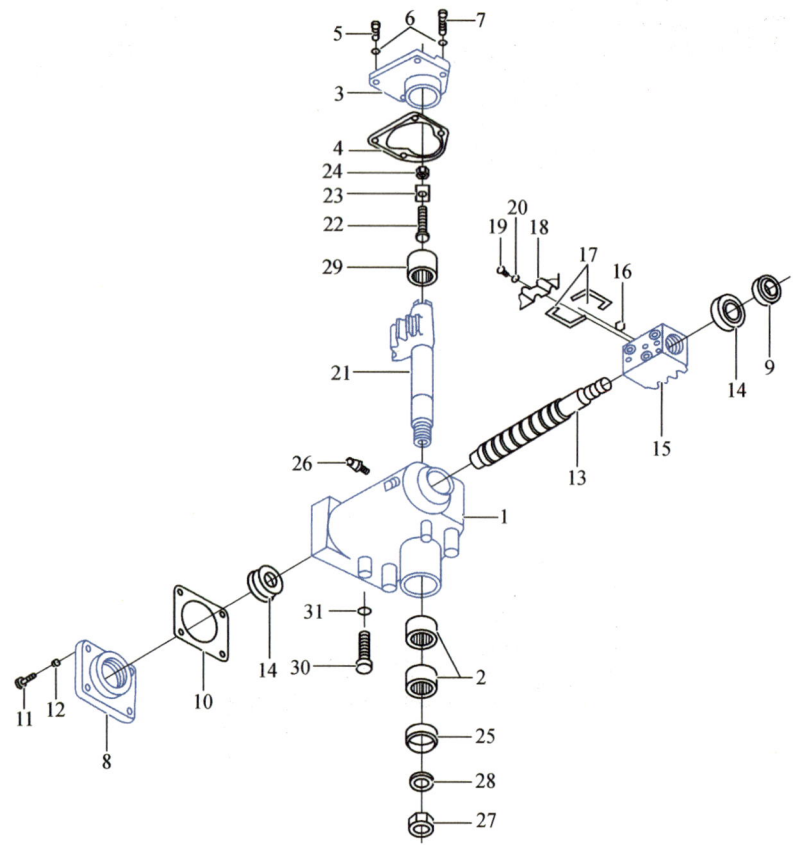

图 3-22 转向器装配关系图

1—外壳;2—滚针轴承;3—侧盖;4,10—垫片;5,7,11,30—螺栓;6,20,28,31—弹簧垫圈;
8—底盖;9—油封总成;12—垫圈;13—转向螺杆;14—球轴承;15—转向螺母;16—钢球;
17—钢球导管;18—导管夹;19—螺钉;21—转向臂轴;22—调整螺钉;23—调整垫圈;
24,27—螺母;25—油封;26—通气塞;29—滚针轴承

(1) 转向螺杆和螺母的装配。

先将转向螺母套在转向螺杆上,螺母放在螺杆滚道的一端,并使螺母滚道孔对准滚道,再将钢球由螺母滚道孔中放入(见图 3-23)。

图 3-23　钢球的装入

（2）安装转向螺杆螺母总成与壳体。

（3）安装转向臂轴。

（4）用专用工具装入转向螺杆油封和转向臂轴油封时，应在花键处用铜皮或塑料套保护，以防划伤油封刃口造成漏油。

（5）检查转向臂轴齿扇与转向螺母齿条的啮合间隙。

任务二　纯电动汽车电动助力转向系的检修

一驾驶员发现其纯电动客车在行驶过程中向左转动转向盘稍微沉重，向右转动转向盘正常，仪表显示无故障。经班组长判断为转向系故障，需对其进行检修。

在汽车转向系中，传统的液压助力依靠发动机运转来带动液压泵，所以液压转向系会使整个发动机燃油消耗量增加 3%～5%，而电动助力转向系以蓄电池为能源，以电机驱动，可独立于发动机工作，电动助力转向系几乎不直接消耗发动机动力，降低了车辆使用过程中的油耗。电动助力转向系可使整车油耗降低大约 2.5%。

电动助力转向系能够根据汽车转向盘转矩、转向盘转角、车速和路面状况等，为驾驶员提供最佳转向助力，使转向更加轻松柔和；另外，还能使车辆具有良好的直线保持能力及抑制颠簸路面反作用力的能力，保证各种行驶工况下的路感。

一、电动助力转向系的组成及分类

电动助力转向系主要是由转矩传感器、电子控制单元（ECU）和助力电机等组成，如图 3-24 所示。电子控制单元根据各传感器输出的信号计算所需转向助力的转矩，并通过功率放大模块控制助力电机的转动，电机的输出经过减速机构减速增扭后驱动齿轮齿条机构产生相应的转向助力。

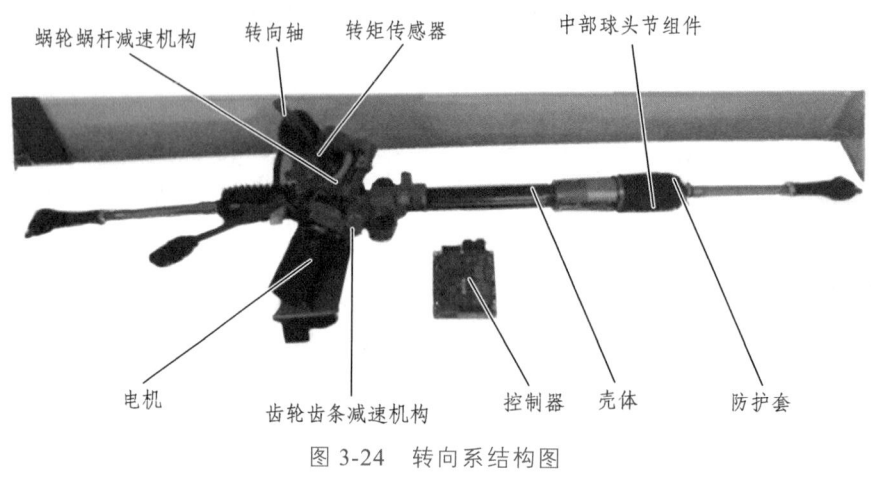

图 3-24　转向系结构图

二、电动助力转向系关键部件的结构及工作原理

（一）电机总成的结构及电机控制原理

电动助力转向系使用的电机分为两种：有刷电机和无刷电机。安装在转向器上的电机总成由蜗杆、蜗轮和直流电机组成。当蜗杆与安装在转向器输出轴上的蜗轮啮合时，降低电机速度，并把电机输出力矩传递到输出轴。图 3-25 为电动助力转向系直流电机的结构组成。

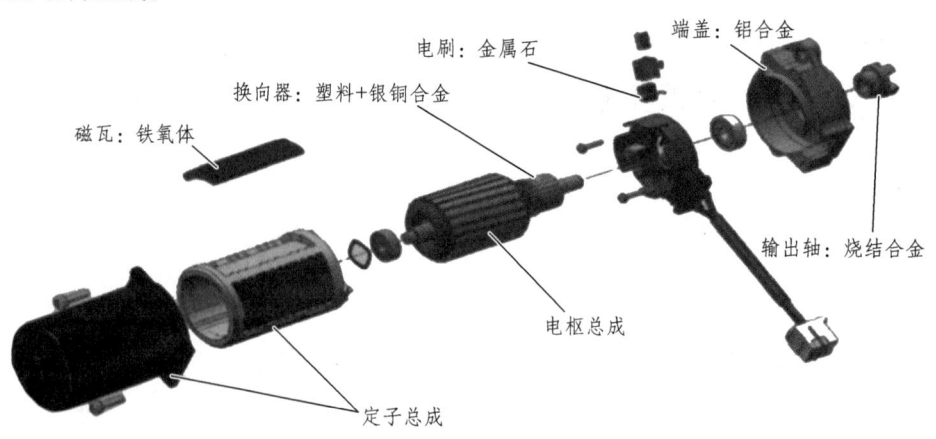

图 3-25　电动助力转向系直流电机的结构组成

电动助力转向系常采用永磁式直流电机,额定电压为 12 V。较简单的电机正反向和转矩控制电路如图 3-26 所示。图中 a_1 和 a_2 为触发信号输入端,触发信号由计算机根据转向信号提供。当 a_1 端得到高电位触发信号时,晶体管 VT_3 导通,同时 VT_2 得到基极电流导通,电流经 VT_2 电机 M 和 VT_3 形成回路,使电机正转。同理,当 a_2 端得到触发信号时,将使电机反转。计算机控制触发信号电流的大小即可控制通过电机的电流大小及助力矩的大小。在需要最大转向助力时,晶体管将工作在饱和导通状态;当需要较小转向助力时,晶体管将工作在饱和导通状态;当需要较小转向助力时,晶体管将处于非饱和导通状态。

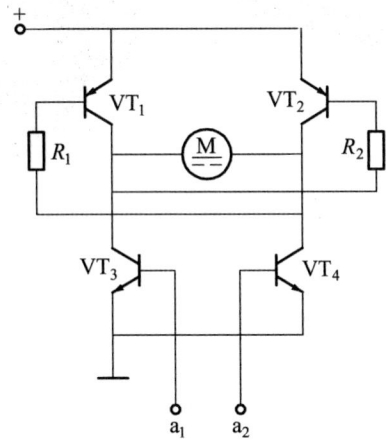

图 3-26 较简单的电机正反向和转矩控制电路

（二）转矩传感器的结构及控制原理

常见的转矩传感器一般由扭力元件（扭力弹簧）和电测元件组成,分为无触点电磁感应式扭力传感器和有触点滑动电阻式转矩传感器。转矩传感器由两个带孔圆环、线圈、线圈盒及电路板组成。它获得转向盘上操作力大小和方向信号,并把它们转换为电信号,传递到电动助力转向系控制器。

两个带孔圆环一个安装在输出轴上,一个安装在输入轴上。当输入轴相对输出轴转动时,电路板计算出输入轴相对于输出轴的旋转方向和旋转量。当转动转向盘时,转矩被传递到扭力杆,输入轴和输出轴之间出现角度偏差,电路板检测出角度偏差及方向,通过计算得到转矩大小和方向,并转换为电压信号传递到电动助力转向系控制器中。

（三）蜗轮蜗杆减速机构

蜗杆传动由蜗杆和蜗轮组成,用于传递空间两交错轴之间的运动和动力,通常两轴交错角为 90°。蜗轮蜗杆减速机构一般用作减速传动,广泛应用于各种机械设备和仪表中。按蜗杆的形状不同，蜗杆传动可分为圆柱蜗杆传动、圆弧面蜗杆传动和锥面蜗杆传动。蜗轮蜗杆减速机构起到传递转矩和减速的作用。蜗轮蜗杆减速机构如图3-27所示。

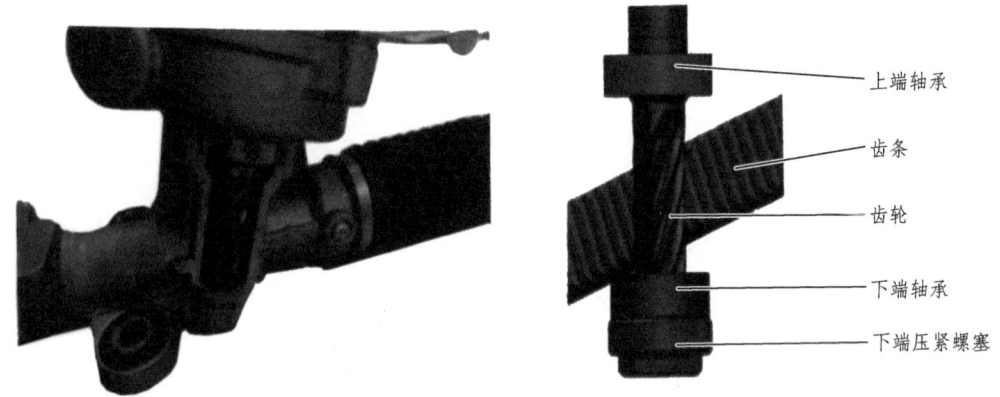

图 3-27　蜗轮蜗杆减速机构

蜗轮蜗杆减速机构的特点如下：

（1）传动比大，结构紧凑。单级蜗杆比 $i=5\sim80$，若只传递运动，其传动比可达1 000。

（2）传动平稳，噪声小。由于蜗杆齿呈连续的螺旋状，它与蜗轮齿的啮合是连续不断地进行，同时啮合的齿数较多，故传动平稳，噪声小。

（3）可制成具有自锁性的蜗杆。当蜗杆的螺旋线升角小于啮合面的当量摩擦角时，蜗杆传动便具有自锁性。

（4）传动效率低。因蜗杆传动齿面间存在较大的相对滑动，摩擦损耗大，效率较低，一般为 0.7~0.8，具有自锁性的蜗杆传动效率小于 0.5。

（5）蜗轮的造价较高。为减轻齿面的磨损及防止胶合，蜗轮一般要采用价格较贵的有色金属制造，因此造价较高。

三、电动助力转向系插接件各端子的定义

电动助力转向系插接件外观如图3-28所示，端子定义见表3-1。

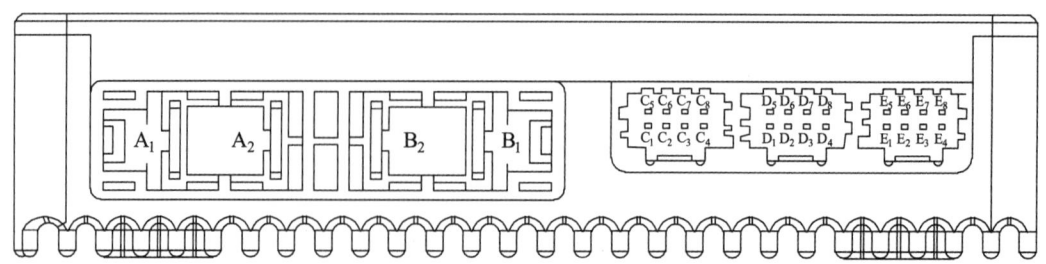

图 3-28　电动助力转向系插接件外观

表 3-1 电动助力转向系统插接件端子定义

端子	端子用途定义	颜　色
A_1	电源正	红
A_2	电源负	黑
B_1	电动机正	黑
B_2	电动机负	红
C_2	辅路 VT_2	绿
C_5	主路 VT_1	黑
C_6	搭铁 GND	—
C_7	电源 +12 V	红
C_8	电源 TSV5	—
D_5	CAN-H	黄
D_6	CAN-L	白
D_8	点火开关 IG	绿

四、电动助力转向系的工作原理

如图 3-29 为电动助力转向系原理图。

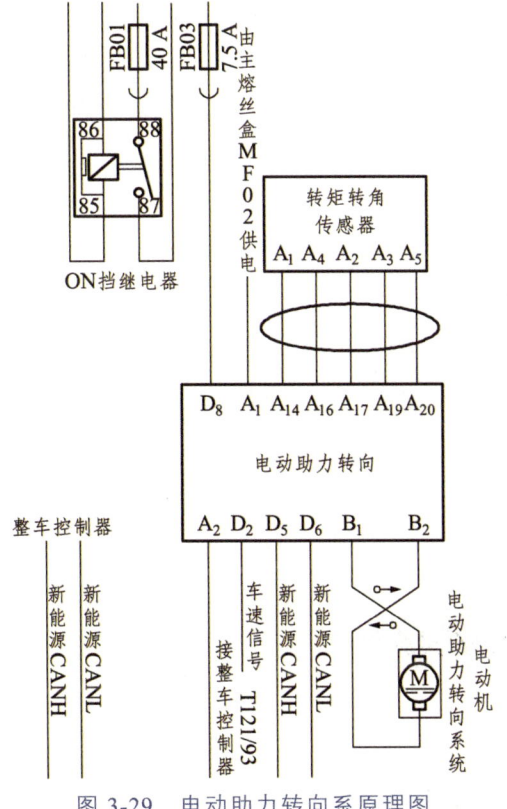

图 3-29 电动助力转向系原理图

（1）当点火开关处于 ON 挡，ON 挡继电器吸合后电动助力转向系开始工作。

（2）当电动助力转向系正常工作时，电动助力转向系根据接收来自整车控制器的车速信号、唤醒信号及来自转矩传感器的转矩信号等进行综合判断，以控制电动助力转向系助力电动机的转矩、转速和方向。

（3）转向控制器在供电 200 ms 内完成自检，供电 200 ms 后可以与 CAN 总线交换信息，供电 300 ms 后输出 470 帧（转向故障和转向状态上报帧）。

（4）当电动助力转向系检测到故障时，通过 CAN 总线或硬线向整车控制器发送故障信息，并采取相应的处理措施。

电动助力转向系统的助力作用受计算机控制，在低速转向时的助力作用最强，随着车速的升高，助力作用逐渐减弱，当车速达到一定时，计算机停止向电动机供电，转向变为完全由驾驶员人力操纵。由此可见，电动助力转向系在低速转向时，可获得较轻便的转向特性，而在高速转向时，则可获得完全的转向"路感"，具有优越的控制特性，保证车辆行驶的安全。

五、电动助力转向系常见故障

1. 转向沉重

转向沉重可能的原因有插接件未插好，线束接触不良或破损，转向盘安装不正确，转矩传感器性能不良，转向器故障，车速传感器性能不良，主熔丝和线路熔丝烧坏，电动助力转向系控制器故障。

故障排除方法为插好插头，更换线束，正确安装转向盘，更换转矩传感器，更换转向器，更换车速传感器，更换熔丝，更换控制器。

2. 在直行时车总是偏向一侧

在直行时车总是偏向一侧可能的原因是转矩传感器性能不良。

故障排除方法为更换转向器。

3. 转向力不平顺

转向力不平顺可能的原因是转矩传感器性能不良。

故障排除方法为更换转向器。

任务实施

一、任务准备

（1）防护装备：绝缘防护装备。

（2）一辆纯电动汽车。

（3）组合工具一套、专用工具一套。

二、故障检测流程

排除电动助力转向系故障，要遵循一定的故障检测流程，如图 3-30 所示。

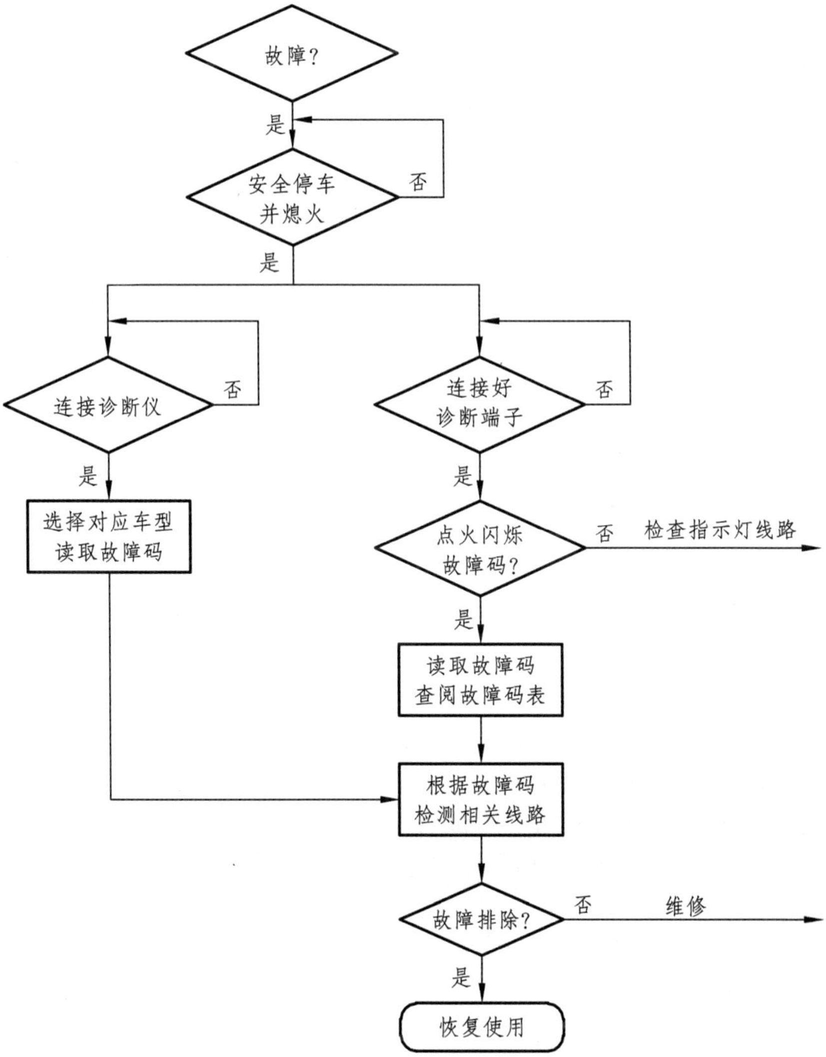

图 3-30 故障检测流程

三、故障检查步骤

故障检查步骤见表 3-2。

表 3-2 故障检查步骤

步骤	操作	是	否
1	主熔丝和线路熔丝是否完好	进入第 2 步	主熔线和线路熔丝断
2	打开点火开关,检查终端"D_8"和控制盒体搭铁之间的电压,是否是电池电压	进入第 3 步	整车信号线断开或短路
3	检查终端"A_1"和控制盒体搭铁之间的电压,是否是电池电压	进入第 4 步	整车电源线断开或短路
4	整车是否有助力可以行驶	进入第 5 步	CAN 通信不畅
5	插头与电动助力转向系控制盒之间连接是否牢靠	如果上述各项都完好,更换一个完好的电动助力转向系统控制盒,重新检查	搭铁不良

四、转矩传感器的检测

参考表 3-2 转矩传感器电压信号进行检测,打开点火开关,转动转向盘,在直行状态,主、辅信号电压约为 2.5 V;左转主信号电压升高,辅信号电压降低,主、辅电压之和等于 5 V;右转主信号电压降低,辅信号电压升高,主、辅电压之和等于 5 V。

五、转向盘自由间隙的检查

其大小通过在轴方向和横方向移动转向盘,检查转向盘是否松动或发生"吱吱"声而判断。如果发现缺陷,进行维修或更换。在车辆停止时,车辆固定在地面朝前方的状态下,检查转向盘的自由间隙。

转向盘自由间隙的范围为 0~30 mm。

如果转向盘运动不在规定自由间隙的范围内,按如下步骤进行检查,如果发现缺陷,进行更换。

（1）检查转向横拉杆球头是否磨损。
（2）检查下部球接头是否磨损。
（3）检查转向轴接头是否磨损。
（4）检查转向小齿轮或齿轮齿条是否磨损或破裂。
（5）检查其他部件是否松动。

六、转向力的检查

（1）汽车停放在水平路面上,转向盘放置在平直向前位置。

（2）检查轮胎充气压力是否符合指定要求。

（3）启动车辆。

（4）将点火开关置于 ON 挡时，通过相切方向钩住转向盘上的弹簧秤测量转向力。

（5）转向力至少 35 N。

课后练习

一、判断题

（　　）1. 转向系角传动比越大，转向操纵越轻便。

（　　）2. 方向盘自由行程越大，转向操纵越灵敏。

（　　）3. 转向梯形的作用是在汽车转向时，使内外车轮按一定的规律进行偏转。

（　　）4. 动力转向系是兼用驾驶员体力和发动机动力作为转向能源的转向系。

（　　）5. 采用齿轮齿条式转向器可省去转向摇臂和转向直拉杆，使转向传动机构得以简化。

二、选择题

1. 机械式转向系由（　　）组成。

　　A. 转向操纵机构　　　　　　　　B. 转向器

　　C. 转向传动机构　　　　　　　　D. 转向梯形

2. 正、逆传动效率都很高的转向器称为（　　）。

　　A. 可逆式转向器　　　　　　　　B. 不可逆式转向器

　　C. 极限可逆式转向器　　　　　　D. 没有这种转向器

3. 循环球式转向器有（　　）传动副。

　　A. 一级　　　　　　　　　　　　B. 二级

　　C. 三级　　　　　　　　　　　　D. 四级

4. 造成转向沉重的原因有（　　）。

　　A. 转向器轴承调整过紧　　　　　B. 横直拉杆球头销调整过紧

　　C. 转向节主销和衬套润滑不良　　D. 前束调整不当

5. 转向盘自由行程过大的原因有（　　）。

　　A. 转向器内主、从动啮合部位间隙过大或主从动部位轴承松旷

　　B. 转向盘与转向轴连接部位松旷

　　C. 转向垂臂与转向垂臂轴连接松旷

　　D. 直横拉杆球头连接部位松旷

三、简答题

1. 转向系的作用是什么？

2. 何谓转向系角传动比、转向器角传动比、转向传动机构角传动比？三者之间有何关系？

项目四

新能源客车制动系的构造与维修

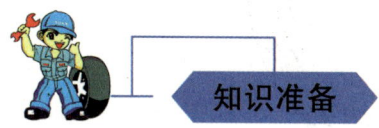
知识准备

我们知道，骑自行车要减速行驶或慢速下坡时，双手握着两个闸把就可实现，这是靠刹车拉线把力传递到刹车器上完成的。同样，汽车在行驶过程中也需要减速或使车辆安全放置，这就需要车辆的制动系来完成。

CNG 新能源客车与传统车辆的制动系基本相同；而对于纯电动客车，则主要是在传统汽车制动系的基础上增加了电动真空助力系统，并采用制动能量回收模式。

一、汽车制动系的作用与工作原理

1. 制动系的作用与组成

（1）制动系的作用

汽车制动系的作用就是使行驶中的汽车按照驾驶员的要求进行强制减速甚至停车，使已停驶的汽车在各种道路条件下（包括在坡道上）稳定驻车，使下坡行驶的汽车保持稳定速度。

（2）制动系的组成

一般，汽车制动系至少装用两套各自独立的制动装置：一套是行车制动装置，主要用于汽车行驶中的减速和停车，其制动器装在车轮上，通常由驾驶员用脚操纵，称为车轮制动装置或行车制动装置；另一套是驻车制动装置，主要用于停车后防止汽车滑溜，通常由驾驶员用手操纵。两套制动装置都由产生制动作用的制动器和操纵制动器的传动机构两部分组成。

2. 制动装置的基本结构和工作原理

（1）基本结构

行车制动装置的基本结构如图 4-1 所示，它由车轮制动器和液压式传动机构两部分组成。

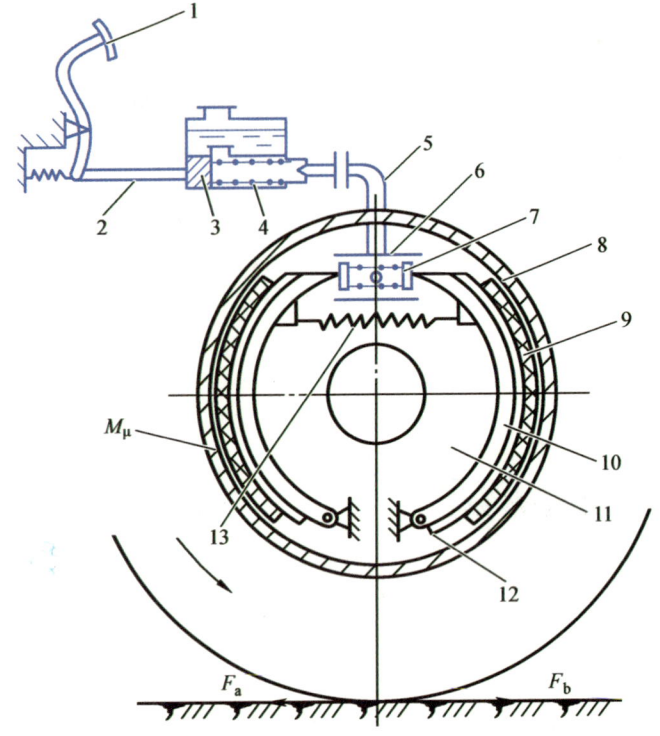

图 4-1 制动装置工作原理图

1—制动踏板；2—推杆；3—主缸活塞；4—制动主缸；5—油管；6—制动轮缸；
7—轮缸活塞；8—制动鼓；9—摩擦片；10—制动蹄；11—制动底板；
12—支承销；13—制动蹄复位弹簧

（2）工作原理

一般，制动系的工作原理可用图 4-1 所示的一种简单的液压制动系工作原理示意图来说明。一个以内圆柱面为工作表面的金属制动鼓 8 固定在车轮轮毂上，随车轮一同旋转。在固定不动的制动底板 11 上有两个支承销 12，支承着两个弧形制动蹄 10 的下端。制动蹄的外圆柱面上装有摩擦片 9。制动底板上还装有制动主缸 6，用油管 5 与装在车架上的液压制动主缸 4 相连通。主缸活塞 3 可由驾驶员通过制动踏板机构来操纵。

在不制动时，摩擦片 9 的外圆面与制动鼓 8 的内圆面之间有一定间隙，使车轮能自由旋转。

制动时，踩下制动踏板 1，推杆 2 推动主缸活塞 3 前移，制动液的油压升高后，通过油管 5 进入制动轮缸 6，并推动轮缸活塞 7 外移，活塞 7 推动两制动蹄 10 外张。此时，制动蹄 10 绕支承销 12 转动，使制动蹄上的摩擦片 9 压紧在制动鼓 8 的内圆面上。这样不旋转的摩擦片 9 对旋转的制动鼓 8 产生一个摩擦力矩 M_μ，其方向与车轮旋转方向相反。制动鼓将该力矩传到车轮后，由于车轮与路面间的附着作用，车轮即对路面作用一个向前的周缘力 F_μ。同时，路面也会给车轮一个反作用力 F_b，方向与汽车行驶方向相反。这个力就是车轮受到的制动力。各车轮上制动力的和就是汽车受到的总制动力。制动力由车轮经车桥和悬架传给车架及车身，迫使整个汽车产生一定的减速度，甚至停车。制动力 F_b 越大，则汽车减速度也越大。此时，汽车的动能转变为热能并扩散到空气中。

解除制动时，放松制动踏板，在制动蹄复位弹簧 13 的作用下，制动蹄 10 回到原位。同时蹄鼓间隙得到恢复，因而制动作用被解除。

3. 最好的制动条件

制动力 F_b 不仅取决于摩擦力矩 M_μ，还取决于轮胎与路面间的附着力 $F\phi$（它等于轮胎上的垂直负荷 G 与轮胎和路面间的附着系数的乘积），即 $F_b \leqslant F\phi$，制动力最大只能等于附着力。而 M_μ 的大小取决于轮缸的张力、摩擦因数和制动鼓及制动蹄的尺寸。

当 $F_b = F\phi$ 时，车轮将被抱死在路面上拖滑。拖滑使胎面局部严重磨损，在路面上留下一条黑色的拖印。同时，使胎面产生局部高温，胎面局部稀化，好像轮胎与路面间被一层润滑剂隔开，使附着系数下降。因此最佳的制动条件，即最大制动力和最短的制动距离，是在车轮将要抱死而未完全抱死时出现的。

4. 对制动系的要求

（1）具有良好的制动性能

评价汽车制动性能的主要指标是：制动距离、制动减速度、制动力和制动时间。实际使用中，常以制动距离来间接衡量整车的制动性能。如在水平良好路面上车速为 30 km/h 制动时，要求满载轿车和轻型货车的制动距离不大于 7 m，中型货车不大于 8 m，重型货车不大于 12 m。室内测试以汽车制动力的大小来判断汽车的制动性能。

（2）操纵轻便

即操纵制动系所需的力不应过大。对于人力液压制动系，最大踏板力不大于 500 N（轿车）和 700 N（货车）。踏板行程货车不大于 150 mm，轿车不大于 120 mm。

（3）制动稳定性好

汽车的前、后轴制动力分配合理，左右轮上制动力矩基本相等，制动时不跑偏和侧滑。

（4）制动可靠性好

制动系各零部件工作可靠，采用双回路系统。制动系统应设有必要的安全设备和报警装置。

（5）制动热稳定性好

制动器摩擦片的抗热衰退性能要高，受热恢复快。

（6）制动水稳定性好

摩擦片浸水后恢复摩擦系数的能力要好。

（7）对于挂车的制动系，还要求挂车的制动作用略早于主车；挂车自动脱钩时能自行进行应急制动。

二、制动系的分类

1. 按制动器用途分

制动系按制动器用途可分为行车制动器、驻车制动器和辅助制动器三种。

2. 按制动传动机构的制动力源分

（1）人力式制动系

单靠驾驶员施加于制动踏板和手柄上的力作为制动力源的传动机构。人力式制动系又分为液压式和机械式两种，机械式仅用于驻车制动。

（2）动力式制动系

利用发动机的动力作为制动力源，并由驾驶员通过踏板或手柄加以控制的传动机构。动力式制动系又分为气压式、真空气压式、空气液压式。

（3）伺服制动系

兼用人力和发动机动力进行制动的制动系，称为伺服制动系或助力制动系。

3. 按制动传动机构的布置形式分

（1）单回路制动系

传动装置采用单一的气压或液压回路，当制动系中有一处漏气（油）时，整个制动系失效。

（2）双回路制动系

所有行车制动器属于两个彼此隔绝的回路。因而，其中一个回路失效，还能利用另一个回路获得一定的制动力，从而提高了汽车制动的可靠性和安全性。

任务一　CNG 新能源客车制动器的拆检

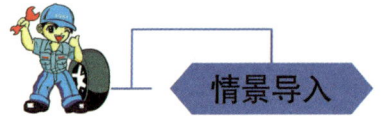

车辆在行驶中，驾驶员感觉车辆有跑偏的现象，经班组长判断是制动系故障，现需要对制动系进行拆检。

一、车轮制动器的功用与类型

1. 功　用

车轮制动器的作用是利用固定元件和旋转元件工作表面的摩擦而产生与汽车行驶

方向相反的制动力矩,使旋转元件的旋转角速度降低,同时依靠车轮与地面的附着作用,产生路面对车轮的制动力,以使汽车迅速减速或停车。

2. 组　成

车轮制动器是产生阻碍车辆运动或运动趋势的制动力的部件,它主要由固定元件、旋转元件、调整机构和张开机构等组成。固定元件包括制动底板和制动蹄;旋转元件是固定在轮毂上并与车轮一起旋转的制动鼓或制动盘;调整机构由调整凸轮和偏心支承销组成;张开机构主要指制动轮缸凸轮等。

3. 分　类

车轮制动器按照结构可分为鼓式制动器和盘式制动器。鼓式制动器的旋转元件为制动鼓,工作表面为圆柱面。盘式制动器的旋转元件为制动盘,工作表面为端面。

二、制动器的基本结构和工作原理

(一)鼓式车轮制动器

鼓式制动器是较早使用的制动器,现在鼓式制动器基本上使用的是内张式。它的制动片位于制动轮内侧,其制动时,制动片向外张开,摩擦制动轮的内侧,以达到制动的目的。鼓式制动器造价低,但制动力稳定性、制动效能和散热性能较差。

鼓式制动器按制动蹄装置的不同可分为轮缸式和凸轮式,如图 4-2 所示。轮缸式制动器一般用于液压制动系,在大客车上不被采用,在此不做讲述。凸轮式制动器是用凸轮取代制动轮缸对两制动蹄起促动作用,目前,气压制动系中都采用凸轮促动的车轮制动器,而且大多设计成领从蹄式。

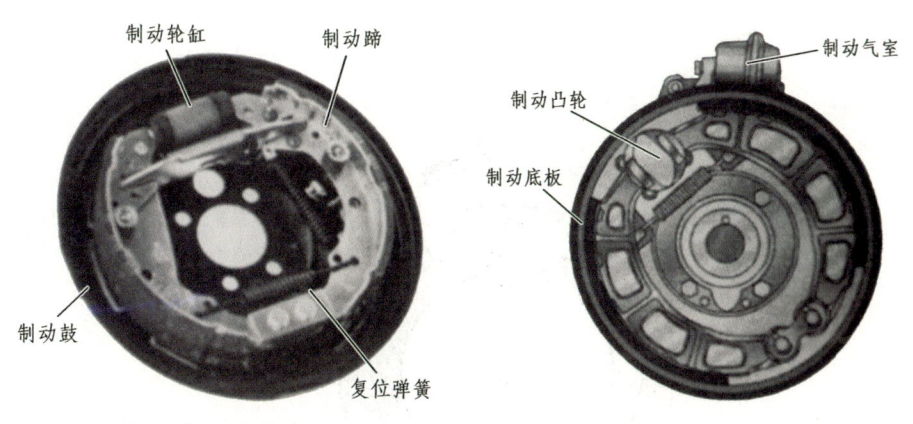

(a) 轮缸式制动器　　　(b) 凸轮式制动器

图 4-2　轮缸式制动器和凸轮式制动器

1. 凸轮式制动器的结构组成

凸轮式制动器主要由旋转部分、固定部分、张开机构和调整机构组成,如图 4-3

所示。旋转部分是固定在轮毂上并与车轮一起旋转的制动鼓；固定部分主要包括制动蹄和制动底板；张开机构是气压制动凸轮；调整机构主要由偏心支承销调整凸轮和复位弹簧组成。

2. 凸轮式制动器的工作过程

如图 4-4 所示，当汽车行驶不制动时，所有机件处于安装的原始位置。制动蹄与制动鼓之间保持一定的间隙，制动鼓随车轮自由转动而不受阻碍。

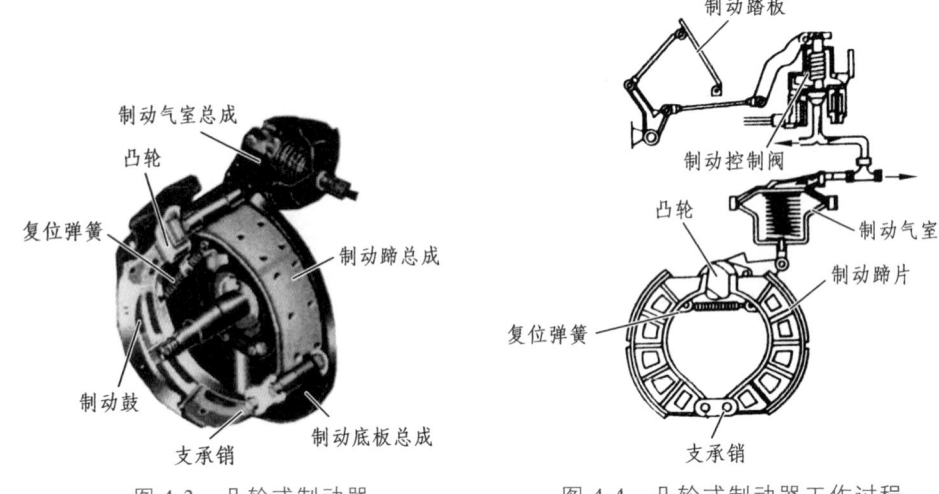

图 4-3　凸轮式制动器　　　　图 4-4　凸轮式制动器工作过程

当汽车行驶制动时，踏下制动踏板，制动控制阀控制由储气筒产生的压缩空气进入制动气室，推动安装在车轮制动器旁的制动气室的膜片移动，膜片的移动带动制动气室的推杆动作，制动调整臂在推杆的作用下，带凸轮轴转动，前、后制动蹄在凸轮促动力 F 的作用下，分别绕各自的支承点旋转到紧压在制动鼓上，从而控制车轮制动器实现制动，如图 4-5 所示。

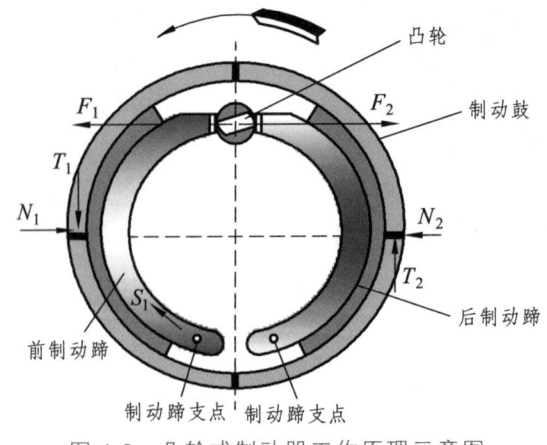

图 4-5　凸轮式制动器工作原理示意图

当放松制动踏板时，制动气室气压消失，在各复位弹簧的作用下，制动蹄与制动鼓又恢复到原来的间隙，从而制动作用解除。

3. 凸轮式制动器间隙的调整

制动器间隙是指在不制动时，制动鼓和制动蹄摩擦片之间的间隙。为了保持良好的制动效率，制动蹄与制动鼓之间要有一个最佳间隙值。制动器间隙小，不能保证完全解除制动，此间隙过大，制动器反应时间过大，直接威胁到行车安全。制动器在使用过程中，随着摩擦片的磨损，制动器间隙会变大，要求制动器必须有检查和调整间隙的可能。过去的鼓式制动器间隙需要人工调整，用塞尺调整间隙。现在鼓式制动器都是采用自动调整方式，摩擦片磨损后会自动调整与制动鼓的间隙。

（二）盘式车轮制动器

盘式制动器又称为碟式制动器，顾名思义是取其形状而命名。盘式制动器是由摩擦块从两侧夹紧与车轮共同旋转的制动盘后而产生制动效能。制动器的旋转元件是金属盘，称为制动盘。不动的摩擦元件是制动钳或钢制圆盘。客车的前轮，大多采用盘式制动器。

1. 盘式制动器的分类、结构及工作原理

盘式制动器是靠圆盘间的摩擦力实现制动的制动器，主要有全盘式和点盘式两种类型，如图 4-6 所示。由于摩擦面仅占制动盘的一小部分，故称点盘式，其有固定卡钳式和浮动卡钳式两种。制动器中固定元件有着多种结构类型，大体上可分为两类：一类是工作面积不大的摩擦块与其金属背板组成的制动块，每个制动器中有 2~4 个。这些制动块及其促动装置都装在横跨制动盘两侧的夹钳形支架中，总称为制动钳。这种由制动盘和制动钳组成的制动器称为钳盘式制动器。另一类固定元件的金属背板和摩擦块也呈圆盘形，制动盘的全部工作面可同时与摩擦块接触，这种制动器称为全盘式制动器。

根据制动方式不同，盘式制动器可分为气压盘式制动器、液压盘式制动器和机电一体式盘式制动器。气压盘式制动器可分为浮钳式和固定卡钳浮盘式；按制动操纵和实施机构（推盘）的数目又可分为单推和双推两种。液压盘式制动器可分为全盘式、固定卡钳式和浮动卡钳式。

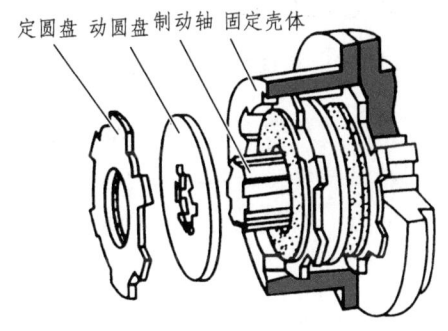 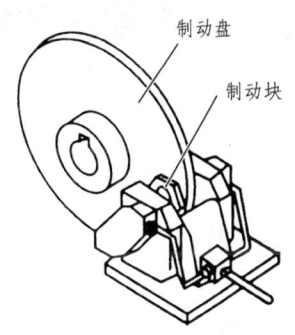

（a）全盘式制动器　　　　　（b）点盘式制动器

图 4-6　盘式制动器的分类

由于气压盘式制动器具制动器散热性好、使用周期长等优点，所以现在大客车上使用较多的是气压盘式制动器。下面以双推杆轴向盘式制动器为例对气压盘式制动器进行讲解。

气压双推杆轴向盘式制动器如图 4-7 所示。其利用空气作为驱动介质，主要由卡钳体和支架两部分组成，为浮动钳盘式制动器。支架通过螺栓连接到桥上，卡钳通过导向销和支承销连接到支架上。制动时，卡钳在支架上沿导销可以做轴向运动。浮动钳盘式制动器工作原理如图 4-8 所示。

图 4-7 双推杆轴向盘式制动器

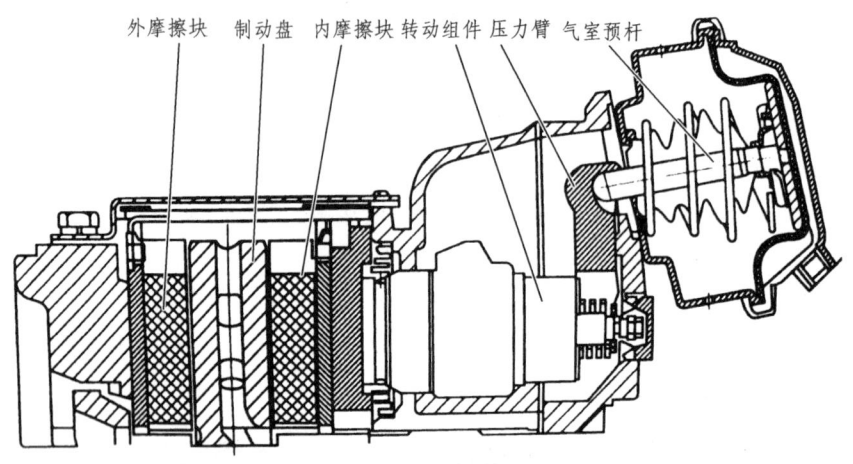

图 4-8 浮动钳盘式制动器结构示意图

制动时，制动气室顶杆推动压力臂转动，压力臂的偏心凸轮的转动推动转动组件做直线运动，推动内摩擦块运动，直到与制动盘贴合。在制动反力作用下，它又带动外摩擦块向里滑动，和内摩擦块一起抱死制动盘，实现制动。制动解除后，在复位弹簧的作用下推动转动组件回到初始位置。

2. 盘式制动器的制动特点

盘式制动器与鼓式制动器相比具有以下特点：

（1）散热能力强，热稳定性好。受热后，制动盘只在径向膨胀，不会影响制动间隙。

（2）抗水衰退能力强。受水浸后，水在离心力作用下被很快甩干，摩擦衬块上的剩水也由于压力高而容易挤出，一般仅需要一到两次制动后即可恢复正常。

（3）制动时的平顺性好。

（4）结构简单，维修方便，尺寸小，质量轻。

（5）制动间隙小，便于自动调节间隙，维护也较简便。

（6）制动时无助势作用，要求管路的液压比鼓式制动器的高，活塞回位能力差，防污性差，制动衬块磨损面积小，磨损较快。

盘式制动器的不足之处是效能较低，故液压制动系的促动管路压力较高，一般要用伺服装置。

三、制动间隙的检查与调整

通常，汽车的制动是通过制动分室充气（主制动）或放气（停车制动与应急制动），使制动推杆推动制动调节臂，从而转动制动凸轮轴使制动蹄张开，制动摩擦片对制动鼓产生摩擦阻力，产生制动。

制动蹄摩擦片与制动鼓之间在自由状态时必须保持一个标准间隙。随着汽车行驶，制动蹄摩擦片的磨损，该间隙值会不断地增大。因此，在汽车维修中，需要经常对"制动间隙"进行调整。此间隙值太小，会产生制动"扒紧"，使制动鼓发热；间隙值过大又会使汽车制动反应时间过长，产生制动迟缓，影响行车安全。如果同一轴上的车轮制动间隙不等，还会造成汽车制动跑偏。

过去的制动调节臂都是手动调整的，手动调节臂不仅调整频繁，而且调整不精确。现在的大客车都使用了制动间隙自动调整臂，不再需要人工调整自动间隙。

1. 制动间隙自动调整臂的作用

制动间隙自动调整臂，简称"自动调整臂"，顾名思义，就是可以精确记录由于摩擦片磨损引起的间隙增加量，实时地、自动地调整制动间隙的装置，保证制动间隙。即制动鼓和蹄片之间的间隙处于一个合适的数值，大大提高了车辆的制动性能，减小了制动隐患，提高了车辆行驶的安全性，也降低了维护成本。

2. 制动间隙自动调节臂的结构组成

自动调节臂如图 4-9 和图 4-10 所示，基本上由四部分组成：带有单向离合器的离合环、主弹簧的蜗杆轴；带有齿条弹簧的齿条齿轮机构；由控制臂固定的定位机构；与制动凸轮联动的蜗轮。

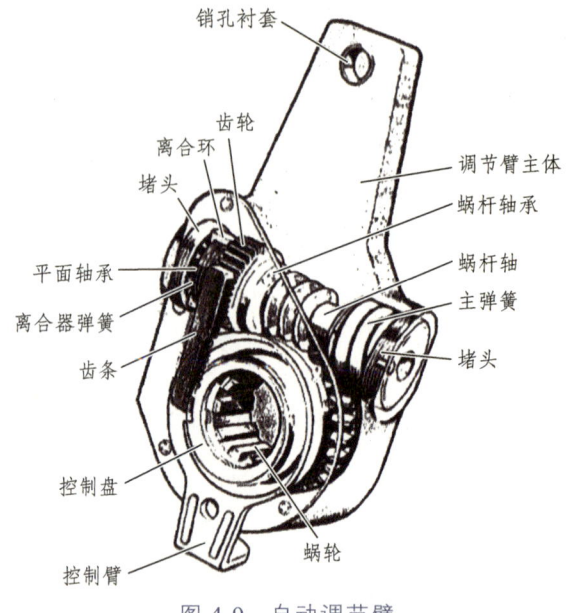

图 4-9 自动调节臂

图 4-10 自动调节臂

一、任务准备

带鼓式、盘式制动器汽车 1 辆，游标卡尺 1 把，磁力表座、百分表 1 套，常用维修工具 1 套，制动液 1 瓶。

二、操作步骤

（一）轮缸式鼓式车轮制动器

1. 鼓式制动器的组成

鼓式制动器（后制动器）组成零件如图 4-11 所示。

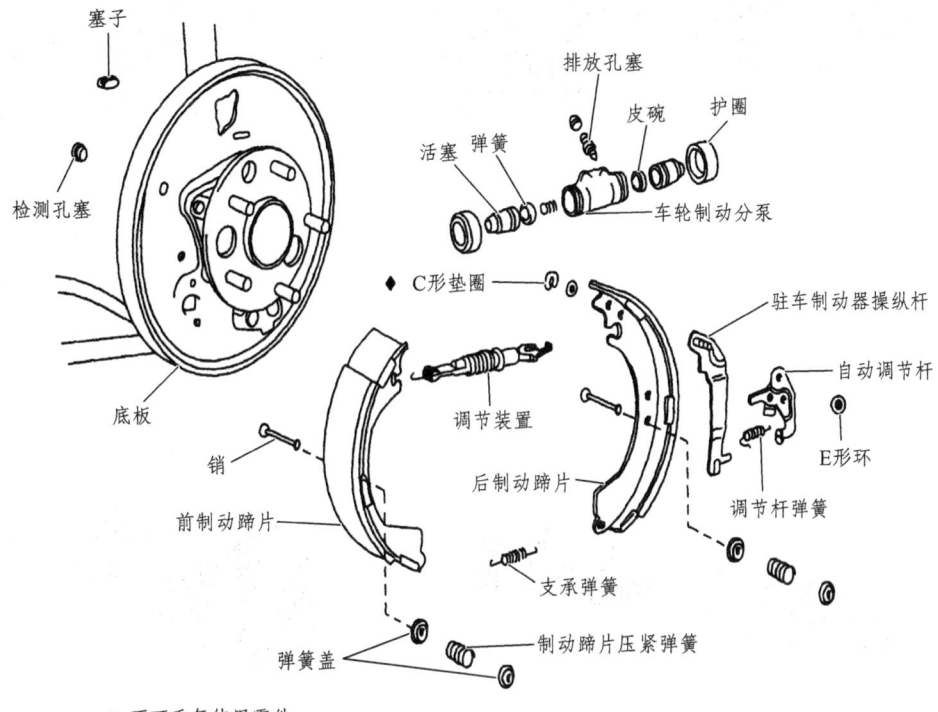

图 4-11 鼓式制动器的组成

2. 鼓式制动器的拆卸

（1）如图 4-12 所示，取下检测孔塞，从检测孔检查制动蹄摩擦衬层的厚度。最小厚度应大于 1.0 mm；否则，应更换制动蹄。

（2）卸下制动鼓，如难以卸下，可用金属丝将自动调整杆挑开，再用螺丝刀转动调整装置，减小制动蹄被调整装置张紧的力度，如图 4-13 所示。

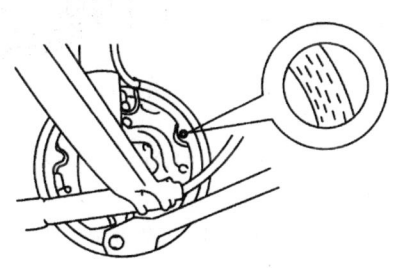

图 4-12 制动蹄摩擦衬层的厚度检测

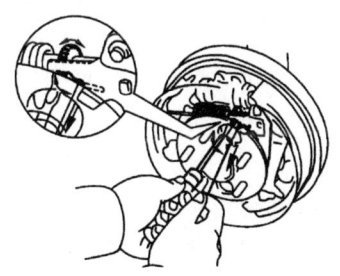

图 4-13 制动鼓的拆卸

（3）拆下回位弹簧、压紧弹簧、支承弹簧，拆下前、后制动蹄片，如图 4-14 所示。

（4）从制动分泵上拆下制动器油管，用容器接住制动液，如图 4-15 所示。

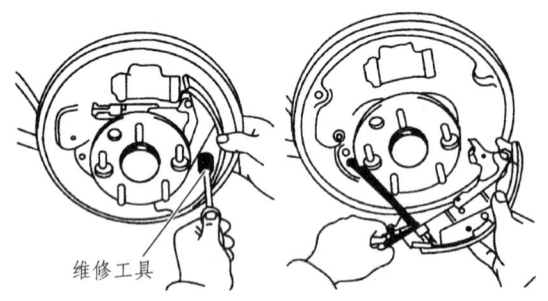

图 4-14　弹簧和制动蹄片的拆卸

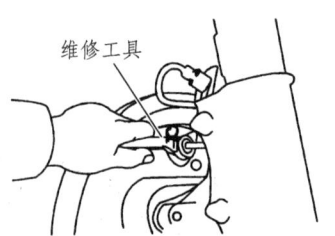

图 4-15　制动器油管的拆卸

（5）拆卸并分解制动分泵，制动分泵组成零件有：两个护罩、两个活塞、两个皮碗、1 个弹簧，如图 4-16 所示。

3. 鼓式制动器零件的检测

（1）制动蹄摩擦衬层的检测。如图 4-17 所示，摩擦衬层的厚度不能小于 1.0 mm，不能有不均匀磨损现象，否则，应予以更换。如果不得不更换任何一个制动蹄片，则需要换左右两轮全部蹄片。

图 4-16　制动分泵的组成

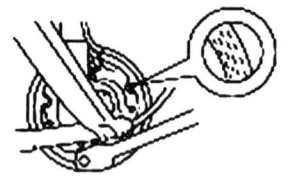

图 4-17　制动蹄摩擦衬层的检查

（2）制动鼓检测。制动鼓内表面即摩擦面如有划痕或磨损起槽，可用车床将其打磨，一次打磨深度为 0.50 mm。打磨后内径比标准内径的扩大不能超过 2 mm（有些标有 MAX，这就是极限尺寸）。

（3）检查制动蹄与制动鼓之间的贴合情况。

① 如图 4-18 所示，在制动鼓摩擦面上用白粉笔均匀涂抹一层白粉，将制动蹄在制动鼓内贴合转 1 周。

② 检查制动蹄表面与制动鼓的接触面积（制动蹄表面的白色部分），应占整个摩擦面的 90% 以上。否则，应打磨制动蹄摩擦表面，用砂纸或锯片打磨白色部分，再进行贴合试验，重复进行，直至符合要求。

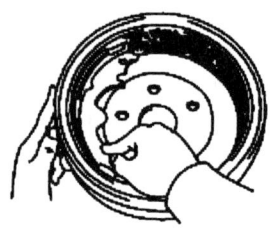

图 4-18　制动鼓的检查

③ 将制动蹄中间部分约 10 mm 宽的地方横向打磨，进行贴合试验，该位置应不白（即未与制动鼓接触），这样有利于在使用中提高制动蹄与制动鼓的接触面积。

（4）检查制动分泵活塞及缸筒，如有划痕或磨损严重，应予以更换。另外，在装配时，应更换新的皮碗。

4. 鼓式车轮制动器的安装

（1）在制动分泵活塞、皮碗上涂一层锂-皂基乙二醇黄油，组装制动分泵，如图4-19所示。

（2）将制动分泵安装在底板上并连接好制动油管。

（3）在底板与制动蹄片的接触面上及调紧装置螺栓的螺纹和尾端涂抹高温黄油。

（4）将调整装置装至后制动蹄片上，装上后制动蹄片（同时装好驻车制动装置），然后装上前制动蹄片，装好支承弹簧。

（5）如图4-20所示，将后制动蹄的手制动器操纵杆前后拉动，检验调整装置应能回转（即回位），否则应检验后制动蹄的安装是否正确；然后将调整装置的长度尽可能调至最短，装上制动鼓。

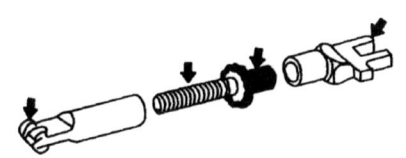
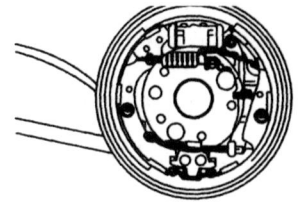

图4-19　调整装置涂黄油的位置　　图4-20　调整装置自动回转的检查

（6）制动蹄片与制动鼓间隙的调整。用螺丝刀从调节孔调节调整螺栓，使制动鼓用手不能转动，再用螺丝刀慢慢放松至制动鼓可用手转动，但有点阻力为宜。

（7）装配好车轮。

5. 制动液的排空

（1）将制动总泵的油杯加满制动液。

（2）一人将制动踏板连续踏下数次，踏板一次比一次增高，直至踏不下去为止，然后用力踏着不放。

（3）另一人此时拧松该制动鼓内侧的制动液放气螺栓，应有制动液流出，且该制动液不应有气泡，应有力地冲出，否则应将制动液放气螺栓拧紧，然后踩制动踏板的人将制动踏板放松。

（4）不断重复（2）、（3）步骤，直至流出的制动液没有气泡且有力地冲出，拧紧制动液放气螺栓。

（5）按相同的方法对其余车轮进行排空。

（二）凸轮式鼓式车轮制动器

1. 制动器的分解

（1）将制动鼓从车桥上拆下。

（2）用拉簧钩拆下蹄片复位弹簧，取下支销上的垫板。

（3）取下制动蹄总成，拆下支承销、制动凸轮、调整臂总成及制动气室、支架。

（4）拆下制动底板。

2. 制动器的装配

（1）将制动底板用螺栓固定在前桥转向节凸缘或后桥桥壳凸缘上，依次装上支承销、支架和制动气室总成、调整臂。

（2）将凸轮轴的凸轮工作面、花键部分和轴颈处分别涂上少许润滑脂（防止凸轮轴锈住卡孔）后，装入支架的孔中，其花键部分与调整臂的内花键啮合，在尾端的伸出部分装上垫圈后用开口销锁住。

（3）将制动蹄套到支承销上并用垫板进行轴向定位，然后装上复位弹簧。

注意：两制动蹄的位置不能互换，其上端面要与凸轮工作面完全贴合，支承销内端的标记朝内相对。

（4）装上制动鼓及其余零件。

3. 制动器的调整

（1）取下制动鼓上检查孔的盖片，松开支承销的固定螺母、凸轮轴支架和紧固螺栓。

（2）拧转调整臂蜗杆轴使制动蹄张开与制动鼓贴紧至拧不动为止。

（3）分别拧动偏心支承销使下端的间隙改变（经验做法是将偏心支承销放置在其左右所能转动的角度范围内的中间位置）。

（4）继续拧转蜗杆轴至拧不动后，再按上述方法拧动支承销。这样反复拧动调整臂蜗杆轴和支承销，使蹄鼓间均匀贴合。

（5）在拧紧凸轮轴支架和支承销上的紧固螺母后，将蜗杆轴拧松 1/2~2/3 转（听声音 3~4 响），制动鼓应能自由转动而不与摩擦片或其他零件擦碰。

（6）用厚薄规检查蹄鼓间隙，将厚度合适的厚薄规从检查孔内塞入，拉动有阻力即为合适。

（7）当制动蹄摩擦片使用磨损后，一般进行局部调整，局部调整时不要转支承销，仅转动调整臂即可。前桥顺时针拧动蜗杆轴间隙减小，而后桥逆时针拧动蜗杆轴间隙减小。

（8）当汽车制动发生前轮跑偏时，可以减小跑偏一侧前轮的蹄鼓间隙或加大跑偏另一侧的间隙。

（三）盘式车轮制动器

1. 盘式制动器的组成元件

盘式制动器的组成元件如图 4-21 所示。

2. 制动器摩擦衬块的更换

（1）通过泵体上的检测孔，检查摩擦衬块衬层的厚度，如图 4-22 所示。如厚度不符合要求，应予以更换。衬层最小厚度为 1.0 mm。

（2）拧松制动分泵下部装配螺栓，吊起制动分泵，如图 4-23 所示。

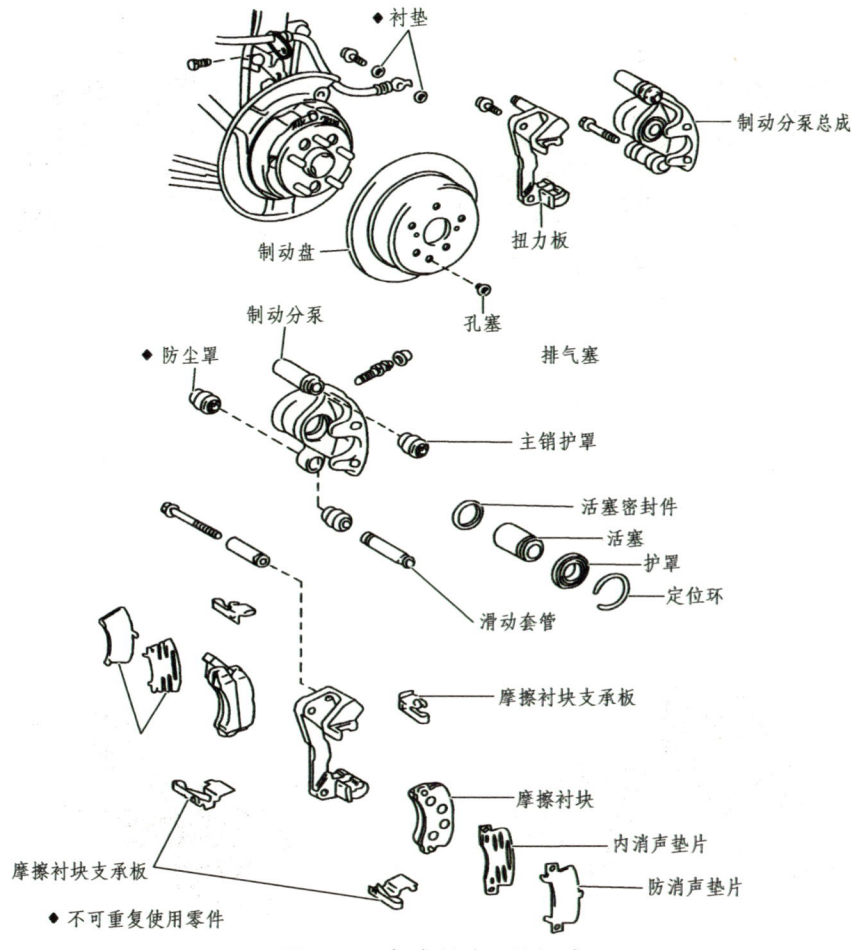

图 4-21 盘式制动器的组成

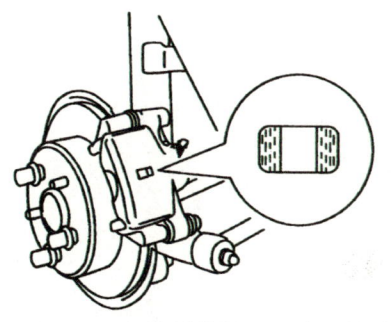

图 4-22 摩擦衬块衬层厚度的检查

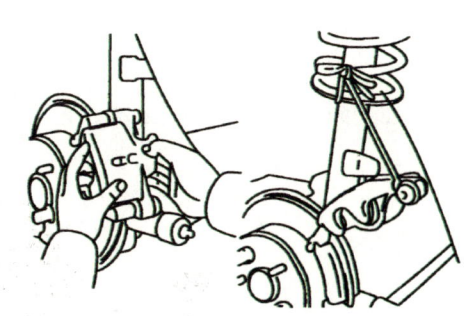

图 4-23 制动分泵的吊起

（3）拆出以下零件：两块制动器摩擦衬块、4块消音垫片、1块摩擦衬块磨损指示板、4块摩擦衬块支承板，如图4-24所示。

（4）装配新的摩擦衬块，如图4-25所示。装配时应注意：磨损指示板应装在内摩擦衬块上，且安装时，摩擦衬块磨损指示板应面朝上，另外，在内消音垫片的两面，抹上盘式制动器黄油。

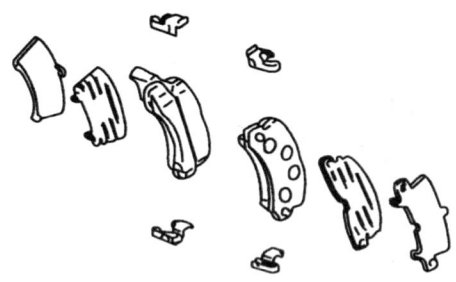

图 4-24 制动器一组零件的拆卸

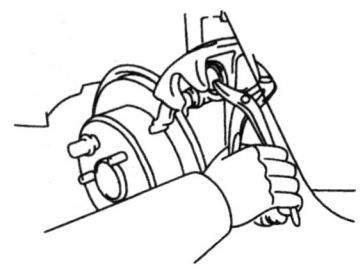

图 4-25 新摩擦衬块的装配

3. 制动分泵的拆装

（1）从制动分泵上拆下软管，用容器接排出的制动液。

（2）拆下分泵上下两个装配螺栓，拆下制动分泵及摩擦衬块。

（3）用螺丝刀拆下活塞防尘罩。

（4）用压缩空气从制动分泵进油口将活塞吹出，如图 4-26 所示。注意：应让活塞放在废布料或类似材料上，避免使活塞表面划伤而影响密封性，同时小心别碰伤手。

（5）用螺丝刀拆出活塞密封件，如图 4-27 所示。

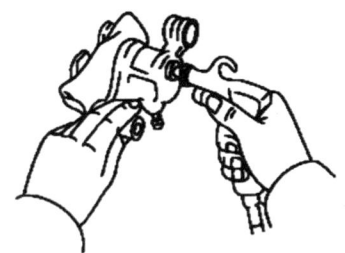

图 4-26 制动分泵活塞的拆卸

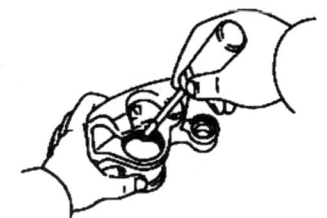

图 4-27 活塞密封件的拆卸

（6）用制动液清洗缸套、活塞，更换新的密封件。检查缸套、活塞是否有明显的磨损、损伤，如有，应予以更换。

（7）在密封圈、活塞、防尘罩、导向销表面涂一层锂-皂基乙二醇黄油，如图 4-28 所示。

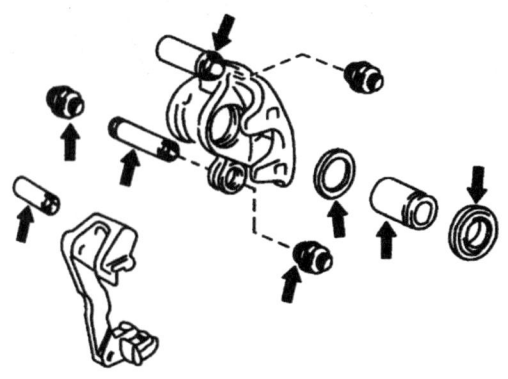

图 4-28 涂黄油的部位

（8）将密封件、活塞、防尘罩装入制动分泵。
（9）装好摩擦衬块，再装好制动分泵。
（10）连接好软管。
（11）进行排空，并检查制动液是否有泄漏现象。

任务二　CNG 新能源客车制动传动系的拆检

车辆在行驶中，驾驶员感觉车辆有跑偏的现象，经班组长判断是制动系故障，现需要对制动系进行拆检。

制动传动装置的作用是将驾驶人或其他动力源的作用传到制动器，同时控制制动器的工作，从而获得所需要的制动力矩。不同车型，根据自身的制动要求，采用不同的制动传动装置。

一、制动传动装置的类型

（1）制动传动装置按传力介质不同，可分为液压式，气压式和气-液综合式三种。
（2）制动传动装置按制动管路的数目，可分为单回路式和双回路式两种。

二、气压制动传动装置

气压式制动传动装置是利用压缩空气作力源的动力式制动装置。驾驶员只需按不同的制动强度要求控制制动踏板的行程，便可控制制动气压的大小来获得所需要的制动力。一般大客车都使用该传动装置。

气压制动传动装置由气源部分和控制部分两大部分组成，如图 4-29 所示。气源部分包括空气压缩机调压机构（卸荷阀和调压阀）、储气筒、气压表和安全阀等部件。控制部分则包括制动踏板、制动控制阀、控制管路、前制动气室、后制动气室、制动灯开关等部件。

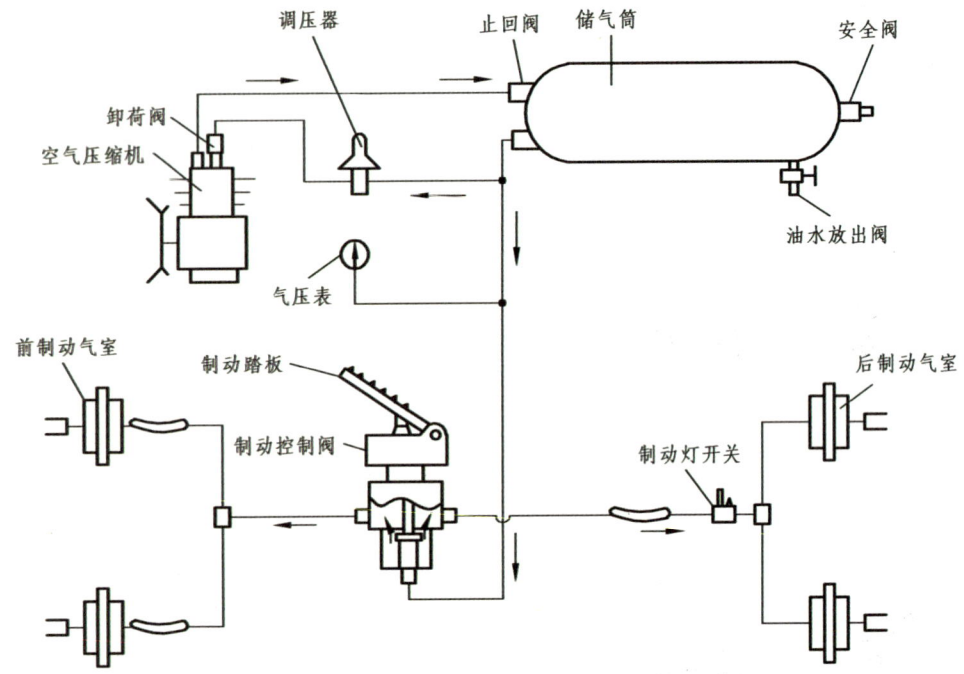

图 4-29　气压制动传动装置的基本组成

空气压缩机由发动机通过皮带轮或齿轮驱动，将高压空气压入储气筒，储气筒内气压利用调压机构保持在 0.7～1 MPa 范围内，并用安装在仪表板上的气压表指示。踩下制动踏板时，制动控制阀控制压缩空气向车轮上的制动气室充气，推动车轮制动器上的制动凸轮旋转，使两个制动蹄张开，从而使车轮制动。驾驶员可以根据需要，控制制动踏板的行程，从而控制制动气室的大小，以得到不同大小的制动力。制动踏板踩到底时，制动气室内最高气压为 0.5～0.8 MPa，但储气筒中的气压在任何时候都应高于或等于此值。

下面以某系列客车为例对气压制动的工作原理和主要阀件结构、原理进行详细介绍。客车制动系统分气源部分、前制动系统、后制动系统和驻车制动系统。在图 4-30 中，在每个阀的气路接口处均标有数字标记，这个数字在实际阀件的各接口上也有明显标注。数字标记的含义如下：

"1"表示该阀件的进气口；"2"表示该阀件的出气口；"3"表示该阀件的排气口；"4"表示该阀件的控制口。凡标有两位数字的表示某接口的顺序。例如，"11"表示该阀件的第一进气口、"12"表示第二进气口、"21"表示该阀的第一出气口、"22"表示第二出气口等。

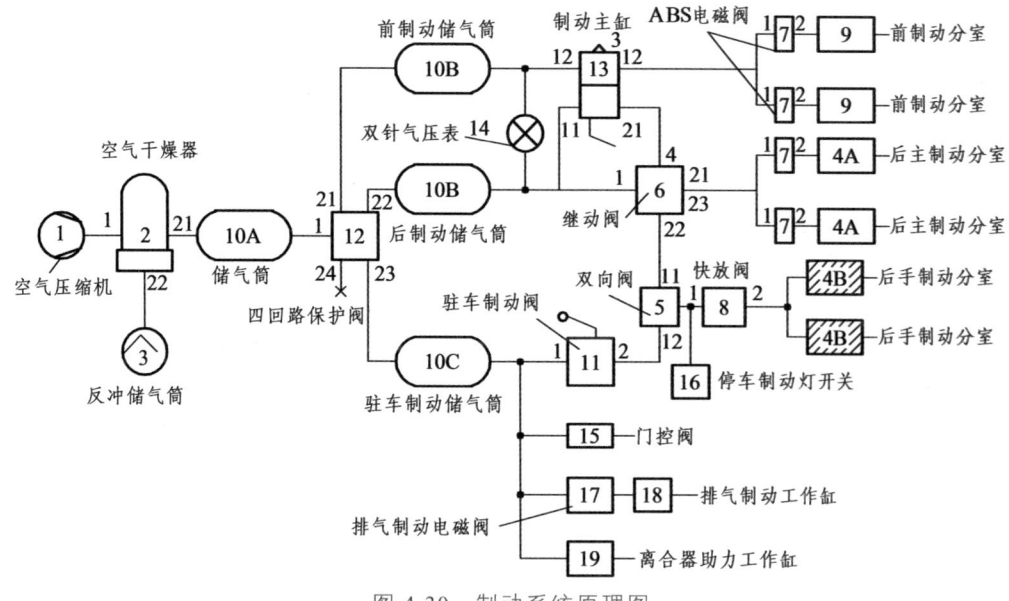

图 4-30 制动系统原理图

三、气源部分

如图 4-30 所示,空气压缩机 1 从空气滤清器吸入空气,经压缩后送入空气干燥器 2。由于空气中存有水气,空气压缩机还不断排油,因此,从空气压缩机送出的压缩空气中存在有水气与机油。如果不能将空气中的水气与油污排掉,那么回路里不断增多的水气会凝结为水,在冬季制动管路及阀件会积水结冰,造成制动失效的故障。干燥器即是为完成过滤与排放水而设置的。在干燥器内填充了一定数量的干燥剂（分子筛）,当来自空气压缩机的水气混合物经过干燥器时,空气中的水分被干燥剂吸收,比较纯净的空气经干燥器通向储气筒 10A,与此同时经干燥器给反冲储气筒同步充气。

在干燥器上安装有一内置调压阀,该调压阀的主要作用是限制系统的最高气压。当系统回路的气压达到额定值时,调压阀关闭向回路充气的通道,打开空气压缩机排气阀,使空气压缩机在无负荷工况下空运转,从而达到限制系统最高压力并且减少空气压缩机磨损的目的,同时干燥器排污阀打开,将干燥器排污阀附近积存的水及油污排掉。某客车制动系的额定压力一般被限制在 0.75~0.80 MPa。与此同时,当系统达到额定气压、调压阀开启放气时,调压阀将反冲储气筒的压缩空气经节流孔快速反向通过干燥器,从而将干燥剂所吸收的水气及油污快速从干燥器内排出,从而使干燥剂得以再生。当系统气压下降,调压阀关闭时,反冲储气筒被关闭,空气压缩机又经过干燥器向回路及反冲储气筒充气。

储气筒 10A 是一个总储气筒。来自空气压缩机 1 的压缩空气经储气筒 10A 通向四回路保护阀 12 的进气口"1"。顾名思义,四回路保护阀将全车气路分成既相关联又相独立的 4 个回路。在汽车行驶时,如果其中任何一个回路出现"断"和"漏"的故障时,四回路保护阀将立即关闭该回路,使其他回路仍然正常工作和正常充气,以确保可靠地制动。

某客车实际上仅使用了四回路保护阀的三个出气口，而将另一个出气口用丝堵完全封闭。因此，四回路保护阀将全车气路分成：前制动回路、后制动回路和驻车制动回路三个回路。这就是说：当前制动回路出现故障时，还有后制动来保证；当前、后制动都出现问题时，还有驻车制动上的应急制动系统实现可靠的制动保证。

四、前制动系统

在图 4-30 中，四回路保护阀的"21"出气口经管线通向前制动储气筒 10B，储气筒出来的管线向前通到制动主缸 13 的下腔进气口"12"。当踏下制动踏板时，制动主缸打开，经制动主缸的出气口"22"经前制动 ABS 电磁阀给两个前制动分室 9 输出一个与踏板行程成正比，同时又受 ARS 电磁阀控制的气压，使前制动分室推杆伸出，经制动凸轮轴、制动蹄片与制动鼓产生一个相应强度的制动。

五、后制动系统

在图 4-30 中，四回路保护阀的"22"出气口经管线通向后制动储气筒 10D，从储气筒 10D 接出两根管线，一根管线通到制动主缸 13 的上腔进气口"11"，另一根主管线直接通到继动阀 6 的进口"1"，为继动阀直接提供气源。因为客车车身较长，制动主缸距后制动分室的距离较远。如果制动是由制动主缸通过遥远的距离为制动分室直接输送压缩空气来实现的话，那么由于压缩空气输送的距离较长，两个后制动分室的容积又较大，因此制动分室压缩空气建立气压的速度就较慢，从而使制动缓慢，这是不允许的。

一般来说，当踏下制动踏板开始到离主缸最远的制动分室气压达到与踏板行程相应的气压值这段时间，称为汽车的制动反应时间。国家标准规定：汽车的制动反应时间不得大于 0.6 s。如果不采取措施，客车后桥的制动反应时间远远地大于 0.6 s。

继动阀就是为缩短制动反应时间而设置的。继动阀是安装在距离后制动分室最近的车架上。从储气筒用一根较粗的管线直接接到继动阀的进气口"1"。换句话说，继动阀 6 是由储气筒 10D 直接供气的。制动主缸上腔出气口"21"通过一根较细的管线接入继动阀的控制口"4"，当踏下制动踏板时，制动主缸通过较细的控制管线向继动阀控制口"4"输入一个制动气压的信号，继动阀立即打开，直接来自储气筒 10D 的压缩空气，早就等在继动阀 6 进气口"1"处，迅速通向两个后复合式制动分室的主制动分室，从而使分室迅速动作产生制动。

另一方面，如果没有继动阀 6，则制动结束后，驾驶员松开制动踏板，两个后制动分室大量的压缩空气要经过较远的距离从制动主缸排放，致使放气的时间也较长。放气缓慢会产生"制动扒紧"的不利现象。有了继动阀，仅少量的控制气压经制动主缸排放，而两个后制动分室大量的压缩空气直接就近从继动阀排出，因此放气的速度也较快，从而避免了"制动扒紧"现象。因此，继动阀又俗称为"快充快放阀"。

制动主缸 13 分上、下两腔室，因此，它是一个双回路制动主缸。所谓"双回路"，即是两个回路中任一回路出现问题，均不影响另一回路的正常工作。从图 4-30 中又可见，前制动回路在制动主缸的下腔，后制动回路在制动主缸的上腔。下腔的动作是受上腔的控制,因此制动主缸上腔的动作要比下腔快,这正满足了后制动比前制动要来得早一点的客观要求。

与前制动回路一样,在后制动回路上也安装有两个受控于ABS的电磁阀7,它可根据制动防抱死要求自动调节制动分室的气压。

六、气压式制动传动装置主要部件的结构及工作原理

1. 空气压缩机和调压阀

(1)空气压缩机一般固定在发动机气缸的一侧,多由发动机通过皮带或齿轮来驱动,有的采用凸轮轴直接驱动。空气压缩机按缸数可分为单缸和双缸两种,其工作原理相同。

如图4-31所示为单缸风冷式空气压缩机。

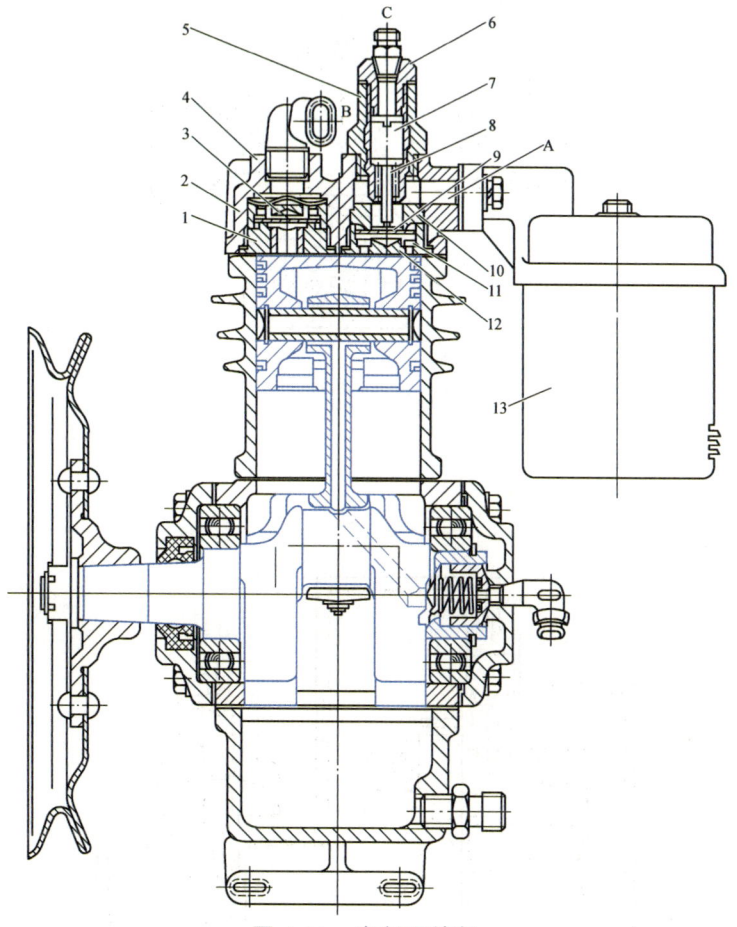

图4-31 空气压缩机

1—出气阀座;2—出气阀门导向座;3—出气阀门;4—气缸盖;5—卸荷装置壳体;
6—定位塞;7—卸荷柱塞;8—柱塞弹簧;9—进气阀门;10—进气阀座;
11—进气阀弹簧;12—进气阀门导向座;13—进气滤清器;A—进气口;
B—排气口;C—调压阀控制压力输入口(图中未示出)

如图 4-32 所示为汽车调压阀，其作用是调节储气筒中压缩空气的压力，使之保持在规定的压力范围内，同时使空气压缩机能卸荷空转，减少发动机的功率损失。

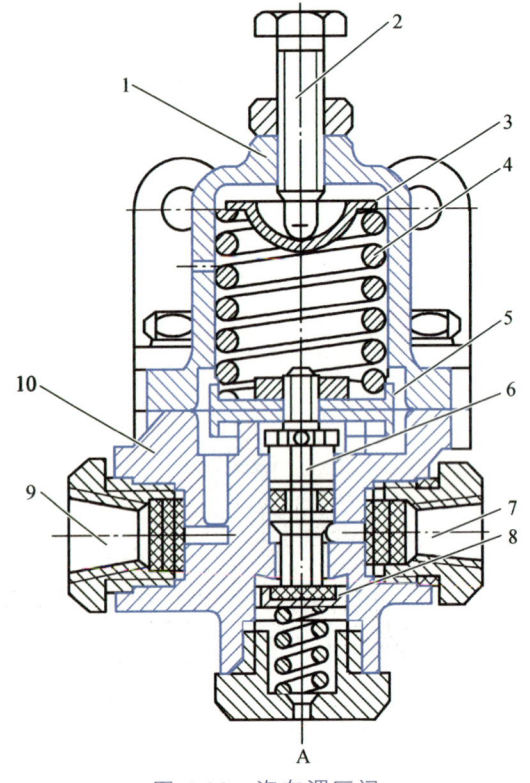

图 4-32　汽车调压阀

1—盖；2—调压螺钉；3—弹簧座；4—调压弹簧；5—膜片；6—空心管；7—接卸荷室管接头；
8—排气阀；9—接储气筒管接头；10—壳体；A—通大气；

图 4-33 所示为空气压缩机卸荷装置及调压阀工作原理示意图。

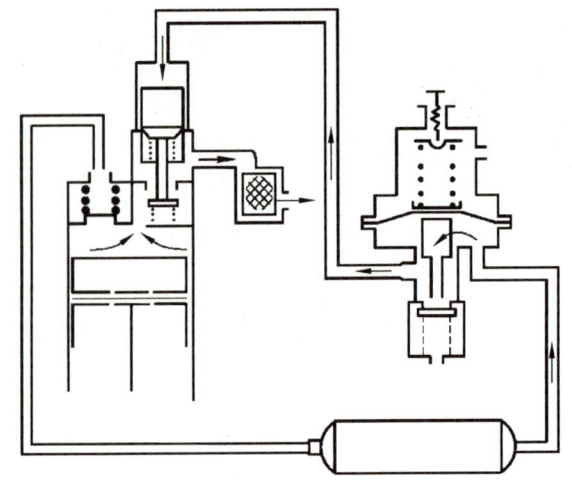

图 4-33　空气压缩机卸荷装置及调压阀工作原理示意图

（2）滤气调压阀如图 4-34 所示。

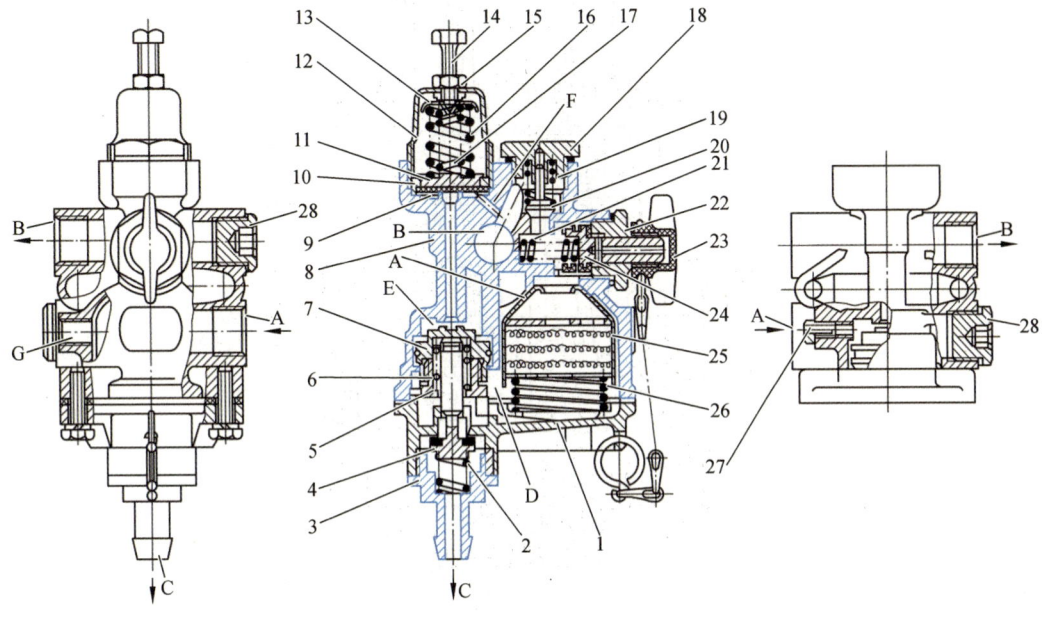

图 4-34　滤气调压阀

1—下盖；2—排气阀弹簧；3—软管接头；4—排放阀门；5—导向帽；6—定位弹簧；7—卸荷活塞；8—壳体；9—调压膜片；10—压环；11—下弹簧座；12—罩；13—上弹簧座；14—调整螺钉；15—锁紧螺母；16—外调压弹簧；17—内调压弹簧；18、28—螺塞；19—单向阀弹簧；20—单向阀；21—放气阀门弹簧；22—放气口接头；23—翼形螺母；24—放气阀门；25—滤芯组件；26—滤芯组件弹簧；27—通气螺塞；A—进气口；B—出气口；C—排放口；D、E—气腔；F—气道；G—孔口

2. 制动控制阀

制动控制阀的作用是控制从储气筒充入制动气室和挂车制动控制阀的压缩空气量，从而控制制动气室中的工作气压，并有逐渐变化的随动作用，即保证制动气室的气压与踏板行程有一定的比例关系。

如图 4-35 所示为串联双腔活塞式汽车制动控制阀。

如图 4-36 所示为串联双腔活塞式制动控制阀在制动状态下的工作情况。

如图 4-37 所示为双腔并列膜片式制动控制阀。

如图 4-38 所示为双腔并列膜片式制动控制阀在不制动时的工作情况。

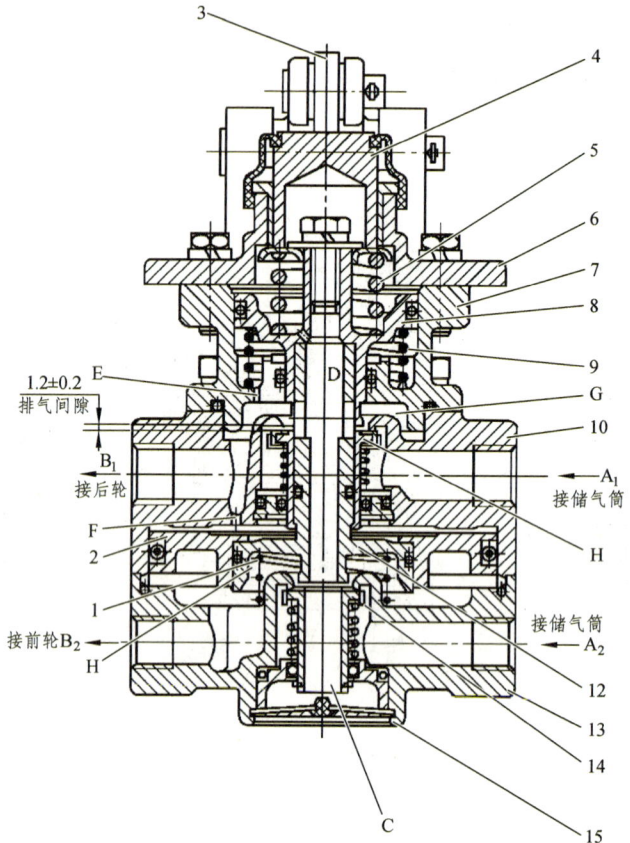

图 4-35 串联双腔活塞式制动控制阀

1—下腔小活塞复位弹簧；2—下腔大活塞；3—滚轮；4—推杆；5—平衡弹簧；6—上盖；7—上阀体；
8—上腔活塞；9—上腔活塞复位弹簧；10—中阀体；11—上腔阀门；12—下腔小活塞；13—下阀体；
14—下腔阀门；15—防尘片；A_1，A_2—进气口；B_1，B_2—出气口；
C—排气口；D—上腔排气孔；E，F—通气孔

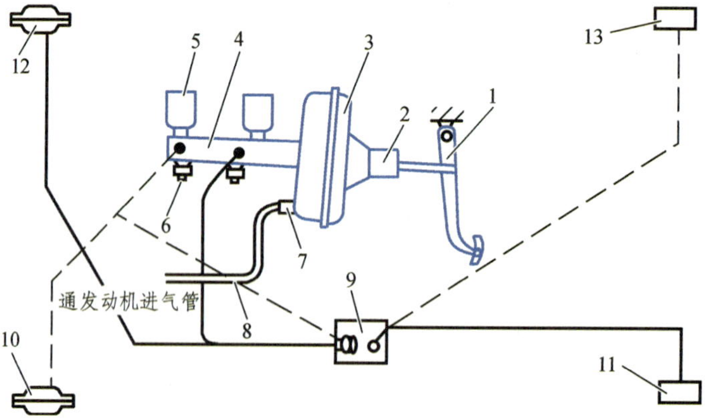

图 4-36 串联双腔活塞式制动控制阀工作情况（制动状态）

1—制动踏板机构；2—控制阀；3—加力气室；4—制动主缸；5—储液罐；6—制动信号灯液压开关；
7—真空单向阀；8—真空供能管；9—感载比例阀；10—左前轮缸；
11—右后轮缸；12—右前轮缸；13—右后轮缸

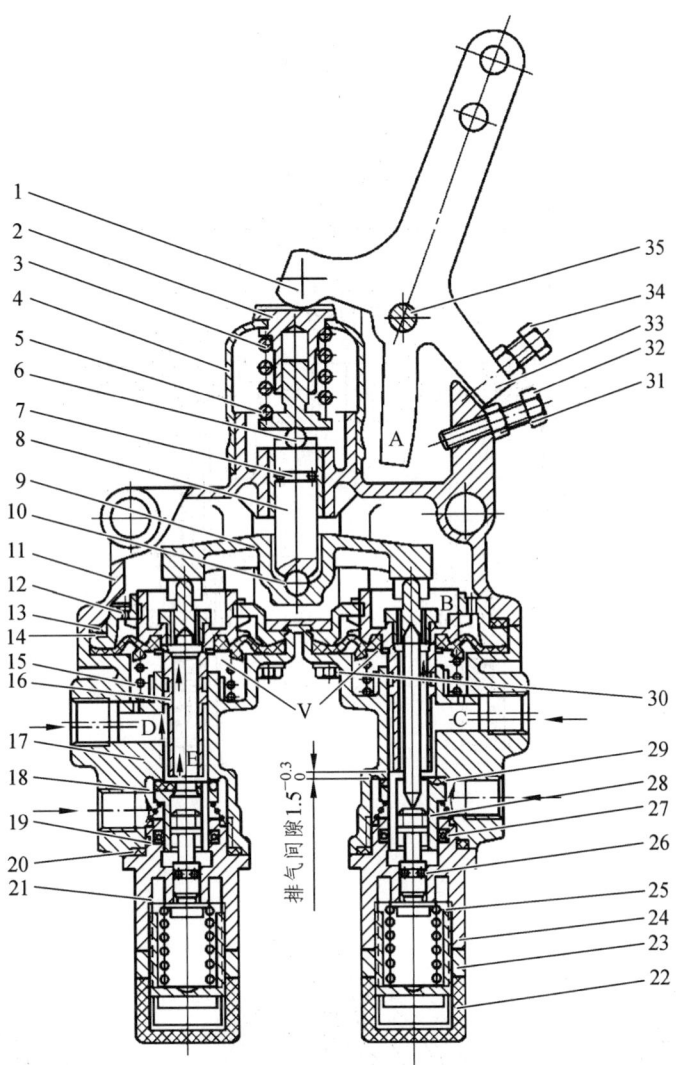

图 4-37 双腔并列膜片式制动控制阀

1—拉臂；2—平衡弹簧上座；3—平衡弹簧；4—防尘罩；5—平衡弹簧下座；6，10，14—钢球；
7，26，27—密封圈；8—推杆；9—平衡臂；11—上壳体；12—膜片压紧圈；
13，20—密封垫；15—膜片复位弹簧；16—膜片芯管；17—下壳体；
18—两用阀总成；19—阀门复位弹簧；21—柱塞座；22—塑料罩；
23，31，33—锁紧螺母；24—调整螺母；25—滞后弹簧；
28—密封柱塞；29—推杆；30—紧固螺钉；32—调整螺钉；
34—调整螺钉；35—拉臂轴；A—拉臂限位块；
B—排气口；C—节流孔；D—进气阀口；
E—排气阀口；V—平衡气室

3. 制动气室

制动气室的作用是把储气筒经过控制阀送来的压缩空气的压力转变为转动凸轮的机械力。如图 4-39 所示为膜片式制动气室。

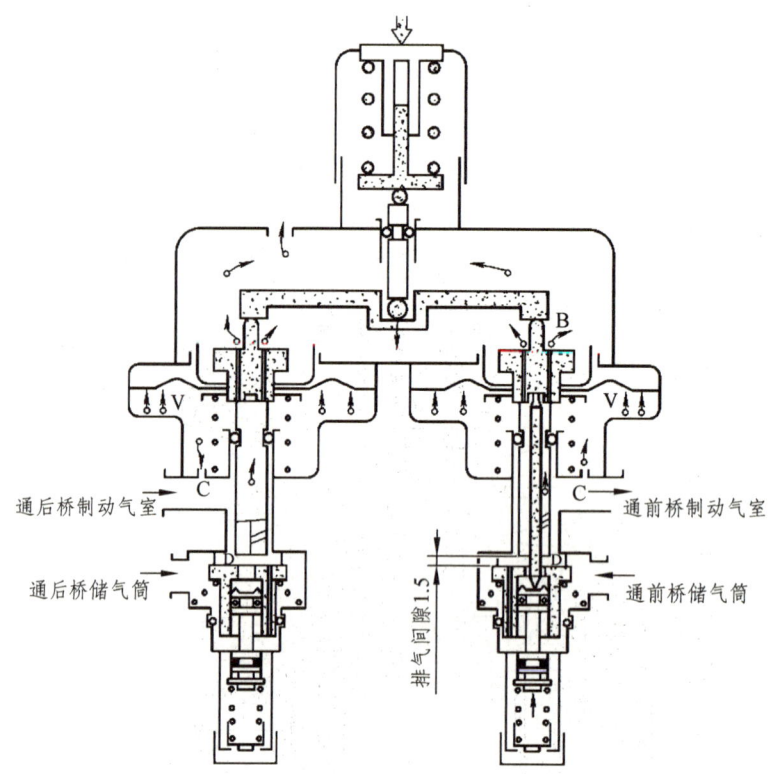

图 4-38 双腔并列膜片式制动控制阀工作情况（不制动时）

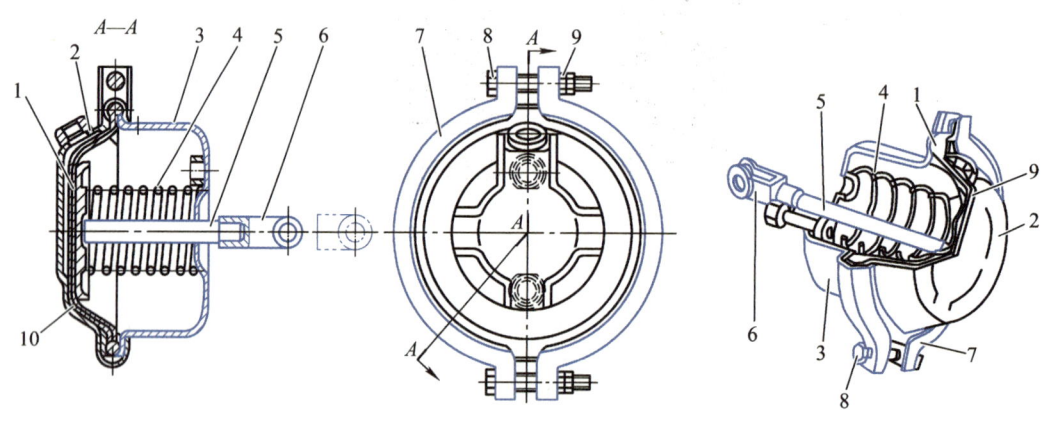

（a）结构图　　　　　　　　　　　　　　（b）轴侧图

图 4-39 膜片式制动气室

1—橡胶膜片；2—盖；3—壳体；4—弹簧；5—推杆；6—连接叉；
7—卡箍；8—螺栓；9—螺母；10—支承盘

4. 快放阀

膜片式快放阀的结构及工作原理如图 4-40 所示。

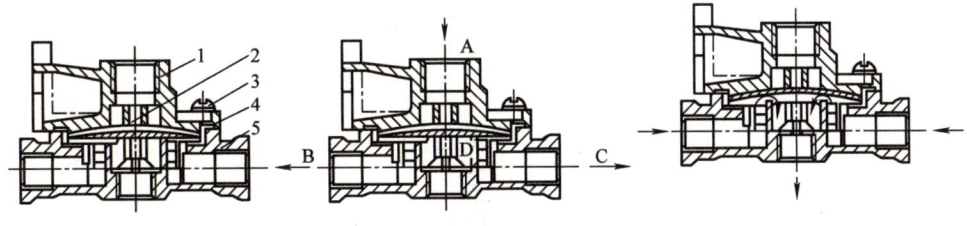

（a）行驶状态　　　　（b）制动进气状态　　　（c）解除制动排气状态

图 4-40　快放阀

1—上壳体；2—膜片；3—紧固螺钉；4—密封垫；5—下壳体；
A—接气源；B，C—接制动气室；D—排气口

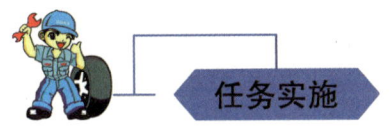

一、任务准备

气压制动传动车辆 1 辆，常用、专用工具各 1 套。

二、操作步骤

1. 空气压缩机的检修

（1）空气压缩机的拆卸。

空气压缩机的解体顺序如下：

① 从空压机上拆下空气滤清器总成，并按图 4-41 所示进行解体。

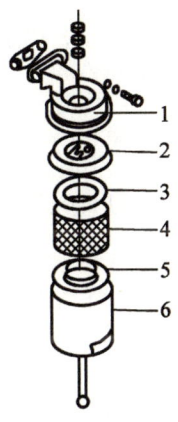

图 4-41　空压机空气滤清器

1—底座；2—隔板；3—滤芯上垫圈；4—滤芯；5—滤芯下垫圈；6—外壳

② 拧下缸盖螺栓,取下空压机缸盖总成,并按图 4-42 所示顺序从缸盖上拆下进气阀、排气阀及松压阀。

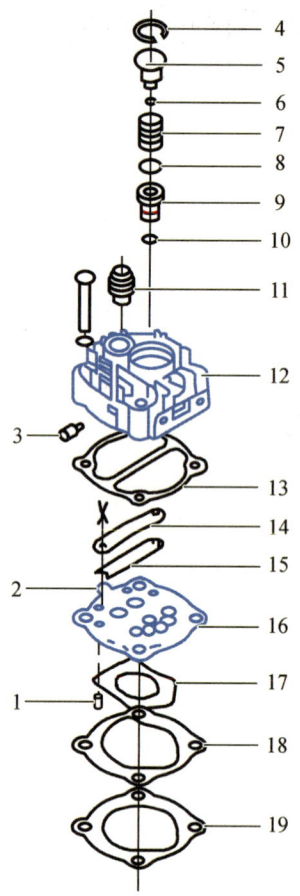

图 4-42　空压机缸盖总成

1—销；2—垫圈；3，11—管接头；4—弹性挡圈；5—柱塞限位轴；6，8，10，13—密封圈；
7—松压阀复位弹簧；9—柱塞；12—气缸盖；14—排气阀片限位板；
15—排气阀片；16—阀板；17—进气阀片；
18—上密封垫；19—下密封垫

③ 拆下空压机底盖,转动皮带轮,使曲轴连杆轴颈处于最下端位置,按照与发动机相同的操作方法拆下活塞连杆组并解体(注意:活塞、连杆及连杆盖的安装方向标记,必要时应重新做出标记),如图 4-43 所示。

④ 拆下皮带轮紧固螺母及开口销,用拉器拉下皮带轮(见图 4-44)。

⑤ 拆下曲轴前、后轴承盖,并取出油堵及油堵弹簧。

⑥ 拆下轴承卡环,用铜棒或木锤由前向后敲动曲轴,并用拉器拉下曲轴后轴承,然后再向前压动曲轴,使之与曲轴箱分离。

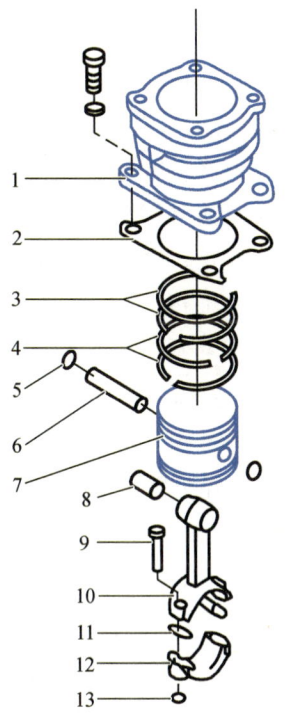

图 4-43 空压机缸体及活塞连杆组

1—气缸体；2—缸体衬垫；3—气环；4—油环；5—卡簧；6—活塞销；7—活塞；
8—连杆衬套；9—连杆螺栓；10—连杆；11—垫片；12—连杆盖；13—螺母

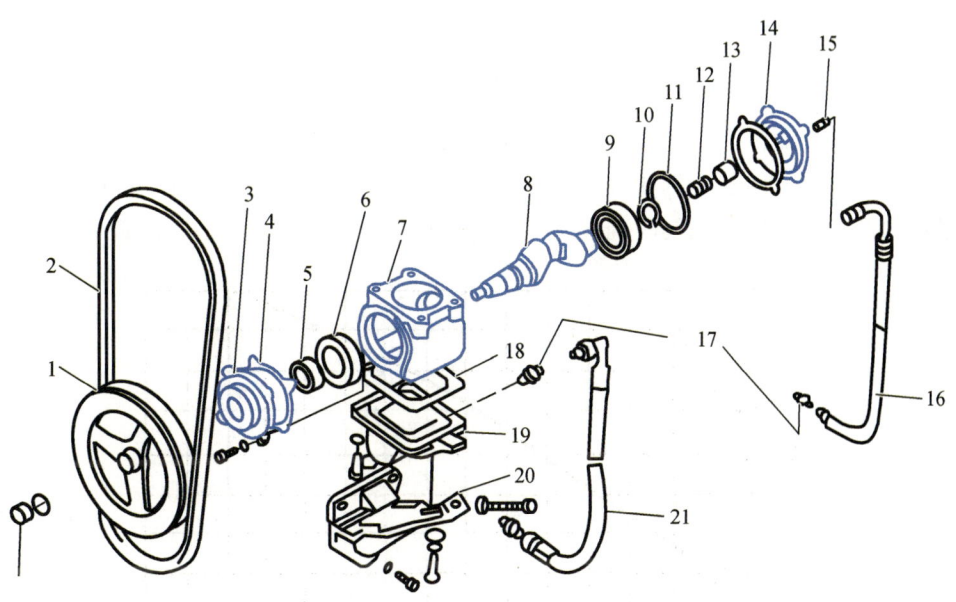

图 4-44 空压机曲轴及曲轴箱

1—皮带轮；2—皮带；3—前盖；4，18—衬垫；5—油封；6—前轴承；7—曲轴箱；8—曲轴；9—后轴承；
10—弹性挡圈；11—钢丝挡圈；12—油堵弹簧；13—油堵；14—后盖；15，17—管接头；
16—进油管；19—底盖；20—支架；21—回油管

（2）空气压缩机的装配与试验。

空压机的装配：空压机装配前，各零件应清洗干净，装配过程中，各摩擦表面应涂抹适量润滑油。其装配顺序如下：

① 将曲轴装入曲轴箱中，并依次装好前、后轴承。

② 安装曲轴油堵、油堵弹簧及曲轴箱后盖。

③ 安装好曲轴油封及曲轴箱前盖，紧固好皮带轮。

④ 将气缸体及其衬垫紧固到曲轴箱上。

⑤ 组装好活塞连杆组，使活塞环开口相互错开 180°，然后按活塞、连杆及连杆盖上的装配标记将其装入气缸中，以 15～20 N·m 的力矩拧紧连杆螺栓。

⑥ 将空压机底盖紧固到曲轴箱上。

⑦ 将松压阀安装到气缸盖上，并组装好阀板总成，然后将阀板总成、气缸盖及相应的密封垫用缸盖螺栓紧固到气缸体上。

⑧ 组装好空气滤清器，并将其安装到空压机上。

⑨ 将空压机装车并拧动调整螺栓（见图 4-44）调整皮带预紧度。

空压机活塞环的配合间隙如表 4-1 所示。

表 4-1　空压机活塞环的配合间隙　　　　　　　　　　　　mm

车　型	端　隙	侧　隙	背　隙
EQ1092	0.15～0.35	0.04～0.07	气环：0.80～1.48 油环：1.80～2.48
CA1092	0.15～0.35	0.035～0.080	

空压机的性能试验：空压机的性能试验可在车上进行。启动发动机使之带动空压机转动，当空压机转速达到 1 200 r/min（相当于发动机转速为 1 714 r/min）时，气压表指示的储气筒气压与充气时间的关系应符合图 4-45 所示的空压机充气特性。

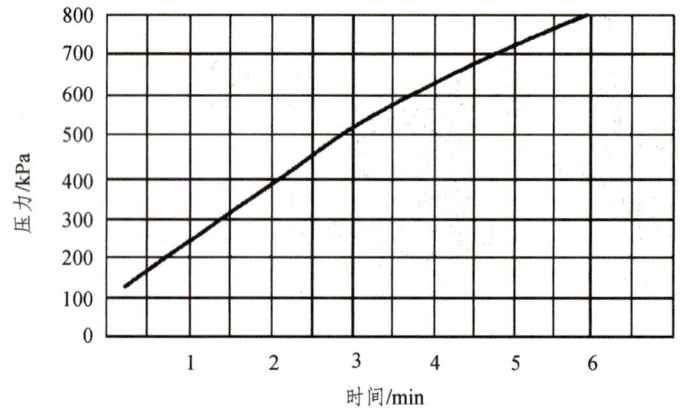

图 4-45　空压机充气特性

2. 气压制动阀的检修

（1）气压制动阀的分解。

双腔并列膜片式制动阀如图 4-46 所示。进行解体时，可按如下步骤进行操作：

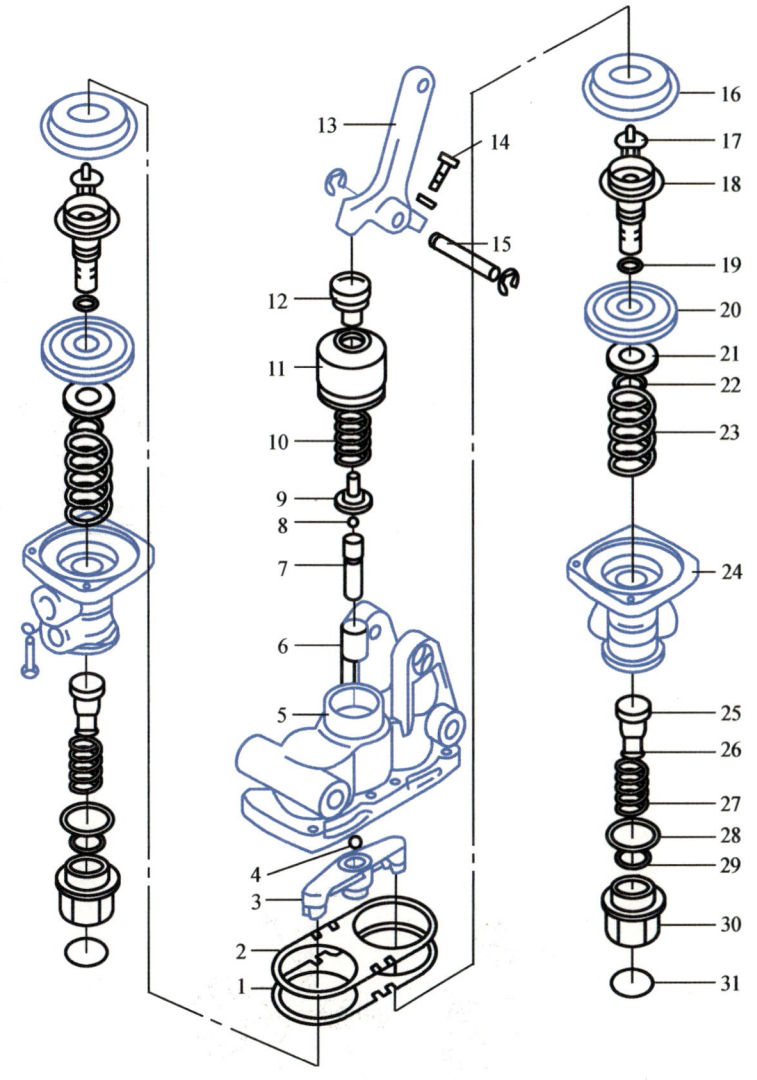

图 4-46 双腔制动阀总成

1—钢垫片；2—橡胶垫；3—平衡臂；4，8—钢球；5—上体；6—衬套；7—推杆；9—弹簧下座；
10—平衡弹簧；11—防尘罩；12—弹簧上座；13—拉臂；14—调整螺钉；15—拉臂轴；
16—压紧圈；17—挺杆头；18—挺杆；19，26，29—密封圈；20—膜片；
21—夹片；22—挡圈；23—膜片复位弹簧；24—下体；
25—进气阀门座总成；27—进气阀复位弹簧；
28—密封垫片；30—阀门座；31—防尘堵

① 拆除拉臂轴卡簧，取下拉臂轴、拉臂、平衡弹簧及钢球。
② 拧下进气阀阀门座，按图 4-46 所示取出阀门及其复位弹簧等零件。

③ 拧下上、下体连接螺栓，使上、下体分离，并取下平衡臂、膜片压紧圈、膜片总成及膜片复位弹簧等零部件。

④ 用卡环钳拆下膜片挺杆下端的挡圈，使膜片总成分解。

⑤ 解体后将各零件彻底清洗干净。

（2）气压制动阀主要零件的检修。

（3）气压制动阀的装配与调整。

其基本装配顺序如下：

① 按图4-46所示顺序组装好膜片总成。

② 安放好平衡臂、上下体之间的垫片、膜片复位弹簧、膜片总成及膜片压紧圈等零件，装合上、下体并用螺栓紧固好。

③ 按图4-46所示顺序将进气阀总成各零件安装到制动阀下体上。

④ 在制动阀上体上安装好平衡弹簧组件及制动拉臂。

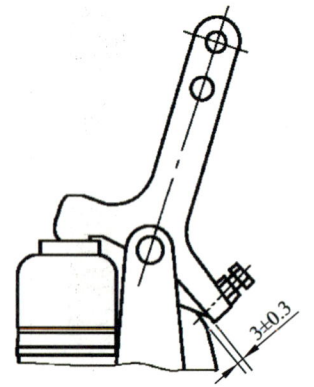

图4-47 汽车制动阀的调整

气压制动阀的调整：汽车制动阀主要对排气间隙进行调整，其检查与调整可在装车后进行，踩动制动踏板，使制动踏板气压维持在500 kPa，此时制动拉臂上的调整螺钉与制动阀上体间隙应为（3±0.3）mm，如图4-47所示。

3. 制动气室与制动调整臂的检修

（1）制动气室与制动调整臂的拆卸。

膜片制动气室和蜗杆蜗轮式制动调整臂的结构如图4-48所示。

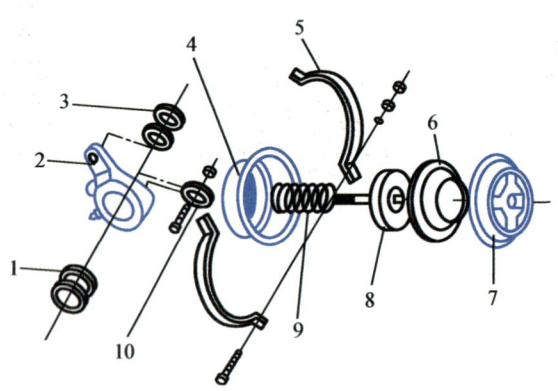

图4-48 制动气室与制动调整臂

1—调整垫片；2—制动调整臂；3—垫片；4—制动气室外壳；5—卡箍；6—膜片；
7—气室盖；8—推杆；9—复位弹簧；10—连接叉

维修时可按以下步骤进行拆卸：

① 拆下与制动气室相连的制动软管，拆除制动气室推杆连接叉与制动调整臂的连

接销。

② 拧下制动气室的固定螺栓，从其支架上取下制动气室。

③ 拔下制动凸轮轴外端的开口销，从凸轮轴上取下制动调整臂及垫圈。

④ 将制动气室夹在台钳上，拧下夹箍螺栓，轻轻敲击夹箍并将其取下，使制动气室外壳与盖分离，如图 4-49 所示。

⑤ 取出膜片，拧下推杆连接叉，取下复位弹簧及推杆。

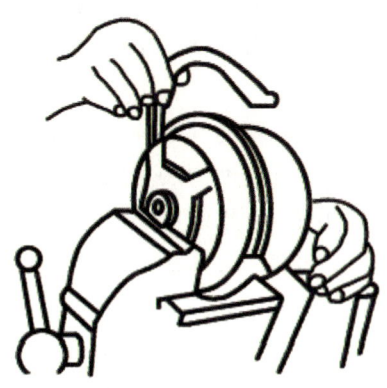

图 4-49 制动气室的解体

（2）制动气室与制动调整臂的装配顺序如下：

① 将制动调整臂及调整垫片安装到制动凸轮轴上，插入开口销。此时推拉制动凸轮轴检查，其轴向间隙应不大于 0.70 mm，否则，应改变调整垫片的厚度进行调整。

② 将推杆、复位弹簧及推杆连接叉安装到制动气室外壳上，放好橡胶膜片，并扣合外壳盖。

③ 将制动气室夹在台钳上，紧固好制动气室夹箍。

④ 将制动气室安装到支架上，并使推杆连接叉与制动调整臂连接（用拧动推杆连接叉改变推杆的长度的方法对正销孔）。

⑤ 安装完毕后调好车轮制动器间隙。

任务三　纯电动汽车电动真空助力系统检修

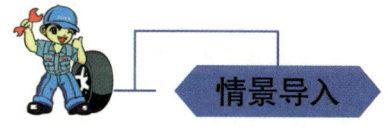

一驾驶员反映其纯电动客车最近在行车过程中仪表偶尔显示制动故障。经班组长检查判断是电动真空助力系统故障，需进行检修。

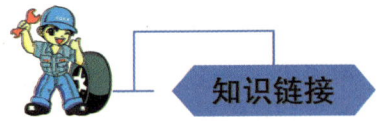

知识链接

纯电动汽车制动系与传统汽车制动系的区别不大,其主要的不同是纯电动汽车在传统汽车制动系基础上增加了电动真空助力系统,并采用制动能量回收模式。

下面主要介绍纯电动汽车制动系与传统汽车制动系不同的结构。

纯电动汽车采用的制动系与传统汽车基本结构区别不大,但是在制动系的真空辅助助力系统上存在较大的差异。

绝大多数的汽车采用真空助力伺服制动系统,人力和助力并用。真空助力器利用前后腔的压差提供助力。传统汽车真空助力装置的真空源来自发动机进气歧管,真空度负压一般可达到 0.05~0.07 MPa。对于纯电动汽车,由于没有发动机总成,即没有传统的真空源,仅由人力所产生的制动力无法满足行车制动的需要,通常需要单独设计一个电动真空泵来为真空助力器提供真空源。这个助力系统就是电动真空助力系统,即 EVP 系统(Electric Vacuum Pump,电动真空助力泵)。

如图 4-50 所示,电动真空助力系统由真空泵、真空罐、真空泵控制器(后期集成到 VCU 整车控制器里)以及与传统汽车相同的真空助力器、12 V 电源组成。

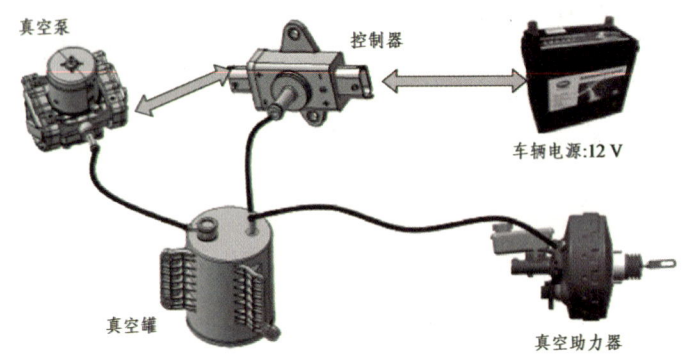

图 4-50　电动真空助力系统组成

电动真空助力系统的工作过程为:当驾驶员启动汽车时,车辆电源接通控制器开始进行系统自检,如果真空罐内的真空度小于设定值,真空罐内的真空压力传感器输出相应电压信号至控制器,此时控制器控制电动真空泵开始工作,当真空度达到设定值后,真空压力传感器输出相应电压信号至控制器,此时控制器控制真空泵停止工作。当真空罐内的真空度因制动消耗,真空度小于设定值时,电动真空泵再次开始工作,如此循环。

一、电动真空助力系统的主要组成元件

1. 真空泵

真空泵是指利用物理、化学或物理化学的方法对被抽容器进行抽气而获得真空的器

件或设备。通俗来讲，真空泵是用各种方法在某封闭空间中改善、产生和维持真空的装置。汽车上通常采用如图 4-51 所示的电动真空泵。

2. 真空罐

真空罐用于储存真空，通过真空压力传感器感知真空度并把信号发送给真空泵控制器，如图 4-52 所示。

图 4-51　真空泵　　　图 4-52　真空罐（电线插头位置为真空压力传感器）

3. 真空泵控制器

真空泵控制器是电动真空系统的核心部件。真空泵控制器根据真空罐真空压力传感器发送的信号控制真空泵工作，如图 4-53 所示。

图 4-53　真空控制器

二、电动真空助力系统的工作原理

1. 真空泵启动策略

当驾驶员启动车辆时，12 V 电源接通，电子控制系统模块开始自检，如果真空罐内的真空度小于设定值，真空压力开关处于常开状态，此时电动真空泵开始工作，当真空度大于设定值时，真空压力开关或传感器处于常闭状态，电子延时模块立即进入延时工作模式，15 s 左右延时时间停止。此时，真空罐内的真空度达到设定值，电机停止工作，当真空罐内的真空因制动消耗真空度小于设定值时，真空压力开关或传感器再次处于常开状态，电动真空泵再次开始工作，如此循环。

2. 真空泵的工作原理

电线连接好后，接通 12 V 直流电源，控制器接通真空泵电机开始工作，当真空度达到 –55 kPa 时，真空压力开关闭合，输出高电平信号给控制器，控制器在接收到信号后延时 10 s，电机停止工作。

三、制动能量回收系统

电动车诞生以来，其续航性能一直是人们关注的重点。除了改进蓄能和驱动方式外，制动能量回收是现代电动汽车以及混合动力汽车的重要技术之一。

（一）制动能量回收的基本原理

制动能量回收就是把电动汽车电机无用的、不需要的或有害的惯性转动产生的动能转化为电能，并回馈到蓄电池，同时产生制动力矩，使电动机快速停止惯性转动，这个总过程也称为再生制动。再生制动就是指电动汽车在减速制动（刹车或者下坡）时，将汽车的部分动能转化为电能，转化的电能储存在储存装置中，如各种蓄电池、超级电容和超高速飞轮，最终增加电动汽车的续驶里程。

制动能量回收的基本原理是先将汽车制动或减速时的一部分机械能（动能）经再生系统转换（或转移）为其他形式的能量（旋转动能、液压能、化学能等），并储存在储能器中，同时产生一定的负荷阻力使汽车减速制动；当汽车再次起动或加速时，再生系统又将储存在储能器中的能量转换为汽车行驶所需要的动能（驱动力）。

再生制动系统的结构如图 4-54 所示，它由驱动轮、主减速器、变速器、电动机、AC/DC 转换器、DC/DC 转换器、能量储存系统和控制器组成。

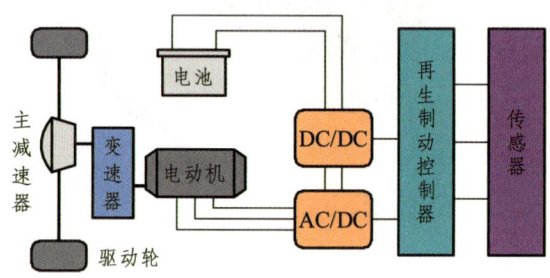

图 4-54　再生制动系统的结构

（二）制动能量回收的方法

根据储能机理不同，电动汽车制动能量回收的方法也不同，主要有 3 种，即飞轮储能、液压储能和电化学储能。

1. 飞轮储能

飞轮储能是利用高速旋转的飞轮来储存和释放能量，能量转换过程如图 4-55 所示。当汽车制动或减速时，先将汽车在制动或减速过程中的动能转换成飞轮高速旋转的动能；当汽车再次起动或加速时，高速旋转的飞轮又将储存的动能通过传动装置转化为汽车行驶的驱动力。

图 4-55　飞轮储能能量转换过程

飞轮储能系统主要由发动机、高速储能飞轮、增速齿轮、离合器和驱动桥组成。如图 4-56 所示为飞轮储能式制动能量回收系统示意图。发动机用来提供驱动汽车的主要动力，高速储能飞轮用来回收制动能量以及作为负荷平衡装置，为发动机提供辅助的功率，以满足峰值功率的要求。

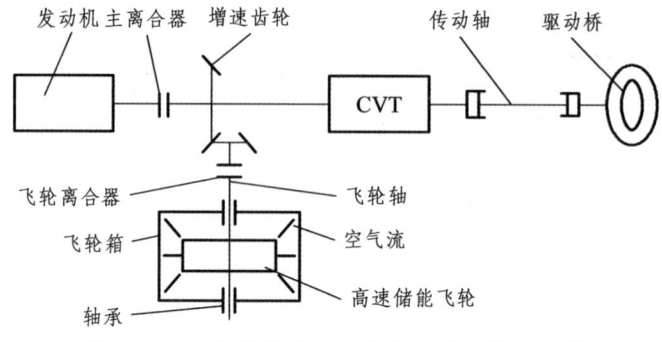

图 4-56　飞轮储能式制动能量回收系统示意图

2. 液压储能

如图 4-57 所示为液压储能工作过程。它是先将汽车在制动或减速过程中的动能转换成液压能，并将液压能储存在液压蓄能器中；当汽车再次起动或加速时，储能系统又将蓄能器中的液压能以机械能的形式反作用于汽车，以增加汽车的驱动力。

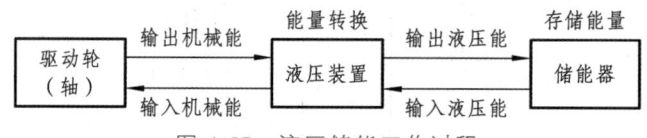

图 4-57　液压储能工作过程

如图 4-58 所示为液压储能式制动能量回收系统示意图。液压储能式制动能量回收系统由发动机、液压泵/马达、液压蓄能器、变速器、驱动桥、离合器和液压控制系统组成。

3. 电化学储能

如图 4-59 所示为电化学储能工作原理。它是先将汽车在制动或减速过程中的动能，通过发电机转化为电能并以化学能的形式储存在储能器中；当汽车再次起动或加速时，将储能器中的化学能通过电动机转化为汽车行驶的动能。储能器可采用蓄电池或超级电容，由发电机/电动机实现机械能和电能之间的转换。该系统还包括一个控制单元，用来控制蓄电池或超级电容的充放电状态，并保证蓄电池的剩余电量在规定的范围内。

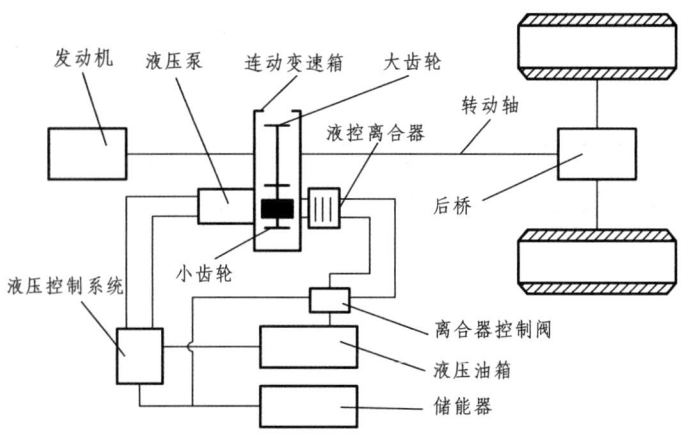

图 4-58 液压储能式制动能量回收系统示意图

图 4-59 电化学储能工作原理

如图 4-60 所示为电化学储能式制动能量回收示意图。当汽车以恒定速度或加速度行驶时，电磁离合器脱开。当汽车制动时，行车制动系统开始工作，汽车减速制动，电磁离合器接合，从而接通驱动轴和变速器的输出轴。这样，汽车的动能由输出轴、离合器、驱动轴、驱动轮和从动轮传到发动机和飞轮上。制动时的机械能由电动机转换为电能，并存入蓄电池。

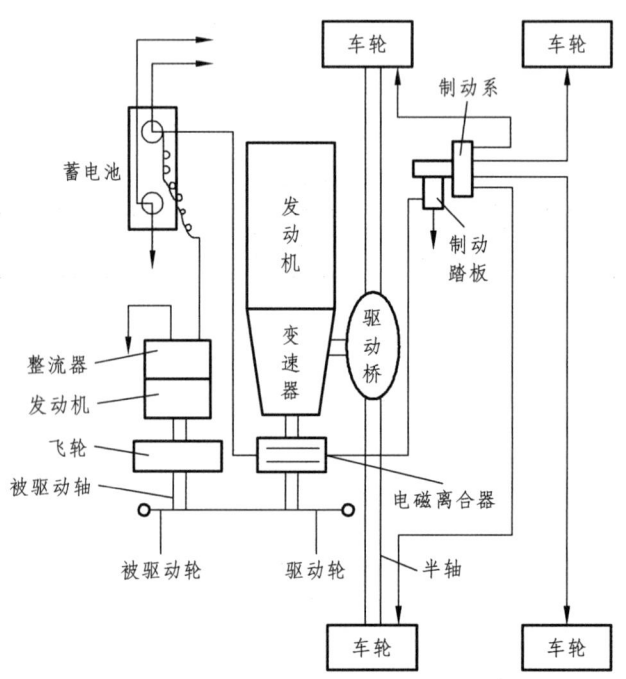

图 4-60 电化学储能式制动能量回收示意图

（三）制动能量回收的作用

电动汽车上采取制动能量回收方法，有如下作用：

（1）在目前电动汽车的储能元件没有大的突破与发展的实际情况下，制动能量回收装置可以提高电动汽车的能量利用率，延长电动汽车的行驶里程。

（2）电制动与传统制动相结合，可以减轻传统制动器的磨损，增长其使用周期，达到降低成本的目的。

（3）可以减少汽车制动器在制动，尤其是缓速下长坡以及滑行过程中产生的热量，降低汽车制动器的热衰退，提高汽车的安全性和可靠性。

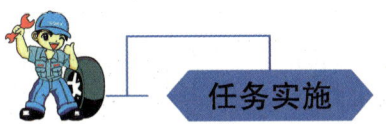

一、任务准备

（1）防护装备：绝缘防护装备。
（2）一辆纯电动汽车。
（3）组合工具一套、专用工具一套、万用表等。

二、常见电动真空系统故障及排除方法

电动真空系统故障诊断及排除方法见表4-2。

表4-2　电动真空系统故障诊断及排除方法

故障现象	检测方法及排除方法
连接电源后电机不转	检查熔丝是否熔断。 熔断：（1）线路短路；（2）控制器损坏；（3）电机烧毁短路。 未熔断：（1）蓄电池亏电；（2）线路断路；（3）控制器损坏
接通电源后，将真空度抽至上限设定值，电机不停转	（1）开关触点适中常开； （2）电子延时模块损坏，应更换
压力开关不能正常开启和断开	（1）压力开关触点污损、锈蚀、接触不良，应清洁触点或更换压力开关； （2）连接线折断或插头连接脱焊，应更换连接线； （3）管路密封性不好，检查管路密封性，必要时更换
设备的机壳带电	（1）电源线接错，未与电源正极连接，应纠正错误连接； （2）电源插座的搭铁线未真实与搭铁连接，应把电源插座中的搭铁线连接好

三、检查电动真空泵电机的供电

检查电动真空泵电机的供电的步骤如下:

(1) 检查发动机输电器盒是否损坏,如损坏则更换。

(2) 检查发动机舱电器盒线束插件是否接触不良。

(3) 检查发动机验电器盒真空泵电机熔丝 30 A 是否接触不良,位置如图 4-61 所示。

(4) 根据电动真空泵的工作原理,使用万用表测量真空泵电机熔丝 SB6 (30 A) 是否烧损,如果损坏,更换处理;否则检测整车控制器的 4 脚是否有 12 V 电压。如无,则整车控制器线束损坏,更换该线束。

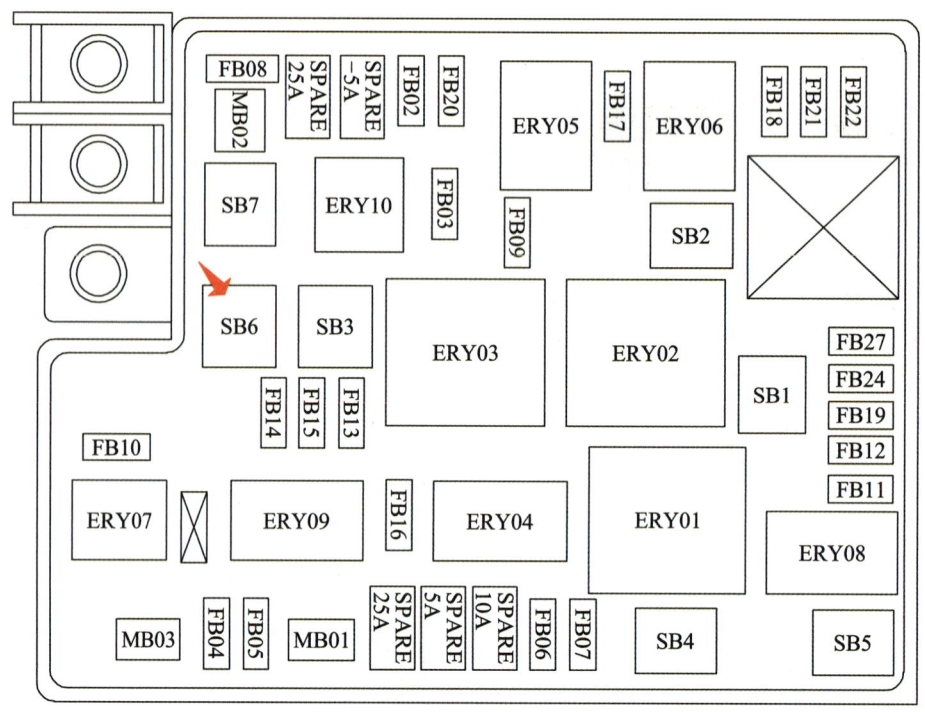

图 4-61　熔丝 SB6 所在位置

四、检查真空压力传感器

检查真空压力传感器电路的步骤如下:

1. 检查传感器与整车控制器之间的线束是否正常

(1) 使用万用表测量真空压力传感器插件第 1 脚到整车控制器线束端 121 芯插件 (B) 92 脚线束针脚供电是否导通,如图 4-62 所示。

(2) 使用万用表测量真空压力传感器插件第 2 脚到整车控制器线束端 81 芯插件 (A) 50 脚线束针脚搭铁线是否导通,如图 4-63 所示。

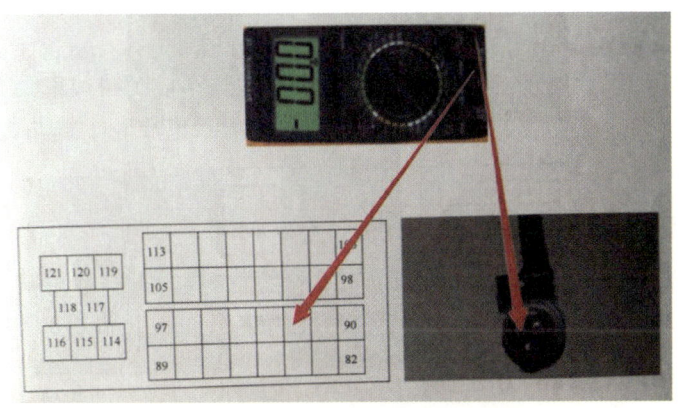

图 4-62 压力传感器电源线测量

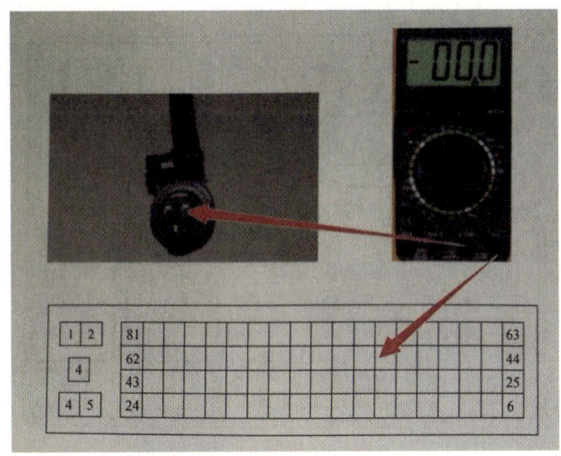

图 4-63 压力传感器搭铁线测量

（3）使用万用表测量真空压力传感器插件第 3 脚到整车控制器线束端 81 芯插件（A）27 脚线束针脚信号线是否导通，如图 4-64 所示。

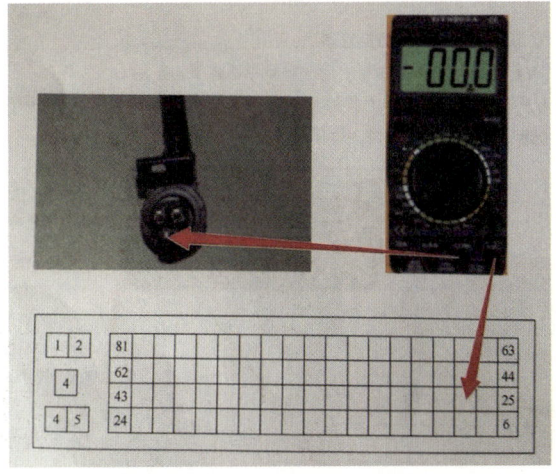

图 4-64 压力传感器信号线测量

2. 检查真空压力传感器供电是否正常

使用万用表测量真空压力传感器插件第 1 脚到整车控制器线束端 121 芯插件（B）92 脚线束针脚导通后，使用万用表测量真空压力传感器线束端第 1 脚是否有（5±0.05）V 电压，如达不到，初步判定整车控制器损坏。

3. 检查真空压力传感器的信号输出是否正常

使用万用表测量真空压力传感器插件第 3 脚到整车控制器线束端 121 芯插件（B）27 脚线束针脚导通后，使用万用表测量真空压力传感器线束端第 3 脚是否有 4.5～5 V 输出电压，如达不到，初步判定传感器损坏。

五、检查真空泵

（1）检查真空泵供电是否正常。如图 4-65 所示，使用万用表测量真空泵插件第 1 脚到整车控制器线束端 81 芯插件（A）3 脚线束针脚是否导通。若导通，使用万用表测量真空泵线束端应该有 12～13 V 电压，如达不到，初步判定整车控制器损坏。

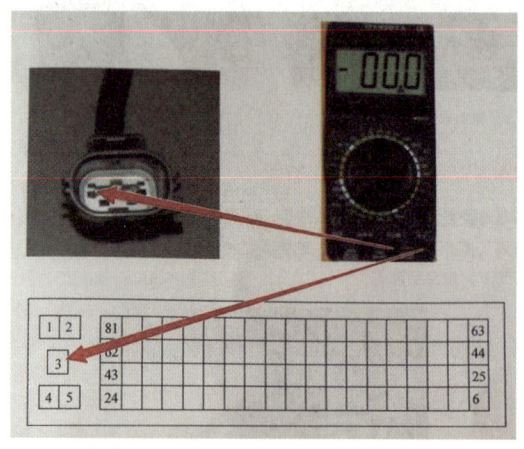

图 4-65 真空泵供电线束测量

（2）检查真空泵搭铁是否正常。使用万用表测量真空泵插件第 2 脚到低压电机线束总成搭铁针脚是否导通，如图 4-66 所示。

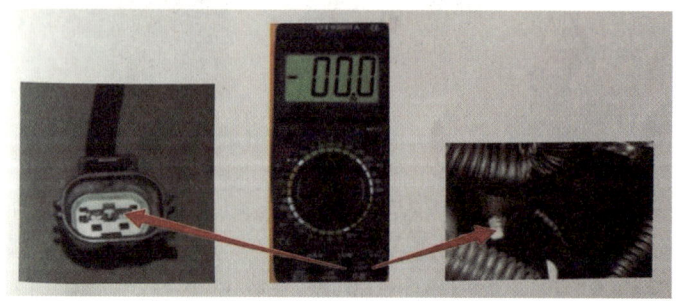

图 4-66 真空泵搭铁线束测量

（3）检测真空泵泄漏。通过踩制动踏板查看真空泵是否正常工作，用真空表测试制动真空压力，如图 4-67 所示。当压力低于 55 kPa 时，没有在 8 s 内恢复，检查真空泵是否漏气，如连接管路无漏气，则判定真空泵损坏。

（4）真空泵在达到正常工作压力后应停止工作。如不停止工作，检查真空储存罐单向阀（见图 4-68）连接管路是否漏气，真空储存罐单向阀胶圈是否损坏。

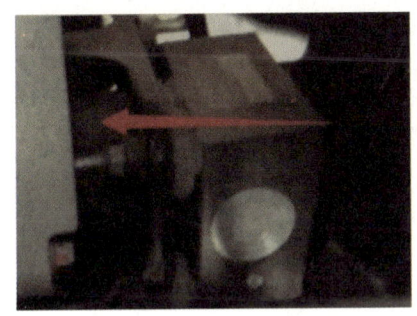
图 4-67 真空泵

图 4-68 真空储存罐

六、检查真空助力器是否正常

通过踩制动踏板，真空泵正常工作后，达到规定压力将停止工作。检查真空助力器及连接管路（见图 4-69）有无漏气，连续踩制动踏板以后踩住制动踏板，听真空助力器是否有漏气声，并确定故障点。

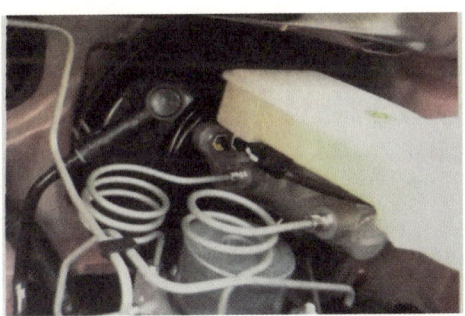
图 4-69 真空助力器

课后练习

一、判断题

（　　）1. 车轮完全被抱死而发生滑移时制动力最大。

(　　) 2. 一些简单非平衡式车轮制动器的前制动蹄摩擦片比后制动蹄摩擦片长，是为增加前制动蹄摩擦片与制动鼓的摩擦力矩。

(　　) 3. 采用双管路制动传动装置都是前轮先制动，后轮后制动。

(　　) 4. 制动控制阀处于平衡状态时，上、下两用阀门均关闭。

二、简答题

1. 何谓汽车制动？制动系的作用是什么？它由哪些装置组成？
2. 鼓式车轮制动器有几种形式？各有何特点？

参考文献

[1] 张则雷. 大客车构造[M]. 北京：人民交通出版社，2017.

[2] 关文达. 汽车构造[M]. 4版. 北京：人民交通出版社，2016.

[3] 李春明. 现代汽车底盘技术[M]. 北京：北京理工大学出版社，2009.

[4] 崔胜民. 新能源汽车技术[M]. 北京：北京大学出版社，2009.

[5] 王庆年. 新能源汽车关键技术[M]. 北京：化学工业出版社，2016.

[6] 陈锡良. 汽车底盘维护[M]. 北京：中国劳动社会保障出版社，2008.

[7] 王健. 汽车底盘结构与拆装[M]. 北京：人民交通出版社，2013.

[8] 张能武. 汽车底盘构造检测拆装维修[M]. 北京：化学工业出版社，2017.

[9] 赵金祥. 汽车底盘构造与维修[M]. 北京：北京航空航天大学出版社，2014.

[10] 刘建民. 汽车底盘构造与维修[M]. 西安：西北工业大学出版社，2012.